10년 10만 번의 단톡방 질문을 통해 알게 된

누구나 알고 싶어 하는
아파트
투자 방법

10년 10만 번의 단톡방 질문을 통해 알게 된

누구나 알고 싶어 하는
아파트 투자 방법

| 구만수 지음 |

두드림미디어

필자가 부동산에 관심을 가지게 된 것은 아이러니하게도 전셋집이 경매를 넘어가게 되어 그때까지 모아둔 전 재산이었던 전세 보증금을 날리게 되었을 때였습니다. 그때만 해도 요즘에 많이 보이는 공인중개사 사무소는 흔치 않았고, 일명 '복덕방'으로 일컫는 할아버지들이 앉아 계시는 동네 중개인 사무소였습니다. 등기부등본을 떼보기도 하고, 법원에서 오는 서류는 무슨 말인지 몰라서 그분들에게 물어봐도 속 시원하게 대답해주시는 분들이 없으셨습니다. 하지만 동물적(?)인 감각으로 뭔가 문제 있다 싶어서 바로 온 동네 전봇대에 전세를 내놓는다는 전단을 붙여서 며칠 만에 새로운 세입자가 계약하고 보증금을 무사히 반환받았습니다. 몇 년이 지나고 우연히 어떤 건물 엘리베이터 안에서 당시 집주인을 만났는데, 물어보니 실제로 경매에 넘어갔다고 해서 가슴을 쓸어내렸습니다(사실 필자 뒤에 들어온 세입자에게 매우 미안한 생각이 들었습니다).

그 후 생애 최초로 다세대주택(빌라)을 샀는데, 하필 그 집이 시공이 잘못된 집이라서 건물이 기울어져 있었습니다. 그 사실을 이사하고서야 알았는데요. 하자담보를 알았더라면 매매대금을 반환받았을 수도 있는데, 무지해서 그러한 법이 있는지도 몰랐습니다. 다시 또 전봇대에 매매한다는 전단을 붙이고, 두어 달 노심초사 끝에 매도하게 되었습니다. 그러다 노무현 정부에서 8·31 조치가 이루어지는 시기에 아무런 생각 없이 분양 아파트를 프리미엄 주고 3채나 샀습니다. 그런데 입주 시에 프리미엄은 고사하고 계약금을 포기하려 해도 팔리지 않았습니다. 어쩔 수 없이 그때까지 살던 집을 팔고 이사 갔는데, 그곳은 새 아파트였지만 입지가 좋지 않았습니다. 그래서 원래 팔았던 집은 구축이라도 오르는데, 새로 이사를 들어간 새 아파트는 분양가격을 회복하는 데 10년이 넘게 걸렸습니다. 필자 입장에서는 참으로 이상했습니다. 같은 부동산이고 똑같이 생겨 먹은 아파트인데 가격이 오르려면 같이 오르고, 내리려면 같이 내려야지 어떤 곳은 오르고 어떤 곳은 내리는지 도저히 이해할 수 없었습니다. 그래서 본격적으로 부동산을 공부하기 시작했습니다.

부동산을 공부하려는데 하고 싶어도 도대체 뭐부터 시작해야 할지 몰라서 그냥 부동산 공인중개사 자격증을 공부하고 시험에 합격했습니다. 좀 더 공부하고 싶어서 나이 먹어서 대학교 부동산학과를 가서 졸업했는데, 공부를 조금 해보니 부동산 공부도 좋기는 한데 돈을 벌려면 공법을 잘 알아야겠다 싶어서 대학원 도시계획학과에 진학했습니다. 도시계획을 공부하면 도시개발에 대해서 더욱 이해도가 높아질 거라는 막연한 기대감이 있었습니다. 대학원에 가서 제 인생이 바뀌게 된 노래방 도우미 사건(이 사건에 대해서는 제 유튜브 영상 어딘가에 이야기했습니다)이 발생하고, 도시계획기술사 시험에 도전했습니다. 1년에 5명밖에 뽑지 않는 시험에 어렵게 합격했는데, 이때 도시계획학 박사과정에 있었습니다. 하지만 도시계획기술사에 합격했는데 굳이 박사까지 도시계획을 해야 하나 싶어 부동산으로 전공을 바꾸어 졸업하고 박사를 취득했습니다.

도시계획기술사를 취득한 때가 2011년쯤인데, 학교 강의를 들어가게 되고 당시 유행했던 부동산 커뮤니티 강의도 시작했습니다. 이때는 지금의 카카오 톡방보다는 카페나 밴드 톡방이 더 활성화된 시절이었습니다. 활동하면서 당시 유명한 강사들과 차별화될 나만의 색깔이 없을까 고민하던 중에 중대한 결단을 내렸습니다. 다른 강사들이 하지 않는 일을 해보기로 하고, 입지 분석을 위해 전국의 모든 지역을 돌아다녔습니다. 모든 지역을 섭렵하고, 대장 아파트가 왜 무엇 때문에 대장인지, 대장 아파트를 넘어설 수 있는 재개발·재건축 구역은 있는지 샅샅이 뒤졌습니다. 그렇게 전국의 입지를 분석하는 한편, 왜 부동산 시장이 지역별로 움직이는지를 연구하게 되었습니다. 필자가 연구한 결과, 부동산 시장은 국내외 경제 상황, 부동산 정책, 투자자의 심리, 수요와 공급 등의 요인들이 복합적으로 작용한 결과로서 그 결괏값이 아파트 가격이라는 사실을 2017년 《3시간 공부하고 30년 써먹는 부동산 시장 분석 기법》(이하 330책)에서 이야기했습니다. 그 후 직업이 '도시계획기술사'이다 보니 2020년 토지 투자와 관련된 이야기와 손해 보지 않는 토지 투자 방법을 적은 《토지 투자, 모르면 하지 마!》를 내놓았습니다. 사실 토지 투자 관련 책은 2015년에 대학교 전공수업을 위해서 쓴 《국토도시계획을 알아야 부동산 투자가 보인다》가 먼저인데, 학교 수업을 위해서 쓴 책이다 보니 일반인들이 읽기에는 부담스러운 책이었습니다.

아무튼 필자가 지금까지 부동산과 관련해 공부하게 된 동기와 지내온 과정을 간략하게 작성해봤습니다. 이러한 과정의 연결선상에서 이번에는 《10년 10만 번의 단톡방 질문을 통해 알게 된 누구나 알고 싶어 하는 아파트 투자 방법》을 발간하게 되었습니다. 어느덧 2017년 330 책을 쓴 지 7년이라는 세월이 흘렀고, 그간 330책은 23쇄가 발행되었습니다. 출판사 사장님께서 스테디셀러라고 하시는 것을 보면 많이 팔리긴 팔렸나 봅니다. 이 책은 그 330책의 후속작으로, 지난 10여 년간 필자가 운영해온 카페, 밴드, 그리고 카카오톡에서 수강생들로부터 받았던 수많은 질문과 대답 중에서 아파트 투자에 반드시 알아야 할 내용으로 구성이 되었습니다. 대략 단순 계산해보니 10만 번 가까이 질문을 받았던 것 같은데, 그 수많은 질문 중에서도 계속 반복되는 질문들이 있었습니다. 이 책은 그 질문들에 대한 답변이기도 합니다.

우리가 어떤 전문 자격증 시험을 준비할 때는 기출문제를 풀면서 공부합니다. 시험문제가 반복 출제되기 때문입니다. 시험에 기출문제가 반복되는 이유는 출제위원이 새로운 문제를 낼 줄 몰라서가 아닙니다. 시험이란 반드시 해당 시험의 출제범위가 있으므로 출제위원들이 임의로 출제범위를 벗어나 문제를 낼 수 없습니다. 따라서 기존에 냈던 문제들은 해당 시험범위에서 가장 중요하고 반드시 숙지해야 하는 지식입니다. 다시 말하면 출제위원들이 전혀 다른 유형의 문제를 낼 줄 몰라서가 아니라 해당 시험범위에서는 기존에 낸 문제들이 사실상 매우 중요한 내용들이 전부이기 때문입니다. 따라서 기출문제가 반복되어 출제되는 이유는 그만큼 중요하기 때문입니다. 부동산 투자에 있어서도 크게 다를 바 없습니다. 필자가 방송에서 또는 카톡방에서 질문을 받아서 답변을 드릴 때 해당 범위에 들어가는 질문들에 대해서는 매번 같은 답변을 합니다. 통화량의 흐름에 따른 부동산 시장의 변화를 봐야 하고, 물건을 사는 것이 아니라 시장을 사는 것, 다른 투자 종목보다는 아파트에 투자해야 하며, 입지는 그 어떤 것과 협상할 수 없는 요인으로서 배우자는 배신해도 입지는 배신하지 않는다는 것 등 귀에 못이 박히도록 해왔던 이야기들입니다.

그러한 내용들을 기초로 Part 1에서는 처음 초보자가 부동산 공부를 하는 법, Part 2는 초보자가 아파트 투자에서 오해하기 쉬운 상식들을 바로잡는 이야기로 구성했습니다. Part 3은 지난 60년간의 역사적 사례를 통해서 아파트 가격이 오르고 내리는 원인을 실증 분석했으며, 아파트 시장을 바라보는 통찰력을 키우는 내용입니다. Part 4에서는 초보자일수록 다른 부동산을 투자하면 안 되는 이유와 아파트에 투자해야 하는 이유를 설명했고, 아파트에 투자할 때 꼭 검토해야 하는 요인들에 대해서 설명했습니다. Part 5에서는 부자가 되고 싶다면 반드시 알아야 하는 화폐와 돈의 구분, 신용화폐 시스템과 통화량, 내 월급은 2배로 오르지 않는데 아파트값은 2배가 오르는 이유, 그리고 부자가 되려면 어떠한 행동을 해야 하는지를 설명했습니다.

이 책은 부동산 초보자들 눈높이에 맞추어진 책이며, 제목이 '10년 10만 번의 단톡방 질문을 통해 알게 된 누구나 알고 싶어 하는 아파트 투자 방법'인 만큼 10년 동안의 질문과 대답 속에서 계속 반복된 아파트 투자 방법 중 가장 중요한 내용들을 이 한 권의 책에 녹이고자 했습니다. 독자님들의 성공 투자를 기원합니다.

구만수

목차

Part 1.
초보 투자자, 처음 내 집 마련 공부 방법

Q 평생을 직장만 열심히 다니고 월급이 전부인 줄 알고 살았습니다. 회사 동료가 집을 사서 돈을 벌었다고 하는데, 저는 집을 사는 게 엄두가 나지 않습니다. 물론 돈 버는 공부도 해본 적이 없습니다. 처음 집을 사는 공부를 하려면 어떻게 하는지도 모르겠습니다. 알려주시면 감사하겠습니다 • **22**

Part 2.
이것만 알면 부린이 탈출? 한 방에 싹 정리하기

Q 안녕하세요. 이제야 부동산 투자를 공부해보려는 부린이입니다. 인터넷이나 유튜브

를 찾아봐도 어떤 내용이 옳은 것인지 도통 모르겠습니다. 부동산을 공부하기 위해서 기본적으로 알면 좋은 지식이 있다면 무엇이 있을까요? 무엇이든지 괜찮습니다. 귀 기울이겠습니다 • **44**

Part 3.
부동산 시장 흐름을 모르면 내가 팔 때 오르고 살 때 떨어진다

수를 권하셨습니다. 하지만 한사코 거절하고 그 후 가격이 오르길래 2010년 외곽에 아파트를 매수했으나 가격이 내렸습니다. 그래서 몇 년 후 부동산 중개사무소에서 집을 팔지 않겠느냐고 전화가 와서 가격이 회복했길래 쾌재를 부르고 홀라당 팔고, 다시는 집을 사지 않을 것이라며 대출 몇천만 원을 더 내서 다시 전세로 갔습니다. 그런데 집을 팔고 보니 상승했습니다. 그 후로 트라우마가 생겨 집을 사지 못했는데 집값은 계속 올랐습니다. 그래서 대안으로 시골 땅을 샀는데 시세가 변동이 없습니다. 이렇게 엇박자로만 집을 사고팔았는데, 아파트 가격이 언제 오르고 언제 내리는지 알 방법은 없을까요? • **150**

Part 4.
이런 아파트만 사라. 그래야 두 다리 뻗고 편하게 잘 수 있다

Q 부동산은 아파트뿐만 아니라 토지, 상가로 돈 번 사람도 있다던데요. 교수님 영상을 보면 이것도 하지 마라, 저것도 하지 말라고 하시고, 아파트 투자만 하라고 하시는데 이유가 따로 있으신가요? 다른 유튜버나 부동산 강사들은 오피스텔도 수익률이 높다며 추

Part 5.
당신을 부자로 만들어주는 것은 지식보다는 지혜다

PART

1

초보 투자자,
처음 내 집 마련
공부 방법

평생을 직장만 열심히 다니고 월급이 전부인 줄 알고 살았습니다. 회사 동료가 집을 사서 돈을 벌었다고 하는데, 저는 집을 사는 게 엄두가 나지 않습니다. 물론 돈 버는 공부도 해본 적이 없습니다. 처음 집을 사는 공부를 하려면 어떻게 하는지도 모르겠습니다. 알려주시면 감사하겠습니다.

처음 집(아파트) 투자 공부를 어떻게 해야 하는지에 관한 질문은 자주 올라오는 질문입니다. 카톡방에 새로 들어오시는 신규 회원이 대부분 처음 공부를 시작하시는 분들이니 가장 궁금한 부분일 것입니다. 사실 부동산 투자 공부라는 꽤 큰 틀의 범위는 둘째로 치더라도 당장에 본인이 어떤 아파트를 사야 할지, 어떤 지역에 몇 평짜리를 사야 손해를 보지 않을지, 본인이 산 가격보다 오를 수 있는 아파트는 어떤 물건들인지가 궁금할 수밖에 없겠지요. 아무런 생각 없이 집과 회사를 오가면서 열심히 일만 하신 분들이 어느 날 갑자기 주변 지인들에게 "아파트를 사서 그냥 잘 살았는데 시간이 지나니 가격이 올랐다"라는 이야기를 들으면 가슴이 철렁 내려앉습니다. '나는 그동안 뭐 했나? 지금이라도 사야 하나?'라는 생각이 듭니다. 자녀들이 생겨서 가족이 늘어나면 주거공간이 어느새 좁다는 느낌도 들고, 아이들을 위해 기왕이면 좋은 면학 분위기라고 소문 난 학원가 가까이에 가야 하겠다는 마음도 생깁니다. 이것은 비단 기혼자의 문제만은 아니고요. 미혼 젊은 남녀들도 마찬가지입니다. 꼭 재테크 열풍이 불어서만이 아니고, 미래의 풍요로운 자기 모습을 만들기 위해서라도 준비해야겠고, 공부의 필요성을 느끼게 됩니다.

그런데 막상 아파트 투자 공부를 하려고 해도 어디서부터 어떻게 시작해야 할지 막막합니다. 사실 투자 공부보다 본인 집 한 칸 마련하려는 것에 더욱 집중할 수밖에 없습니다. 여유 자금이 부족한데 대출은 위험한 것으로 생각하고, 지금도 힘든데 대출이자까지 내려면 등골이 휘어질 것 같은 위기감이 듭니다. 남의 돈을 빌려 쓰는 것도 심정적으로 동의가 되지 않습니다. 갚을 능력도 없고요. 진짜 오만가지 생각이 다 듭니다. 내가 사야 할 아파트를 못 사게 만드는 여러 가지 결정적인 걸림돌이죠. 그러면서도 한편으로는 이렇게 살면 안 되는데, 더 늦지 않게 나와 내 가족들이 마음 편안하게 생활할 수 있는 공간을 마련해야 하지 않을까 하는 생각이 공존합니다. 2가지의 마음이 머릿속에서 격렬하게 충돌합니다. 이러한 충돌을 몇 달, 몇 년 심지어는 평생 죽을 때까지 하는 사람도 있을 것입니다. 결국 이쯤 되면 무조건 아파트를 사야겠다는 것보다는 다른 사람들은 어떻게 아파트를 사는 것인지 한번 알아보자는 생각에 이르게 됩니다. 정보가 돈이라는데 도대체 그 사람들은 어디서 그 정보를 알아내는 것일까 싶어 인터넷에 검색도 해보고 유튜브 강의도 들어봅니다. 물론 이것은 본인이 사더라도 절대 손해 보면 안 되기 때문에 또 적은 여유 자금으로 좋은⁽?⁾ 아파트를 살 방법이 있는지 알아봅니다. 아주 자연스러운 과정이죠.

목적지는 같지만 가는 방법은 모두 다르다

그런데 세상 모든 일에는 공짜가 없듯이 싸고 좋은 물건은 없고, 먼저 아파트를 장만하고 돈 번 사람들은 그저 열심히 공부하고 노력하면 기회가 온다는 이야기만 합니다. 정확히 알려주지도 않고요. 유튜브에서는 영상 화면에 전화번호가 나와 있고, 궁금하면 전화하라고 하죠. 이놈이 저놈 같고, 저놈이 이놈 같습니다. 어떤 놈은 "우리나라 경제가 망하니 아파트 사면 망한다"라고 하고, 어떤 놈은 "지금 안 사면 평생 거지처럼 살 것이다"라고 합니다. 심지어는 누구에게 속아서 사서는 안 되는 물건을 샀다는 영상도 접하게 됩니다. 이 말도 맞는 것 같고, 저 말도 맞는 것 같습니다. 혼란스럽습니다. 그러다 '에이, 모르겠다' 하고 덮어 버리고, 직장이나 열심히 다녀야지 하면서 시간을 보내다 보면 또 회사 동료나 주변 지인에게서 아파트 사서 돈 벌었다는 이야기가 들려 옵니다. '도대체 이 사람들은 어떻게 한 거야?'라고 생각하면서 다시 뭔가가 있기는 한가 보다 하고, 제대로 공부를 한번 해봐야겠다고 생각하면서 인터넷에 접속해서 이리저리 검색합니다. 그러다 신뢰가 좀 간다는 생각이 드는 사람에게 물어봅니다.

"어떻게 하면 초보자가 부동산 투자 공부를 할 수 있나요?"
"간단하게 부동산 투자를 공부하려면 어떻게 할 수 있나요?"

짧은 질문이지만, 이 질문 속에는 많은 의미를 함축하고 있습니다.

'나는 지금 여유 자금이 부족한데, 가족들이 살기에 편안한 아파트를 사고 싶다.'
'기왕이면 넓었으면 좋겠고, 내가 산 가격 이하로 절대 내리면 안 된다.'
'무이자로 빌려줄 부모님도 없고, 대출도 안 받았으면 좋겠다.'
'가격은 팍팍 올라 주는 아파트면 좋겠다.'

이러한 숨은 속내를 알기 때문에 지극히 정상적인 조언자는 짧은 질문이지만, 간단하고 짧게 조언한다는 자체가 불가능합니다. 그래서 "그냥 부동산 책 읽으시고 열심히 공부하세요", "많이 다녀 보세요", "공부하시다 보면 언젠가 기회가 오실 거예요", "누가 잘한다던데 투자 강의 한번 들어보세요" 등등 무미건조한 답변들만 돌아옵니다. 그러면 질문한 본인은 답답하죠. 뭔가 있기는 있는 것 같은데 그게 손에 잡히지 않습니다. 성격 급하신 분들은 미쳐버리죠. 비판적이신 분들은 "유튜브에 나오는 애들 전부 사기꾼이야" 하고 볼 필요 없다고 하시죠. 그런데 사실 알려줘도 본인의 노력이 필요한 부분이 많아서 실제 실행에 옮기고 성공하는 분들은 그렇게 많지 않습니다. 어렵고 힘든 과정을 거치지 않고, 성공이라는 달콤함을 맛보는 경우는 있을 수가 없습니다. 다만 그 어려운 과정을 기왕이면 효율적으로 하는 것이 정신 건강에도 좋고, 육체적으로도 유익합니다.

그래서 이번 기회에 그 과정, 즉 어떻게 하면 효율적으로 본인과 가족이 거주할 수 있는 아파트 마련 공부를 할 수 있는지에 대해서 이야기를 나누어보도록 하겠습니다. 우리가 어떠한 목적을 달성하고자 할 때 그 목적에 다가서기 위해서는 여러 가지 과정과 방법이 있습니다. 예를 들어 부산에서 서울을 간다고 합시다. 서울을 가는 방법은 비행기를 타고 갈 수도 있고, KTX를 타고 갈 수도 있으며, 버스를 타고 갈 수도 있고, 자전거를 타고 가거나, 아니면 여행 삼아 걸어서 갈 수도 있을 것입니다. 비용 대비 편익을 생각해서 가장 효율적인 방법을 택하면 될 것입니다. 하지만 목적 달성을 했다고 해서 결과가 좋다고 생각해서는 곤란할 것입니다. 비용을 줄인다고 생각해서 자전거를 타고 가는 경우 교통비는 들지 않지만, 시간적인 비용을 생각하면 효율적인 방법이 아닐 것입니다. 누구는 교통비가 들어도 빨리 서울에 도착해서 업무를 처리하는 사람이 효율적일 수 있으며, 어떤 사람은 SRT를 타고 수서역 근처에서 업무를 본다면 김포로 비행기를 타고 가는 것보다 효율적일 수 있습니다. 각자 처한 상황에 따라서 다릅니다. 사람마다 수단과 방법, 과정도 다릅니다. 부동산 투자 방법도 마찬가지입니다. 각각의 사람들마다 여러 가지 생각으로 출발하지만, 가장 효율적인 방법은 있을 것입니다.

공짜 좋아하면 여우를 만난다

　요즘은 유튜브가 정보를 찾기 위해서 가장 많이 사용하는 공간이기는 하지만, 예전에는 네이버나 다음 포털에서 검색이나 카페에 가입해서 정보를 찾았습니다. 그리고 그 이전에는 주변 사람들에게, 특히 돈 좀 벌어봤다는 사람들에게 귀동냥으로 정보를 얻기도 했습니다. 어쨌거나 유튜브가 지금처럼 활성화되기 전에는 보통 네이버나 다음 포털 검색 창에 검색하는 경우가 많았는데, '부동산 투자 공부', '아파트 투자 공부' 관련해서 검색하면 대부분 경매 학원이 나왔습니다. 물론 지금도 포털 사이트 검색이 큰 비중을 차지하지만, 예전만큼은 아닌 것 같습니다. 그리고 요즘은 개인 블로그에 아파트 투자 관련 이야기나 지역 분석, 임장기(현장 답사 기록) 등이 많이 올라오는데, 초보자 입장에서는 블로그 내용을 읽어봐야 기초 지식이 부족해서 맥락을 이해하지 못합니다. 그래서 뭔가 체계적인 공부를 하고 싶은 생각에 그래도 지식을 가르쳐주는 곳이 학원이니 학원에 가보자고 생각해 경매 학원에 찾아가서 상담하고 등록해서 경매를 매개체로 한 부동산 공부를 시작하게 되는 케이스가 많습니다.

　그리고 최근에는 유튜브에 아파트 투자 관련 영상들이 많아서 그 영상을 만든 사람 중에서 그래도 괜찮다 싶은 사람에게 찾아가서 강의를 들으면서 공부를 시작하는 사람도 있을 것입니다. 아니면 전혀 다른 방식으로 시작하는 사람도 있습니다. 아파트 투자를 공부하고 매수하는 것이 아니고, 주변 소개로 아파트 또는 다른 종목의 부동산을 먼저 사고 본인이 매입한 부동산이 어떻게 시세가 돌아가는지, 잘 샀는지 잘 못 샀는지 궁금해서 그때부터 공부하시는 분들도 엄청나게 많습니다. 그리고 나서 잘못된 투자였다는 것을 깨닫고 나서 제대로 공부하려고 하시는 분들이 대부분입니다. 또 부동산 투자 관련 책을 사서 읽고 시작하시는 분들도 있고, 공인중개사 시험공부를 하면서 시작하시는 분들도 있습니다. 아무튼 여러 가지 다양한 방식으로 투자 공부를 시작합니다.

돌이켜 보면 필자 역시 특별히 여유 있는 집안에 태어난 사람도 아니고, 누가 주변에서 조언해주는 사람도 없었습니다. 질문자 님과 마찬가지로 평범하게 월급에 의존하면서 하루하루 살았던 사람에 불과합니다. 부동산은커녕 필자가 살고 싶은 아파트 하나 사는 것조차 다른 나라 다른 사람의 이야기로 치부하고, 투자라는 것은 아예 꿈도 꾸지 못했습니다. 꿈이 없었다기보다 막연한 생각은 있었지만 알아볼 생각도 못 했지요. 전세를 옮겨 다니면서 전세보다 비싼 아파트값에 그저 '그래, 비싸구나. 내 수중에는 돈이 없는데' 정도로만 생각했습니다. 그러다 돈을 조금 모아서 집을 장만했는데 여유가 없다 보니 입지가 떨어지는 다세대(빌라)주택을 사고, 몇 년을 보유했어도 오히려 가격이 오르지 않고 집 자체도 부실한 부분이 있어서 결국 손해를 보고 팔아야 했습니다.

그 후 몇 년이 또 지나고 아파트를 샀는데 그나마 좀 나은 입지였지만, 상승기에 제대로 공부도 안 된 상태에서 분양권을 샀고, 입주할 때쯤 어쩔 수 없이 입지 좋은 거주 아파트를 팔고, 입지가 떨어지는 아파트로 이사를 들어갈 수밖에 없었습니다. 이 당시 노무현 정부 8·31 대책 때문에 부동산 시장이 침체기라서 방법이 없었습니다. 그런데 다시 몇 년 후 팔고 나왔던 입지 좋은 아파트는 가격 회복이 바로 되면서 더 상승하고, 필자가 입주한 아파트는 가격 회복이 되지 못하는 상황이 지속되었습니다. 그래서 필자도 이게 왜 이런지 궁금하다 못해 파헤쳐야겠다고 생각했습니다. 그러고 나서 처음으로 아파트 투자 공부를 시작했는데요. 사람마다 공부를 시작하는 사연은 다양해도 결국 목표는 제대로 된 공부를 하고, 제대로 된 투자를 해서 제대로 된 본인의 보금자리를 마련하는 것일 겁니다. 어쨌든 보통의 초보 투자자들은 아파트 투자 공부를 여러 가지 방법으로 접근합니다. 각각의 방식마다 장단점을 알아보도록 하겠습니다.

첫째, 책을 통해서 공부하는 방법이 있습니다. 필자가 유튜브로 방송할 때 보면 뒷배경에 책이 나오고, 보이지 않는 공간에도 부동산 투자 관련 책들이 많이 있습니다. 방송에 질문으로나 상담하기 위해서 필자의 사무실을 방문하시는 분들도 간혹 이 책을 모두 읽었냐고 물어보시는 분들이 계시는데 당연히 다 읽었습니다. 필자는 부동산을 전공했고, 대학원에서 도시계획을 전공했으니 당연히 전공 서적도 있을 것이고, 일반 부동산 투자 서적도 웬만한 것은 다 읽었습니다. 요즘은 유튜브가 워낙 발달해서 책 읽는 시간이 상당히 줄어드는 것 같습니다. 아무튼 책을 읽어서 투자 공부를 시작하는 것은 좋은 방법이기는 하지만, 분명히 한계가 존재합니다. 책을 많이 읽는다는 것은 당연히 좋지만, 챌린지 하듯이 1년에 100권, 200권 읽겠다고 생각하는 것은 상당히 비효율적입니다. 투입 시간 대비 효과가 떨어진다는 이야기죠. 책을 단지 몇 권만 읽더라도 양질의 책을 읽고, 투자의 방향성을 정립하는 것이 효율적인 방법이라는 것입니다.

첫 번째로는 마인드셋이 필요합니다. 본인이 지금 왜 투자하려고 하는지, 정말 투자가 필요한 것인지에 대한 명확한 해답을 찾아야 합니다. 이에 알맞은 책은 브라운스톤(우석) 님의 《부의 인문학》이 아주 훌륭한 책입니다.

두 번째로는 인플레이션에 관련된 책을 찾아서 읽어 보는 게 좋습니다. 인플레이션이야말로 투자해야 하는 근본 이유이기 때문입니다. 인플레이션을 이해하지 못하면 본인이 왜 투자해야 하는지 당위성을 찾을 수 없기 때문입니다. 필자가 항상 이야기하지만, 집의 가격은 600년 전부터 계속 비쌌습니다. 한 번도 집값이 저렴한 적이 없었습니다. 그 이유는 화폐가치가 하락해 실물자산인 집 가격이 오를 수밖에 없었기 때문입니다. 그 화폐가치의 하락을 불러오는 주범이 바로 인플레이션입니다. 이렇게 중요한 인플레이션을 공부하지 않으면 항상 두려움에 떨게 됩니다. 집을 사도 불안하고, 팔아도 불안하고 안절부절못합니다. 인플레이션을 공부하면 디플레이션도 알게 되고 통화량, 신용화폐 시스템, 돈이 어디에서 오고 어디로 흘러가는지를 계속 추적하게 됩니다. 인플레이션에 관한 책들은 많이 있는데 가장 간략하게 설명한 책이 필자의 《3시간 공부하고 30년 써먹는 부동산 시장 분석 기법》(이하 330책)입니다. 이 책이 2017년에 발행되어서 7년이 지났는데도 계속해서 팔리고 있습니다. 현재 23쇄까지 찍었으니 베스트셀러입니다. 인플레이션에 관해서는 유튜브 영상도 있는데 EBS <자본주의>를 보시면 됩니다. 꼭 시청하십시오.

세 번째로는 우리나라 부동산 역사에 관한 책을 읽으셔야 합니다. 역사를 알면 미래를 가늠할 수 있듯이 부동산에 관해서도 우리나라가 어떻게 성장을 해오고, 정책은 어떻게 변화되었으며, 그러한 변화가 부동산 시장에 어떠한 영향을 주었는지를 공부해야 합니다. 그러면 정부에서 부동산 정책을 내어놓을 때마다 시장이 어떻게 흘러갈 것인지에 대한 추리가 가능해집니다. 부동산 투자로 성공하려는 사람이라면 부동산이 지금까지 어떻게 흘러왔는지, 어떤 시기에 가격이 올랐고 어떤 시기에 가격이 내렸는지, 그 이유가 무엇인지 당연히 공부해야 합니다. 관련된 책은 국정브리핑 특별기획팀에서 쓴 《대한민국 부동산 40년》과 장지웅 님이 쓰신 《주택 시장 30년 파노라마》를 읽으시면 됩니다. 그런데 이러한 부동산 역사책을 읽게 되면, 부동산 정책에 따라서 집값의 오름과 내림이 발생한다는 사실을 알게 됩니다. 그런데 그 부동산 정책을 만드는 사람이 바로 정책자들, 즉 사람이라는 것도 알게 됩니다. 정권을 잡은 집권자들이 부동산 정책을 만드는데, 이러한 사람들을 우리는 '정치인'이라고 부릅니다.

결국 정치인, 즉 사람을 공부해야 한다는 결론이 나옵니다. 정권이 바뀔 때마다 정책이 바뀌고, 그 정책에 따라 부동산 시장의 흐름이 바뀌니 당연히 정치인 공부를 해야 합니다. 좌파가 내어놓는 정책, 우파가 내어놓는 정책, 시장주의적 정권이 내어놓는 정책, 반시장주의적 정권이 내어놓는 정책이 모두 다를 것입니다. 앞으로 정권이 바뀌고 집권하는 정치인의 성향이 바뀌면 내어놓을 정책에 대해서도 가늠이 될 것이고, 미리미리 준비하고 대응할 수 있을 것입니다. 정치인의 성향에 관한 공부는 앞서 이야기한 부동산 역사책을 읽고, 현재의 정권이나 정치인들과 성향을 연결해보면 답이 나옵니다. 이 정도 책을 읽으면 초보 투자자의 처음 부동산 공부에 필요한 책은 충분하다고 봅니다. 다른 책들은 지엽적인 경우가 많으므로 토지에 관심 있으면 토지 책, 상가에 관심 있으면 상가에 관한 책 등 필요할 때 찾아서 보충하면 될 것입니다.

지인에게 물어보고 조언을 얻는 방법

둘째, 주변 지인에게 영향을 받아서 물어보고 조언도 듣고 해서 부동산 투자 공부를 시작하시는 분들도 있습니다. 물론 이러한 방식도 한 가지 공부 방법이 될 수는 있습니다만, 문제는 주변의 지인이 어떠한 사람인지 파악이 되어야 한다는 전제가 달려 있습니다. 그 지인의 정체를 파악해야 한다는 말입니다. 예를 들어, 그 지인이 부동산을 공부하고 투자를 잘해서 상당한 재력이 있다는 것이 입증되어야 할 것입니다. 사기로 돈을 번 것인지, 정당한 투자로 돈을 벌었는지는 최소한 확인이 되어야 할 것입니다. 아무리 친한 지인이라고 할지라도 돈 앞에서는 군자가 없습니다. 아무리 잘 아는 사이라고 할지라도 성공 경험이 없는 사람의 조언을 받아서 공부한다는 것은 매우 위험한 행동입니다. 바둑 18급끼리

하루에 바둑을 100판 두어도 바둑 실력이 늘지 않고, 초보자들끼리 현장 답사를 아무리 많이 다녀봐야 공부는 안 되고 맛집만 찾아다닙니다. 현장 답사를 해도 전혀 도움이 안 됩니다. 경험이 없으니 공부를 어떻게 어디서부터 해야 할지 모릅니다. 또한 그 지인의 성공 스토리가 합법적인지 불법적인지 알 수도 없고, 당신이 지인의 먹잇감이 될 수도 있습니다. 따라서 주변 지인이 어떠한 부동산 투자 경험이 있는지를 명확하게 모르고, 조언받는 행동은 바람직하지 못합니다. 가장 좋지 못한 결과가 나타날 방법입니다.

일단 물건 사고 공부한다

셋째, 일단 물건을 지르고(사고) 공부를 시작하는 사람들도 많이 있습니다. 주변 지인이든, 네이버 카페든, 현장 답사를 가서 들렀던 부동산 중개사무소 소개든, 어떠한 경로든 불문하고 최소한의 공부를 하기도 전에 부동산을 매입하는 경우입니다. 이러한 사례는 무척이나 많습니다. 물건 종류도 매우 다양합니다. 신축 아파트, 재개발·재건축, 분양권을 비롯해서 아직 시작도 하지 않은 재개발구역이나 시세 상승이 어려운 오피스텔, 도시형 생활주택, 분양형 호텔, 생활형 숙박시설, 심지어는 쓸모없는 토지, 공실로 대출이자와 관리비만 부담해야 하는 신도시 상가, 언제 준공될지도 모르고 사업 대행자 배만 불려주는 지역주택조합 아파트 등 참으로 여러 가지입니다. 특히나 필자는 한때 중학교, 고등학교 선생님들을 상대로 직무교육 강사로 참여한 적이 있었는데, 선생님들은 평생 아이들 가르치고 학교 업무만 하셨기 때문에 부동산 투자와는 거리가 먼 경우가 많습니다. 본인들의 불안한 미래와 노후 걱정에 뭔가 투자해야겠다고 생각해서 시작하게 되지만, 보통 타인의 말을 듣고 비정상적인 부동산 투자를 하신 경우가 큰 비중을 차지하고 있었습니다. 예전에는 분양형 호텔과 기획 부동산 토지 등을 많이들 투자하셨고, 근래에는 오피스텔, 생활형 숙박시설, 선진입 재개발, 풀빌라 등에도 많이들 투자하고 계십니다.

그런데 시간이 지나면서 이러한 물건에 대한 투자가 뭔가 잘못되었다는 것을 감지합니다. 시세도 오르지 않고, 무엇보다 급하게 자금이 필요해서 현금화를 하려고 하면 어렵다는 것을 알게 됩니다. 이러한 경우에는 두 방향으로 나누어지는데, 한쪽 그룹은 본인 판단의 어리석음을 깨닫고 '그냥 손해 보고 없었던 일로 치자. 나는 투자와는 거리가 멀어'라는 그룹과 '지나간 일은 어쩔 수 없지만 지금이라도 제대로 된 투자를 공부해보자'라는 그룹으로 갈라집니다. 후자 쪽 그룹의 사람들은 외부적으로는 잘 표현하지 않지만, 본격적으로 투자 공부에 돌입합니다. 따라서 종합해보면 일단 지르고, 즉 덜컥 물건부터 사고 공부를 시작하게 되는 경우는 매우 많은 사람이 행하는 방식입니다. 그런데 그 결과가 극명하게 갈라집니다. 운이 좋아서 진짜 친구 따라 모델하우스에 가서 분양권을 계약했는데, 그게 부동산 투자 시기가 운 좋게 맞아떨어져서 상당한 수익을 보는 경우도 있습니다. 하지만 매번 운이 좋을 수는 없습니다. 본인의 지식과 판단으로 실행한 투자가 아니기 때문입니다. 처음에는 성공할 수도 있지만, 나중에는 실패할 가능성이 큽니다. 따라서 처음 운이 좋은 사람의 비중은 사실 매우 적고, 이 사람들도 결국 실패할 가능성이 크며, 그 외의 대부분 사람은 처음 산 물건부터 실패하게 됩니다. 따라서 물건부터 사고 공부를 시작하는 것은 상당히 비효율적인 방법이라고 하겠습니다.

경매 학원으로 부동산 공부하러 간다

넷째, 경매 학원을 통해서 부동산 투자 입문을 하시는 분들이 있습니다. 앞서도 언급했지만, 예전에는 대부분 경매 학원을 통해서 부동산 투자 공부를 시작했습니다. 그런데 세상일에는 변치 않는 진리가 있습니다. 그중 하나가 무조건 사면 수익을 볼 수 있는, 그렇게 좋은 투자 물건이 쉽게 오지 않는다는 것이죠. 그렇게 좋은 물건이 경매 시장에 나온다는 것이 쉽지는 않을 것입니다. 그리고 경매 학원에서 많이들 공부를 시작한다고 했는데, 그 이야기는 많은 숫자의 수강생들이 몰린다는 이야기입니다. 이렇게 많은 수강생에게 투자성이 좋은 물건을 찾아주는 것은 애초에 불가능에 가깝습니다. 아울러 수강생이 몇 달 몇 년을 지속해서 학원에 다닌다면, 경매 학원이나 강사 입장에서 괜찮은 투자 물건을 낙찰받게 해줘야 하는 압박감을 가질 수밖에 없습니다. 그런데 논리적으로 괜찮은 투자 물건이 쉽게 경매 시장에 나오지 않는다는 것을 생각하면, 경매로 좋은 물건을 모든 수강생에게 낙찰받게 해주는 것은 매우 어려운 일입니다. 물론 좋은 물건을 낙찰받게 해주는 케이스도 있겠지만 그 사례는 많지 않을 것입니다.

아울러 부동산 투자는 시장이 활성화되는 시기가 있고, 침체하는 시기도 있습니다. 그런데 경매 학원이라는 특수성 때문에 1년 12달, 5년, 10년 쉬는 시기가 없이 계속해서 강의해야 하고 수강생을 받아야 합니다. 독자님들도 조금만 공부해보시면 아시지만 부동산 투자, 특히 아파트 투자는 사이클이 매우 중요합니다. 투자할 시기도 있지만, 분명히 투자 자체를 쉬어야 하는 시기도 있습니다. 장기적으로는 우상향 하지만 단기적으로는 침체 시장이 반드시 오게 되어 있습니다. 그런데 이러한 부동산 투자 시장의 특성을 무시하고 무조건 낙찰받아야 한다면, 이러한 투자 방식은 실패로 이어질 가능성이 클 수밖에 없습니다. 지난 10

년의 부동산 투자 시장을 돌이켜 봤을 때 분명히 상승기도 있었고, 하락기도 있었습니다. 그런데 경매 학원은 계속 영업을 해왔습니다. 상승기에는 무엇을 사더라도 오르니 괜찮지만, 하락기에는 어떤 물건을 사도 하락을 면치 못하는데, 경매 학원에서는 낙찰을 계속 받으라고 강의했다면, 그 시기에 낙찰받은 투자자는 손해를 입었을 거라는 것은 어렵지 않게 짐작할 수 있습니다. 또한 상승기에는 좋은 아파트들은 매물이 없어서 못 사고 천정부지로 가격이 오르는데, 경매 시장에 좋은 아파트 매물이 나오는 게 애당초 말이 안 됩니다. 그냥 현장 부동산 중개사무소에 돌아다니면서 급매물을 매입하는 게 오히려 좋은 방법입니다. 필자가 항상 물건을 사지 말고 시장을 사라(독자님들께서 이게 무슨 이야기인가 하실 텐데요. 이 이야기는 다른 챕터에서 다루도록 하겠습니다)는 이야기를 자주 하는데요. 시장 동향을 매주 모니터링 하면서 부동산 시장에 본인이 참여해야겠다는 시기가 오면 그때 시장에 투자해야 합니다. 그런데 경매는 그러한 시기를 맞추어서 투자할 수 없습니다. 경매 학원은 그러한 시기와 상관없이 계속해서 수강생을 받고 강의하기 때문입니다. 투자 시기가 아니면 학원 문을 닫았다가 시기가 오면 다시 오픈하는 학원은 아직 본 적이 없습니다.

게다가 소액으로 재미 삼아 경험 삼아 위험도 분산할 겸 공동 투자를 많이 시키는데, 사실 공동 투자라는 것이 형제간에도 하기 힘든 투자 방법이라서 매도 시기와 관리 문제 등으로 장기 투자가 안 되는 경우가 많습니다. 수익이 남으면 남는 대로, 손해를 보면 손해를 보는 대로 분쟁이 생깁니다. 제가 상담했던 한 가지 사례는 토지를 공동 투자한 사람 중에서 한 사람이 자신의 지분을 옆 필지 토지 주인에게 몰래 팔아서 그 전체 토지를 헐값에 옆 필지 주인에게 팔아야만 했던 사례도 있습니다. 공동 투자는 해당 부동산을 매각할 때 모두가 동의해야만 하는데, 옆 필지 토지 주인은 자신에게 팔지 않으면 동의해주지 않겠다고 하니 다른 사람에게 제값을 받고 팔기는 불가능하기 때문입니다. 결국은 배신한 공동 투자자 한 사람 때문에 전체 투자자가 손해를 봐야 했습니다. 이렇듯 공동 투자는 하지 않는 것이 상책입니다. 그런데 이러한 공동 투자를 권장한다면 한 번쯤 고민해봐야 할 문제입니다. 따라서 여러 가지 사항들이 상식적으로, 논리적으로 맞지 않습니다. 그래서 많은 분이 경매 학원에 공부하러 갔다가 중도 포기를 하거나 실패를 보는 경우가 많습니다. 다시 말하지만 성공하는 케이스도 있습니다만, 앞서 말씀드린 이유로 실패의 경우가 압도적으로 높습니다. 필자는 성공 확률을 이야기하고 있고, 그 확률은 적다고 말씀드립니다. 이러한 이유로 경매 학원을 통한 부동산 투자 공부는 쉽지 않은 방법입니다.

유튜브 영상으로 두루두루 공부해본다

다섯째, 유튜브 영상을 통해서 강사들의 맛보기 강의를 듣다가 코드가 맞는다고 생각되는 강사를 선택해서 실제 오프라인 강의까지 수강하면서 부동산 투자 공부를 하는 분들도 있습니다. 이 방식이 사실 요즘 트렌드에 맞고, 많이들 택하시는 방법이기도 합니다. 그런데 영상에서 괜찮다고 판단했던 강사들에게 실제로 찾아가서 상담이나 강의를 들어보고 실망을 하셨다는 분들, 그 강사가 사라고 해서 샀던 물건들이 매입해서는 안 될 종류의 물건을 매입했던 분들이 참으로 많습니다. 유튜브 영상에서 나오는 강사 중에는 투자를 잘 모르는 사람들에게 도움을 주기 위해서 강의한다는 강사들이 많습니다. 하지만 필자의 생각에는 그렇게 타인을 위해서 도움을 준다면 정작 본인은 어떻게 투자했는지 계약서를 다 오픈하고 세금을 얼마나 내는지를 알려줘야 한다고 생각합니다. 필자의 경우 오프라인 강의에서 이제까지 투자한 내용에 대해서 모두 오픈합니다. 그 당시 왜 그 물건을 매입했는지 이유를 설명해야 하고, 투자 시기는 물론 해당 투자 물건을 선택한 이유도 당연히 설명해야 하며, 세금은 얼마나 냈는지, 현재는 얼마나 납부하고 있는지 오픈해야 한다고 생각합니다. 성공한 케이스뿐만 아니라 실패한 케이스도 오픈해서 경험을 공유해야 합니다. 그래야 공부하는 수강생들이 그 강사를 신뢰할 수 있고, 믿음이 생긴다고 봅니다.

따라서 유튜브에 나오는 부동산 투자 관련 강사들은 모두 색안경을 끼고 봐야 합니다. 필자를 포함해서 모두 색안경을 끼고 판단해야 합니다. 수강생에게 부동산 투자 공부를 가르쳐 준다면, 당연히 자신이 어떻게 투자했고 어떤 물건에 투자해서 수익을 봤는지, 세금은 얼마나 내는지 당연히 오픈해야 할 것입니다. 그런데 그런 사람이 거의 없습니다. 정확하게 오픈하지 않습니다. 심지어 본인은 부동산에 투자하지 않는다고 하면서 부동산 투자를 가르치는 강사도 있습니다. 그야말로 논리적으로 배치되는 행동입니다. 한마디로 믿을 수가 없습니다. 그 강사가 어떠한 사람인지, 어떻게 투자 경험이 있는지 전혀 알 수 없고 신뢰도 가지 않습니다. 그런데 필터링을 할 수 있는 방법은 더욱 없습니다. 현란한 말솜씨는 투자의 성공을 보장하지는 않습니다. 그래서 자신의 투자 일지를 공개하지 않는 강사는 강사로서 자격이 없는 것입니다. 강의해서도 안 됩니다. 필자가 누구를 욕하는 것이 아니라 상식적으로 그게 맞지 않느냐를 이야기하는 것입니다.

심지어는 강사가 수강생에게 돈을 빌리는 경우도 있습니다. 이것은 정말 있어서는 안 되는 일이지 않습니까? 도대체 수강생들이 무엇을 본받으라고 하는 행동인지, 무엇을 배우라고 하는 행동인지 알 수 없습니다. 그래서 독자님들께서 유튜브 강의로 부동산 투자를 공부할 때 영상을 제공하는 강사를 판별할 수 있는 능력, 강의 내용을 필터링 할 수 있는 정도의 실력이 안 되면 오히려 독이 될 수 있습니다. 그 강사가 진정한 투자자인지, 강의를 해서 돈을 버는지, 책을 팔아서 돈을 버는지, 현란한 말솜씨의 사기꾼인지 판별할 수 있어야 합니다. 하지만 가볍게 입문하는 정도의 부동산 전반의 흐름이나 지역 호재, 시장의 분위기를 탐색하는 수준의 영상 시청은 상당한 도움이 될 것은 틀림없습니다.

공인중개사 자격증을 공부해본다

여섯째, 공인중개사 자격증을 공부하면서 부동산 투자 공부를 시작하는 분들도 많지는 않지만, 어느 정도 비중을 차지하고 있습니다. 필자의 생각에는 매우 합리적이라고 생각합니다. 아주 바람직한 방법입니다. 부동산 투자 공부는 사실 단어 하나, 명칭 하나하나가 법률 용어이기 때문에 제대로 이해하지 못한 경우에는 현장에서 방문한 부동산 중개사무소 소장님의 브리핑 내용을 정확하게 이해하기 쉽지 않습니다. 글자 하나, 단어 하나가 한국어임에도 참으로 부담스럽습니다. 그러한 이유로 중개사 자격증 공부는 부동산 투자 공부에 필요한 가장 기초적인 용어부터 차근차근 배우기 때문에 사실 투자 공부에 매우 유익합니다. 물론 부동산 공인중개사 자격증을 취득한다고 해서 부동산 전문 투자자가 되는 것은 아닙니다. 하지만 강사들이 하는 이야기, 현장에 방문했을 때 부동산 중개사무소 소장님이 하는 이야기 같은 투자자들끼리 투자에 필요한 이야기를 했을 때 쉽게 알아듣고 이해할 수 있는 측면에서 필요한 과정입니다.

무슨 이야기를 주고받는지 이해할 수 있다는 의미는 생각보다 많은 혜택을 줍니다. 비싼 강의를 들을 때도 강사가 이야기하는 강의 내용을 기초 지식이 없어서 완전하게 이해하지 못한다면 비싼 강의료가 아까울 것입니다. 처음 공부를 시작하고 좋은 강의를 소개받아서 갔는데 무슨 소리인지 이해를 못한다면 시간만 낭비하는 상황이 될 것입니다. 따라서 공인중개사 자격증을 공부한다면 최소한 이러한 낭비를 방지해주는 역할을 하게 됩니다. 하다못해 계약서를 어떻게 작성해야 하는지도 알게 되고, 등기부등본을 보는 법도 알게 되니 혹시나 발생하게 될 손해 상황에 대비할 수도 있습니다. 그러므로 매우 도움이 되는 방법이고, 부동산 투자 공부를 처음 접근하는 방법으로 상당히 의미 있고 합리적인 방법입니다. 다만 공인중개사 자격 공부가 부동산 투자 공부와는 거리가 조금 있지만, 앞서 말씀드린 대로 유익한 점이 있으니 공인중개사 공부 후에 부동산 투자 공부로 넘어와도 전혀 손해 보는 일이 아닙니다.

세상에 공짜는 없다는 것을 먼저 깨우치자

이야기하고 보니 필자가 이것도 하지 말고, 저것도 하지 말라고 한 것처럼 들릴 수도 있으시겠지만, 처음에 말씀드렸다시피 부동산 투자 공부는 특별하게 빨리, 깊이 할 수 있는 방법은 애초부터 존재하지 않습니다. 돈 버는 공부가 그렇게 쉽게 스피디하게 되는 방법이 있다는 것이 이상하지 않습니까? 그런 것이 있다면 누구나 쉽게 부동산 투자로 돈을 벌 것입니다. 그런데 꾸준하게 기초부터 시작하시면 누구나 적은 비용으로 부동산 투자 공부가 가능합니다. 먼저 말씀드린 책(마인드셋, 인플레이션, 부동산 역사, 정치인의 성향에 따라 나올 수 있는 부동산 정책)을 읽으시고, 그다음부터는 현장 답사, 즉 임장을 시간 나는 대로 다니셔야 합니다. 많이 다니시면서 많은 아파트, 재개발·재건축 구역들, 분양 후 건설 중인 아파트 단지를 보면서 서로 비교하고 입지 우위를 판단해봐야 합니다. 그러한 과정을 꾸준히 반복하다 보면 어느새 입지를 보는 눈이 생기고, 각 아파트를 비교·판단하는 능력이 높아집니다. 이것이 가장 비용이 적게 들고, 세상에서 제일 정확한 부동산 투자를 공부하는 방법입니다. 부동산 강사들은 그냥 지식을 전해 줄 뿐이지 실제 공부는 본인이 하셔야만 결과도 좋습니다. 세상에 공짜는 없습니다.

PART

2

이것만 알면
부린이 탈출?
한 방에 싹 정리하기

안녕하세요. 이제야 부동산 투자를 공부해보려는 부린이입니다. 인터넷이나 유튜브를 찾아봐도 어떤 내용이 옳은 것인지 도통 모르겠습니다. 부동산을 공부하기 위해서 기본적으로 알면 좋은 지식이 있다면 무엇이 있을까요? 무엇이든지 괜찮습니다. 귀 기울이겠습니다.

이것만 알아도 부린이 탈출이라는데… Really?

네, 기본적으로 부동산 투자 관련해서 공부하려면 알아야 할 지식이 너무나도 많습니다. 그러나 그 많은 이론과 실무를 모두 습득한다는 것은 시간적으로나 물리적으로 어려울 것입니다. 아울러 공부하려고 막상 책과 마주하면 도대체 어디서부터 손을 대야 할지 난감합니다. 하지만 아주 기본적이고, 기초적인 부분만 알고 있어도 최소한 어이없는 실수는 하지 않을 확률이 높아집니다. 필자는 구만수 스터디 카톡방에 계시는 회원들께 항상 "부동산 투자는 아파트만 하는 것이 좋고, 가능하다면 입지가 좋은 아파트를 매입하세요"라고 합니다.

이러한 측면에서 볼 때 아파트에 투자할 때 기본적으로 알아두면 아주 유용한 기초상식에 대해서 말씀드려보겠습니다. 한동안 부동산 커뮤니티에 돌았던 자료가 있는데요. '이것만 알아도 부린이 탈출! 뼈 때리는 부동산 명언'이라는 제목의 자료입니다. 지금도 인터넷에 검색해보면 나올 것입니다. 여기에 나와 있는 한 줄 한 줄 글귀가 부린이 입장에서 실제로 명언(?)이 될 수 있는지 한번 따져보도록 하겠습니다. 아주 유용한 내용들도 있고, 전혀 아닌 내용들도 있습니다. 아울러 조금 더 고민을 해봐야 이해되는 내용도 있습니다. 시작해보도록 하겠습니다.

원주민 욕세권은 진리

부동산 투자를 처음 접하는 사람들 입장에서는 '욕세권'이라는 단어 자체도 무슨 이야기인지 알 수 없습니다. 욕을 한다는 의미라는 뜻인데 부동산 투자는 어느 지역이든, 어느 아파트 단지든 투자자들이 먼저 진입합니다. 실수요자 그룹과 단순 투자 그룹이 있다면 부동산 투자, 특히 아파트 투자는 실수요자보다 투자자 그룹들이 먼저 어느 특정 아파트 단지를 매입하게 됩니다. 그렇게 투자자의 진입이 시작되면 한두 명으로 시작해서 여러 명이 되겠지요. 이것을 현지 원주민 입장에서 생각해보면 5년, 10년 오랫동안 내어놓아도 잘 팔리지 않던 아파트가 갑자기 팔리기 시작하는 것입니다. 원주민은 이러한 현상을 보면서 '아파트 가격은 계속 내리고 있는데, 왜 이렇게 아파트 사는 사람들이 늘어나고 있지?'라면서 의문을 가지게 됩니다.

필자가 2016년에 대전 둔산동에서 아파트를 매입하고, 잔금을 치르는 날이 되어 해당 부동산 중개사무소를 방문했을 때 일입니다. 매매 잔금을 치르고 법무사가 소유권 이전 서류를 받아서 등기소로 출발한 후에 해당 아파트에 전세 들어오시는 분과 전세를 계약하게 되었습니다. 그런데 이 세입자는 모녀 관계로 두 분이었는데, 전세 계약 중에 서로 이야기를 주고받고 있었습니다. 그중 따님으로 보이는 분이 실제 세입자인 어머니에게 "요즘 집값 내리는데 누가 집을 사냐?"라고 하면서 임대인, 그러니까 집주인을 앞에 두고 욕⑦을 하더군요. 들으라고 한 이야기인지, 아니면 분위기 파악을 못 해서인지는 아직도 모르겠지만, 그 내용은 "집값이 내려가니 집을 사면 안 된다. 집 사는 놈은 바보다" 뭐 그런 내용이었습니다. 필자는 속으로 '사람들이 참 생각 없이 이야기하는구나. 집에 가서 둘이서 이야기하던가 하지, 부동산 중개사무소에서 전세 구하러 와서 계약하면서 새로 집을 매입한 집주인 앞에서 대놓고 욕⑦을 하니 완전히 매너가 없는 사람들이구나'라고 생각했습니다. 참으로 어이가 없는 상황이었지만, 그 자리에서 계약을 무사히 마쳤습니다. 그런데 그 이후 몇 년 동안 해당 아파트 가격은 많이 올랐고, 그 세입자는 계속 전세로 살았습니다. 이러한 형태는 전국 어디라고 할 것도 없이 모든 도시에서 일어난 현상이었습니다.

이것이 무슨 이야기냐 하면 해당 지역에 원래 살았던 원주민들은 "우리 동네 아파트 가격 안 오른다! 내가 수년간 살았는데 가격이 오르기는커녕 오히려 떨어지고 있어 앞으로도 가격은 오르지 못할 거야!" 하는 이야기를 많이들 합니다. 한때 우리나라 정치권에서 '이부망천'이라는 키워드가 많이 이야기되었습니다. '이부망천'은 '이혼하면 부천 가고 망하면 인천 간다'라는 지역 비하 발언입니다. 아울러 인천에 오랫동안 거주하신 카톡방 회원 중에서 배우자나 주변 사람들에게 '인천 집값이 오르면 장을 지진다'라는 이야기를 하는 사람이 많았던 때가 있었습니다. 하지만 부천도, 인천도 세월의 흐름에 따라 가격이 많이 올랐습니다. 원주민들은 부동산 시장이 어떻게 돌아가는지 전혀 모르는 사람들이 많고, 특별히 부동산 투자 공부를 별도로 하는 사람도 많지 않습니다. 그냥 하루, 한 달 벌어서 그날, 그달 먹고사는 것이 전부인 사람들이 많습니다. 이러한 사람들은 자신이 내어놓은 아파트가 갑자기 팔리면 왜 팔리는지를 모르는 사람들입니다. 그 지역에 원주민들이 아파트가 팔리는 것을 보고 "왜 오랫동안 팔리지 않는 집이 갑자기 팔리지?" 하면서 "이걸 사는 사람들은 정말 멍청해"라고 욕(?)을 합니다. 하지만 오랫동안 팔리지 않는 지역의 아파트가 팔리면 대세 상승장의 전조 현상일 수도 있는 것입니다. 그래서 '원주민 욕세권은 진리'라는 뜻은 어느 정도 신뢰성이 있다고 할 것입니다.

남들이 살 때는 이유가 있다

이 글귀는 너무나도 포괄적이라 경우에 맞을 수도 맞지 않을 수도 있지만, 앞서 원주민 욕세권은 진리의 경우와 엮어서 이야기해보면 이렇게 이야기할 수 있습니다. 예를 들어 5년 동안 안 팔리던 땅이나 주택, 아파트를 갑자기 이곳저곳 여러 부동산 중개사무소에서 팔라고 한다면, 이 경우에는 반드시 무슨 이유가 있는 것입니다. 만약에 이럴 때는 이제까지 안 팔렸던 부동산이니 '아이고 잘되었다. 감사합니다' 하면서 계좌번호를 던져 주면서 무조건 팔아 치울 것이 아니라 '아니, 이게 왜 이렇지? 무슨 일이 있나?' 하면서 한 번쯤 고민해야 합니다. 이 경우에는 무슨 일이 있는지 탐문을 해보는 것이 좋습니다. 탐문을 하는 방법은 해당 부동산의 주소지 주변의 부동산 중개업소 몇 군데를 방문해서 혹시나 무슨 호재가 있는지 알아보는 것입니다. 사실 어렵지 않은 일인데, 보통 사람들은 실행에 잘 옮기지 않습니다.

며칠 전에 한 수강생께서 본인이 재건축을 바라보고 투자해놓은 아파트인데, 갑자기 여러 군데에서 팔라고 전화가 왔다고 했습니다. 부동산 시장도 침체기이고 해서 그냥 손해 안 보는 선에서 계약금을 받았는데, 계약금을 받고 알아보니 재건축 동의서 징구가 시작되었다는 소식을 들어서 계약금 배액배상을 해야 하는지, 보유해야 하는지 질문을 했습니다. 사실 전화 몇 통화면 알 수도 있는 정보이고, 직접 부동산 중개사무소에 들러보면 어렵지 않게 취득할 수 있는 정보라서 갑자기 팔라는 말에 넘어가지 않을 수도 있었을 것입니다. 물론 이러한 예도 있시만 남들이 살 때 무조건 따라서 사는 것이 좋지 않을 수도 있습니다. 특히나 부동산 공부가 많이 되어 있지 못한 분들이 친구 따라 또는 주변 지인의 한마디에 쪼르르 달려가서 부동산을 매입하는 경우에는 그 결과가 좋지 못한 경우도 많이 있습니다. 남들이 몰려가서 산다고 해서 따라서 사는 경우에는 그 신뢰도를 체크할 수 없는 경우가 많이 있으니 이렇게 누가 산다고 하더라 하는 카더라 통신에 기대어 부동산을 매입하는 것은 바람직하지 않습니다. 따라서 '남들이 살 때는 이유가 있다'라는 글귀는 맞을 수도, 맞지 않을 수도 있습니다.

나 빼고 다 부자다

부동산 활황기에는 고가 아파트들이 매매가 속속 됩니다. 그러면 '와, 얼마나 돈 많은 사람들이 많길래 이렇게 비싼 아파트들이 바로바로 팔릴까?' 싶습니다. 그러나 이러한 경우는 따져보면 입지가 좋고, 개별 상품성이 좋은 아파트에 국한된 사례이지 실제로 보면 돈 많은 사람이 그렇게 많지는 않습니다. 돈이 많다는 의미는 절대적이지 않고, 상대적으로 느끼는 주관적인 생각이라서 부동산 상승기에 분위기를 띄우기 위해서 바람을 넣은 이야기라고 할 수 있습니다.

사례를 하나 들어보면, 며칠 전 아는 부동산 중개사무소 소장님에게 전화가 왔는데, 서울이지만 중심지에서 살짝 빠지는 지역입니다. 18억 원짜리 재개발 물건인데 실투자 금액은 12억 원 정도 되었습니다. 프리미엄이 매우 저렴하다면서 소개해주셨는데 실제로 많이 저렴했습니다. 하지만 프리미엄이 싸다고 하지만 절대 금액이 원체 높다 보니 이러한 침체기에는 실제 투자금 12억 원이라는 거금을 주고 서울 중심부도 아닌 외곽에 부동산을 사려고 하지 않습니다. 돈이 있어도 사려 하지 않고, 그 정도의 거금이 있다면 당연히 외곽보다는 서울 중심부에 물건을 사려고 할 것이고, 강남이나 한남 또는 한강 변을 기웃거릴 것입니다. 서울 외곽의 매매금액 18억 원짜리 물건을 사려는 사람들이 언제든지 나와야 돈 많은 사람들이 많은 것인데, 부동산 시장 상승기가 지나가고 요즘 같은 침체기의 경우에는 그 많던 돈 많은 사람들이 사라져버립니다. 어쩌면 돈이 많은 사람이 애초부터 많지 않았지만, 활황기 때 한두 곳의 고가 거래가 마치 엄청난 거래가 있었던 것처럼, 돈 많은 사람이 많았던 것처럼 이야기하는 신기루라고 볼 수 있습니다. 따라서 '나 빼고 다 부자다'라는 글귀는 '부동산 상승기에 시장 활성화를 펌프질하기 위한 거짓과 장난이 섞인 말에 불과하다'로 정리할 수 있습니다.

개발 소식에 한 번, 착공에 한 번, 완공에 한 번 오른다

이 말은 부동산 투자 공부를 조금만 해본 사람이라면 들어본 이야기일 것입니다. 하지만 이런 주장은 상승장에 그냥 듣기 좋으라고 하는 소리일 뿐 실제로 미치는 영향은 크지 않습니다. 미공개 정보인 상태에서는 모르지만, 정보가 공개되는 순간 오히려 가격이 내리는 경우도 많이 있습니다. 물론 오르는 경우도 있지만, 케이스마다 다르니 일반적으로 동의할 수 있는 이야기는 아니라고 봅니다. 물론 토지의 경우에는 필자의 《토지 투자, 모르면 하지 마!》라는 책에서 수없이 언급했지만, 건축이 가능한 토지라면 그 토지 인근에 대규모 개발계획이 확정되고 실제 공시기 진행이 될 경우 토지가격 상승을 예상해볼 수는 있습니다. 하지만 이조차도 대도시 인근의 이야기이지, 흔히 우리가 이야기하는 시골에서는 가격이 오르지 않을 수도 있습니다.

본래의 이야기로 돌아가서 개발계획 확정 후 착공하는 경우는 대규모 재개발사업, 재건축사업 또는 지하철사업, GTX사업 등입니다. 이 사업들이 막상 착공에 들어가면 이제까지는 소문으로만 듣던 개발계획이 아닌, 실제로 공사를 하게 되므로 주변 사람들의 관심에 오르내리게 됩니다. 부동산 시장에 참여하고 있던 사람은 물론, 참여하지 않았던 사람까지도 관심을 가지게 됩니다. 하지만 관심은 어디까지나 관심일 뿐 주변 부동산에 실제로 투자하겠다고 생각하는 사람들은 그리 많지 않습니다. 오히려 부동산 시장의 흐름이 침체기에 있다면 '그래서 뭐 어쩌라고?' 생각하는 사람들이 더 많습니다. 만약 침체기가 아니라 상승기라면 사람들의 관심도는 한층 더 높아서 실제 완공 후 가격이 상승할 거라는 기대심리에 매수에 나서는 사람들이 있을 것입니다. 하지만 대부분은 미공개 정보일 때 정보의 가치가 있는 것입니다. 실제 계획이 발표되었을 때 그 개발지를 찾아가서 투자 물건을 찾아보면, 가격이 바로 반영이 되었거나 반영이 된 가격을 주고 사야 합니다. 따라서 그다음부터 지속해서 가격이 올라가는지는 해당 개발계획만을 재료로 해서 계속 꾸준하게 오른다고 보장할 수 없습니다. 오히려 부동산 시장이 하락기이거나 침체기에는 이것이 기회라고 하면서 팔고 나가려는 투자자들로 인해서 오히려 가격이 하락할 수 있다는 점을 염두에 두셔야 합니다. 결론은 개발계획 발표, 착공에 따라 가격이 한 번씩 상승한다는 이야기는 상승기에는 맞는 이야기지만, 하락기나 침체기에는 맞지 않는 이야기라고 할 것입니다. 국지적 호재보다는 부동산 시장의 흐름이 더 중요합니다.

고민하는 동안 남들이 좋은 물건을 다 사 간다

우선 이 부분은 좋은 물건에 대한 정의를 확실하게 짚어야 하고, 부동산 상승기 때와 하락기 때를 나누어서 생각해볼 필요가 있습니다. 좋은 물건의 정의는 아파트를 기준으로 생각해보면, 누구나 살고 싶어 하는 입지에 개별 상품성도 사람들이 선호하는 아파트입니다. 아울러 같은 입지, 같은 단지라고 할지라도 동별, 호수별로 차이가 있습니다. 조망이 나오는 동이나 고층을 사람들이 선호하기 때문에 가격 면에서 차이가 나기도 하고, 차후에 팔려고 하는 시기에도 이러한 동호수가 좋은 물건이 먼저 팔리고 비싸게 팔리게 되어 있습니다. 설령 하락기나 침체기를 맞이하더라도 가격만 시세에 맞는다면 선호하지 않는 동호수에 비해서 먼저 팔립니다. 아울러 침체기만 견딘다면 다른 물건에 비해서 먼저 가격 상승이 이루어집니다. 이렇게 좋은 물건은 결국 환금성(투자금 회수가 빠름)이 유리하기 때문에 시장에서는 먼저 소비가 되어 사라집니다.

그런데 현장에 가보니 발 빠른 다른 사람들이 먼저 다 사고 나서 좋지 않은 동호수 물건이 남아 있다면 그것이라도 사야 할까요? 그렇지 않습니다. 좋지 않은 물건은 추후 애물단지로 남습니다. 팔고 싶어도 바로 팔리지 않고 항상 후순위로 남게 됩니다. 가격은 계속 깎이게 되며, 팔리더라도 부동산 시장이 매우 좋아야 팔립니다. 재개발구역의 경우에는 상승기에 현장을 방문하면, 투자금이 적게 드는 소형 다세대주택들은 다 팔리고 없고, 대지지분이 큰 단독주택들만 남아 있는 경우가 많습니다. 이는 투자금이 많이 들고 재개발 진행이 더디게 되는 것이 일반적이므로 많은 투자금이 오랜 기간 잠기는 결과를 낳게 됩니다. 이러한 물건에 영끌 대출까지 하면 금리 상승기에는 부담으로 다가와서 헐값에 되팔아야 하는 문제가 생깁니다. 그렇다면 '좋은 물건을 무조건 먼저 사면 좋을까 하고 고민하는 동안 남들이 다 좋은 물건을 가져간다는데 무조건 빨리 매입해야 하는 것은 아닐까?' 하는 생각을 이 글을 보고 있는 독자님들께서는 하게 될 수도 있습니다. 하지만 그렇게 해야 할 시기가 있고, 아닌 시기가 있습니다. 부동산 시장이 활성화되는 시기나 충분한 침체기를 겪고 더 이상 하락이 되지 않는 시기에는 좋은 물건(좋은 입지, 좋은 상품 개별성, 좋은 동호수를 갖춘 물건)을 남보다 반걸음 빨리 매입하는 행동은 뛰어난 투자 감각으로 볼 수 있습니다. 하지만 부동산 시장이 상승기를 거쳐 하락기로 접어들거나 침체기에는 좋은 물건이라고 해서 성급한 투자는 금물이라고 하겠습니다. 아무리 좋은 물건이라고 할지라도 전체적인 부동산 시장이 하락한다면, 가격이 오르기보다는 떨어질 가능성이 매우 크기 때문입니다.

집 살 때는 2개씩 사라

필자가 이 파트를 시작할 때 인터넷에서 주장하는 이야기들이 유용한 이야기도 있고, 그렇지 못한 이야기도 있다고 했는데 집 살 때 2개씩 사라는 주장은 도대체 어디서 나온 이야기인지 모르겠습니다. 투자를 위해서 집 개수를 늘리는 시기는 분명히 있습니다. 어쩌면 주장하는 바와 같이 2개 이상 사야 할 시기도 있습니다. 그러한 시기는 다주택자를 범죄자 취급하는 시기는 분명 아니고, 정부에서 집을 사라고 권고하는 시기여야 합니다. 가장 가까운 시기를 예로 들어 보면, 2013년 박근혜 대통령 재임 시기라고 볼 수 있습니다. 정부에서 양도세를 받지 않겠다고 하는 시기, 아무리 많은 주택 개수를 늘려도 취득세를 중과하지 않는 시기, 주택 매입 시 담보대출을 주택 보유 개수와 상관없이 일정 수준 이상 계속해주던 시기, 그 담보대출 금리가 부담되지 않는 시기가 대표적인 시기라고 할 수 있습니다. 이는 필자의 330책에서 자세하게 다루었습니다. 몰빵(?)해야 할 시기가 분명히 있는데, 그러한 시기는 바로 앞에 이야기한 요소들이 종합적으로 맞아떨어지는 시기라고 하겠습니다. 간단하게 이야기하면 정부에서 집을 사라고 권고하는 시기입니다.

그런데 2024년 작금의 현재 상황을 보면 전혀 그러한 시기가 아닙니다. 현재 주택 개수가 많은 사람에게는 종합부동산세가 중과세되고 있고, 양도소득세에 대해서는 잠시 유예했지만 법령상으로는 아직 중과세 납부 의무가 있습니다. 규제 지역도 아직 완전히 폐지되지 않았으며, 취득세는 다주택 보유자에게 매우 높은 중과세가 이어지고 있습니다. 대출 또한 다주택자에게는 쉽사리 빌려주지 않습니다. 금리 또한 투자자에게 부담스러울 정도의 이율임을 감안할 때 무조건 두 채 이상의 집을 사라고 하는 것은 주장하는 사람의 의도를 알 수 없습니다. 다만 주택 비과세를 받기 위해서 첫 번째 집을 사고 1년이 지난 후에 두 번째 집을 사고, 3년 이내에 첫 번째 집을 팔아 비과세를 받는 전략을 반복하는 차원에서 하는 이야기라면 그나마 설득력이 있습니다. 하지만 이 또한 주택가격이 계속 상승하는 것을 전제로 하는 주장이기 때문에 이러한 우상향의 전제 조건 없이 살 때는 무조건 2개를 사라고 하는 것은 사실상 이해가 되지 않는 주장이라고 하겠습니다.

늦게 파는 놈이 항상 더 번다

　이 주장은 상승기에는 어울리는 이야기가 맞습니다. 앞서 말했듯 주택 양도소득세 비과세를 위해서는 첫 번째 주택을 사고 1년 후 두 번째 주택을 사게 되면, 첫 번째 주택을 두 번째 주택을 매입한 날로부터 3년 이내(규제지역 제외하고 일반적인 경우)에 팔아야 합니다. 그런데 양도소득세 비과세를 위해서 3년 안에 팔아야 한다는 강박 때문에 결국 3년 안에 팔기는 팔았는데, 그 이후로 심지어 2배 이상 가격이 상승한 사례도 있습니다. 이렇게 대세 상승장에서는 비과세 전략이 오히려 좋지 않은 결과를 가져오기도 합니다. 이러한 경우에는 오히려 비과세를 받지 않고 보유하면서 2개의 주택 중에서 차익이 적은 주택의 양도소득세를 부담하고 먼저 정리한 후 차익이 많은 아파트를 양도소득세 비과세를 받고 파는 전략이 더 좋은 결과로 이어지는 경우도 있습니다. 하지만 이것은 언제까지 지속해서 가격이 오른다는 전제가 있어야 하고, 이러한 전제 조건이 충족되는 시기가 한평생 중에서 얼마나 있을지는 독자님들도 한번 생각해봐야 할 문제입니다.

어쨌거나 입지가 좋은 물건을 일찍 매입해서 오랜 기간 보유했다면, 통상적으로는 통화량 측면에서 장기적으로는 인플레이션이 꾸준하게 발생하기 때문에 되도록 늦게 파는 것이 수익이 많은 게 자명한 사실입니다. 필자의 경우에도 어느 재개발구역 물건을 프리미엄 3,500만 원에 사서 5,500만 원에 팔았는데, 나중에 프리미엄만 14억 원이 되는 상황도 겪어 봤습니다. 부동산을 적은 수익에 사고팔고를 반복하는 것보다 좋은 물건을 오랫동안 보유해서 수익을 극대화하라는 이야기로 해석하는 것이 좋겠습니다.

누구보다 빠르게 남들보다 더 많이

이 주장은 남들보다 빠르게 투자 물건의 개수를 늘리라는 이야기인데, 매우 위험한 발상입니다. 부동산 시장이 어떻게 흘러갈지 알고 무조건 빠르게 개수를 늘리라고 하는 것인가요? 아주 무책임하고 리스크를 전혀 고려하지 않은 행동입니다. 부동산 투자 시장이든, 주식 투자 시장이든 절대 자중자애하면서 투자에 임해야 합니다. 부동산 투자는 평생을 해야 할 게임과도 같습니다. 열심히 본인이 주업으로 하는 일을 하고 벌어 놓은 돈을 그냥 은행에 넣어두면 인플레이션으로 인한 구매력의 휘발을 막기 위해서 투자를 하는 것입니다. 최소한의 리스크를 감당하면서 부담되지 않을 정도의 현금 투입으로 현금성 자산의 휘발을 헷지(hedge) 하는 것이 부동산 투자의 가장 큰 목적입니다. 기왕이면 실거주의 만족을 느끼면서 인플레이션에 대한 헷지를 한다면 매우 좋은 투자 수단이 될 것입니다. 하지만 부동산 시장의 오르내림을 간과하고 무조건 남보다 빠르게, 남들보다 더 많이 물건을 산다는 것은 휘발유를 온몸에 끼얹고 불 속으로 달려드는 것과 다름이 없습니다.

투자하는 것이 위험한 게 아니라 투자 안 하는 것이 더 위험하다

투자하지 않는 것이 위험한 행동이라는 뜻은 의미가 있는 주장입니다. 그 이유는 인플레이션 때문입니다. 자본주의 국가에서 경제활동을 하는 사람이면 돈(Money)과 화폐(Currency)를 구분할 줄 알아야 합니다. 돈은 가치가 저장되는 수단이지만, 화폐는 가치가 저장되지 않습니다. 일반 사람들은 이러한 메커니즘을 잘 모릅니다. 그래서 투자를 맹목적으로 부정하는 사람들도 많이 있습니다. 인플레이션은 통화의 가치가 하락하고 물가가 상승하는 경제 현상을 말합니다. 흔히 우리 지갑 속에 있는 신사임당 5만 원권과 세종대왕 1만 원권 화폐는 사실 돈이 아닙니다. 돈이 아니라 화폐, 즉 통화입니다. 돈과 통화는 구분되어야 하지만, 안타깝게도 현실 세계에서는 구분해서 사용되지 않습니다. 하지만 엄밀하게 말하면 금(Gold)은 가치를 저장할 수 있기 때문에 돈이지만, 신사임당 5만 원권이나 세종대왕 1만 원권은 돈이 될 수 없는 것이 정확한 표현입니다. 종이화폐는 가치를 저장할 수 없기 때문입니다. 대한민국 정부는 언제든 적자 재정을 통해서 국채를 발행하고, 한국은행은 그 국채를 매입하고 대신에 화폐(신사임당 5만 원권, 세종대왕 1만 원권 등)를 공급합니다. 결국 이 화폐는 시중에 뿌려집니다. 화폐, 즉 통화량이 시중에 늘어나게 되는 것이 인플레이션의 근본 원인입니다. 신사임당 5만 원권이나 세종대왕 1만 원권의 구매력 가치는 떨어지고, 이와 반대로 실물자산은 화폐의 구매력 가치가 떨어지는 만큼 가격이 올라갑니다.

새우깡이 1971년에 출시될 당시에는 50원이었는데 현재는 1,500원입니다. 필자의 330책에 돈과 화폐의 구분 및 인플레이션 설명을 위한 새우깡 이야기가 자세히 설명되어 있습니다. 이 책을 썼던 2017년만 해도 1,200원이었는데 필자가 이 원고를 쓰고 있는 지금 시점에서는 1,500원입니다. 새우깡 출시 후 무려 가격이 30배나 올랐고, 반대로 화폐의 가치는 단순하게 따져서 30배 떨어진 것입니다. 물론 계산상 논쟁이 있을 수 있습니다만, 어쨌든 신사임당 5만 원권과 세종대왕 1만 원권의 구매력 하락은 이견이 없습니다. 이것이 바로 우리가 이야기하는 인플레이션입니다. 현금을 보유하고 아무 짓도 하지 않는 것, 또는 은행에 넣어두고 이자만 받는 행위(수령하는 이자만큼 상쇄가 되기는 하지만, 인플레이션을 넘어서지 못하면 그만큼 손실이 됩니다)는 자신이 보유하고 있는 현금성 자산의 구매력 휘발, 즉 가치의 하락을 의미합니다. 투자하지 않고 현금만 보유한다면 현금 자산의 구매력 휘발을 막을 수 없다는 결론이 나옵니다.

물론 투자하지 않고 현금을 보유하는 것은 일종의 투자입니다. '어라? 투자하지 않고 현금을 보유하는 것이 투자라고?' 이 책을 읽고 계시는 독자분들께서도 의아하게 여기실 것입니다. 그러나 생각해보면 사실 향후 '아파트 가격이 오른다'라고 믿기 때문에 보유한 현금을 동원해서 아파트를 구매할 것입니다. 반대로 아파트 가격이 오르지 않는다고 생각하는 사람들은 현금을 보유할 것입니다. 즉 이러한 사람들은 '아파트 가격이 오르지 않는다'에 베팅을 하는 것입니다. 주식 관련 투자 방법 중에서 인버스(Inverse)가 있는데, 이것은 주식 지수가 하락할 때

수익을 낼 수 있는 종목입니다. 현금을 보유하는 것은 주식 투자로 치면 인버스에 투자하는 것과 같은 맥락입니다. 물론 하락에 베팅해서 수익을 볼 수도, 손실을 볼 수도 있습니다. 마찬가지로 상승에 베팅해서 수익을 볼 수도, 손실을 볼 수도 있습니다. 어느 시점에 투자하고 엑시트 하느냐에 따라 결과는 달라질 것입니다. 그러나 지난 600년간 주택 가격은 계속해서 올랐고, 현금의 가치는 계속해서 떨어졌습니다. 단기간에 아파트 가격이 내려간 시기도 있습니다만, 장기적으로 볼 때 항상 인플레이션으로 인해 실물자산 가격이 올랐습니다. 이러한 메커니즘을 모르기 때문에 투자하지 않는 것입니다. 투자를 하는 것보다 투자하지 않는 것이 더 위험하다는 뜻은 바로 이러한 이유에서 나온 주장입니다.

무조건 싸게 사라(부동산은 오늘이 제일 싸다)

이 주장 역시 상승 시기에 해당하는 이야기이지, 하락기나 침체기에는 전혀 타당하지 않습니다. 통상적으로 부동산 투자 공부를 처음 하게 되는 분들은 보통 경매 공부를 많이 하게 되는데, 그 이유는 인터넷이 발달하면서 정보의 접근성이 좋아졌기 때문입니다. 검색 사이트에 '부동산 공부'를 검색하면 대부분 경매 학원 정보가 많이 나오기 때문입니다. 또한 대부분 사람이 투자 물건을 싸게 사는 것이 맞는다고 생각하기 때문에 투자 물건을 싸게 살 방법으로 제일 먼저 경매를 떠올립니다. 그래서 경매 공부를 먼저 하고, 경매로 투자 물건을 사려고 합니다. 나름대로 설득력 있는 이유이기도 합니다. 실제 부동산 경매라는 메커니즘이 부동산을 싸게 사는 것을 목적으로 하고 있고, 이러한 목적을 부동산 경매를 가르쳐 주는 학원에서도 충실하게 알려줍니다. 문제는 상승기에 경매하게 되면 헛수고만 할 가능성이 매우 큽니다. 경매가 나왔다고 하더라도 입지 좋은 물건일 경우에는 실제 현장의 가격보다 더 높은 경우도 있습니다. 이럴 때는 현장에 가서 급매 또는 매물이 나오는 대로 바로 매입하는 것이 더 효율적입니다. 또한, 상승기에는 서로 물건을 사려고 하다 보니 좋은 물건들 자체가 경매에 나오지 않는 경우가 많습니다. 다만 경매는 피치 못할 사정으로 나오는 물건이다 보니 상승기에 좋은 물건이 나올 수도 있지만, 낙찰 가격은 현장보다 높다는 것이 일반적입니다.

물론 하락기나 침체기에는 경매가 저렴하게 살 수 있는 한 가지 방법임에는 틀림이 없습니다. 하지만 부동산 시장의 하락기나 침체기에는 아무도 부동산 투자에 관심을 기울이지 않으므로 경매 학원에 가서 공부하는 사람 또한 찾아보기 힘듭니다. 따라서 무조건 싸게 사라는 말은 현실적으로 불가능하다는 점을 알려드리고 싶고, 아울러 '부동산은 오늘이 제일 싸다'라는 주장도 사실 맞지 않습니다. 필자의 경험상 부동산 투자를 많이 해봤지만 '이것보다 더 좋은 물건은 없다'라는 생각에 물건을 매입했는데, 얼마 지나지 않아서 더 좋은 물건이 나타나는 경우를 수없이 경험했습니다. 이렇게 되면 참으로 난감한 상황이 됩니다. 이전에 샀던 물건을 다시 팔고, 새롭게 나타난 물건을 살 수는 없는 노릇입니다. 부동산은 거래 비용이 많이 발생하기 때문에 그러한 비용을 상쇄할 정도로 좋은 물건이 있을 수도 있겠지만, 그 정도 차이가 나는 경우는 흔하지 않습니다. 설령 많은 차이가 나는 물건이 새롭게 나타난다고 해도 세입자와의 문제, 거래 횟수가 많으면 아무래도 국세청 눈총을 받는다든지 여러 가지 이유로 반복적인 매매는 하기 어렵습니다. 이렇듯 부동산 투자 경험이 나름대로 많은 필자 같은 경우에도 저렴하고 좋은 물건을 사기가 어려운데, 일반인들이야 오죽할까 하는 생각이 듭니다. 부동산 시장의 흐름이 물건을 사야 할 시기가 온다면, 그때 너무 싸고 저렴한 것만 사려고 하지 마세요. 시세대로 주더라도 입지가 좋고 선호하는 단지, 동호수를 매입하는 게 성공적인 투자의 기본 바탕입니다. 아울러 부동산은 오늘이 제일 싸다는 주장은 미친 상승기에나 통용되는 말이지, 하락기나 침체기에서는 전혀 부합되지 않는 이야기입니다.

청약이 될 것 같나(청약을 무슨 Ⅲ 주고 사 - 청무피사)?

신축 아파트 분양공고를 보고 청약해서 당첨되기란 상당히 힘들다는 주장인데요. 청약에 당첨되기 힘드니 프리미엄을 주고 그냥 사는 것이 좋다는 뜻입니다. 하지만 이 또한 부동산 상승기에는 해당하는 말이지만, 하락기나 침체기에는 무조건 청약이 안 된다는 말은 맞지 않습니다. 통상적으로 입지가 좋고 대단지 아파트의 경우, 분양공고가 나면 사람들의 관심에 오릅니다. 특히나 상승기에는 청약경쟁률이 너무나도 높습니다. 아울러 활황기에는 정부의 정책상 청약가점이 높은 사람이 유리하도록 청약시스템이 운영되기 때문에 사회초년생이나 부양가족이 적은 사람들은 청약가점이 낮아서 당첨되기 어렵습니다. 그러므로 되지 않는 청약당첨을 기다리기보다는 프리미엄을 주고 사는 것이 오히려 좋은 결과를 가져올 수 있습니다. 그런데 사실 따지고 보면 청약당첨이 힘든 이유는 가점이 낮아서라기보다 분양가격이 주변의 시세보다 낮기 때문입니다. 분양가 상한제를 적용받는 아파트 단지의 경우 당첨이 되는 순간, 주변 시세에 준하는 프리미엄을 획득할 수 있기 때문입니다. 이에 반해 분양가 상한제를 적용받지 않는 아파트 단지의 경우 생각보다 그렇게 높은 청약경쟁률이 나오지 않습니다. 결국 정부의 분양가 상한제와 주택도시보증공사의 주택보증을 받기 위한 분양가격이 청약경쟁률을 좌지우지하게 됩니다. 청약을 준비하는 소비자가 시쳇말로 먹을 것이 있으면 너도나도 청약을 우선 해보고, 당첨이 되어도 아니다 싶으면 계약하지 않으면 되기 때문입니다.

만약에 주변 동일 입지에 동일 평형의 아파트 시세가 10억 원 정도 하는데, 신규 아파트가 12억 원이라면 아무도 청약하지 않으려고 할 것입니다. 반대로 8억 원에 분양한다면 당첨되는 순간, 2억 원의 수익이 발생하니 모두 청약을 하려고 할 것입니다. 그런데 정부에서는 무조건 주택을 싸게 공급해야 한다는 생각에 상승기에는 분양가격을 규제합니다. 이러한 정책은 결국 어마어마한 청약경쟁률을 불러일으키고, 청약할 생각이 없던 사람까지 청약 시장에 참여하게 만듭니다. 따라서 청약경쟁률의 핵심은 분양가격이 주변 시세와 얼마나 차이가 나는지에 따라서 결정된다고 보시면 됩니다. 그리고 부동산 시장이라는 것이 항상 오르기만 하고 활황기만 있는 것이 아니기 때문에 청약경쟁률이 낮아지는 시기가 반드시 오게 마련입니다. 이러한 시기는 아무도 아파트 분양을 받으려고 하지 않는 시기입니다. 그러므로 당연히 분양경쟁률은 떨어지고, 가점이 낮아도 또는 경쟁률이 낮으니 추첨에 의해서 가점이 낮아도 당첨될 확률이 높아집니다. 하지만 이 또한 주변 시세에 비해서 월등히 가격이 저렴하다면 청약경쟁률이 높아질 것입니다. 따라서 청약에 당첨이 되는 것은 가점이 높아야 하고, 경쟁률이 낮을수록 추첨에 의해서 당첨될 확률이 높습니다. 하지만 가장 중요한 것은 분양공고를 한 신축 아파트 단지의 분양가격이 주변 시세와 얼마나 차이가 나는가에 따라서 청약당첨의 확률이 정해진다고 보는 것이 옳습니다.

역사적으로 부동산 시장이 상승기든, 하락기든, 침체기든 입지가 좋은 아파트 단지 분양가격이 저렴하게 나왔던 때는 많지 않습니다. 따라서 입지가 좋고 선호하는 아파트 단지를 분양할 때는 단순 청약만 생각하지 마시고 무순위청약, 즉 특별공급 및 청약 1순위, 2순위의 일반청약이 모두 완료된 후에 부적격자로 판명되어 계약이 취소되는 물량들을 추가로 배정하는 일명 '줍줍'을 노려보시는 것도 한 가지 방법입니다. 분양권은 안정적인 소득만 있다면 중도금은 대출이 되므로 계약금만으로 내 집 마련을 할 수 있는 아주 좋은 방법입니다. 적극적으로 활용하면 좋은 투자 방법의 하나입니다. 다만 이렇게 당첨되기 어려운 시장에 참여하는 방법도 있지만, 재개발·재건축 시장에 참여하는 방법도 있습니다. 재개발·재건축은 청약과 당첨이라는 절차 없이 조합원이 되면 신축 아파트에 입주할 수 있는 입주권이 주어집니다. 물론 청약과 당첨이라는 아파트 분양 시장보다는 투자 금액이 더 들기는 하지만, 청약통장도 필요 없고 당첨이 잘 안된다고 푸념할 필요도 없습니다. 적절한 시기에 투자하고 입지가 좋은 곳을 선택한다면, 분양을 통한 아파트 입주보다 총액기준으로 훨씬 저렴한 투자금으로 내 집 마련이 가능하다는 장점이 있습니다. 재개발·재건축 투자는 처음 부동산 투자를 공부하시는 독자분들께서 생소하고 어려운 분야가 될 수 있습니다만, 틈틈이 공부하신다면 충분히 목적을 달성하실 수 있습니다.

그리고 독자님들의 이해를 돕기 위해 신축 아파트에 입주할 수 있는 권리를 크게 분양권과 입주권으로 구분할 수 있는데요. 이 2가지 권리를 잠시 설명하도록 하겠습니다. 입주권과 분양권은 비슷하게 쓰이지만, 완전히 다른 말입니다. 일단 둘 다 새 아파트를 받을 수 있는 권리라는 점에서는 같습니다. 이것을 쉽게 구분하기 위해서는 우선 둘 중 한 가지를 기억하면 되는데요. 우선 분양권을 기억하시는 게 좋습니다. 통상적으로 우리는 아파트를 분양받는다는 이야기를 많이 합니다. 청약통장을 통해서 신축 아파트 분양에 청약해서 당첨되는 사람은 분양계약을 맺고, 나중에 새로 지어지는 아파트에 이사 들어갑니다. 이때 청약통장을 넣어서 당첨된 경우, 그리고 앞서 언급한 당첨부적격자 등의 당첨무효와 계약취소 등으로 '줍줍'을 한 경우 등 이렇게 신축 분양 아파트 계약서를 작성한 경우에 그 아파트는 공급자와 계약을 한 사람 입장에서는 분양받은 아파트가 되고, 그러한 분양받을 권리를 '분양권'이라고 합니다. 분양권의 포인트는 통장으로 청약해서 당첨되었다는 것입니다. 그리고 미분양이 발생했을 경우, '줍줍'으로 뽑기에서 당첨이 된 경우입니다.

이에 반해 입주권은 통장 청약당첨과는 전혀 상관이 없습니다. 입주권은 글자 그대로 '새 아파트에 입주할 수 있는 권리'입니다. 분양을 받는다는 것은 누군가에게 받아야 한다는 의미가 내포되어 있지만, 입주라는 단어는 뭔가 당연한 듯한 느낌의 뉘앙스가 있습니다. 누구에게 허락받지 않고 당연히 들어간다, 뭐 그런 느낌입니다. 정비사업, 즉 재개발·재건축 사업은 원래 내가 가지고 있던 토지나 건축물을 현물출자 해서 그 재산을 기반으로 그 땅 위에 다시 아파트를 지어서 그 토지나 건축물을 현물 출자했던 사람들에게 새 아파트를 되돌려주는 것입니다. 헌 집에서 신축 아파트라는 형태만 바뀌었지, 원래부터 내가 가지고 있던 재산입니다. 그래서 신축 아파트에 소유권 이전해서 이사 들어가는 것은 동일한데, 기존의 헌 집이 없이 단순히 주택청약통장만으로 청약에 당첨되어 신축 아파트에 소유권 이전받고 이사 들어갈 수 있는 분양권과 구분하기 위해서 '입주권'이라는 명칭을 사용합니다.

입주권에 대해서 초보 독자분들의 이해를 돕기 위해서 조금 더 설명하겠습니다. 어려우실 수도 있지만, 그냥 '이런 것이 있구나' 하는 정도로 읽어 두시면, 나중에 재개발·재건축이라는 정비사업을 본격적으로 공부하실 때가 오면 반드시 도움이 됩니다. 재개발·재건축사업의 진행 과정상 기존의 건축물을 멸실하는 단계가 오는데, 그게 바로 '철거'입니다. 철거하기 위해서는 모든 행정절차를 끝내야 하는데, 그러한 조합원의 모든 권리관계를 정리하는 것이 '관리처분인가'입니다. 이러한 관리처분인가는 조합원의 기존 재산을 어떻게 평가하고 어떠한 평수의 새 아파트를 줄 것이며, 새 아파트를 받지 않으려는 사람들은 어떻게 할 것인지, 그리고 조합원이 가져가고 남은 물량들은 어떻게 처리할 것인가를 전부 정리하는 계획입니다. 이를 확정해 구청에 인가받게 되면 해당 정비사업의 권리관계 행정절차는 끝나는 것입니다. 이렇게 관리처분계획을 끝내면 기존의 건축물은 서류상으로는 이제 건축물이 아닙니다. 철거 대상이 되어 이제 없어질 콘크리트 덩어리에 불과하고, 더 이상 주택이나 건축물로 취급하지 않습니다. 다만 철거 때까지는 형체만 남아 있는 것입니다.

그런데 관리처분계획인가가 나서 서류상으로는 이제 주택이나 상가 등 건축물이 아니라고 하지만, 엄연히 사람들이 살고 있습니다. 그래서 세금 관계 등 이래저래 문제가 또 생기는데요. 아무튼 관리처분계획인가 고시일 기준으로, 기존의 건축물 등 종전자산은 건축물로 보지 않고 새로 신축될 아파트에 입주할 권리로 봅니다. 그래서 이때부터 기존의 재산들은 '입주권'이라고 명칭을 변경해 사용합니다. 이렇게 기존의 조합원 재산이 행정적으로 입주권이라는 권리로 변환이 되면, 가장 문제가 되는 것이 매매 시에 세금의 문제가 도래하게 됩니다. 그래서 관리처분인가 고시일 기준으로 그전부터 가지고 있던 조합원은 '원조합원', 그 이후에 승계받은 조합원은 '승계조합원'이라고 합니다. 관리처분 이후라도 원조합원은 양도소득세 부과 시에 주택으로 간주해서 비과세도 받을 수 있는 반면에 승계조합원은 부동산이 아니라 권리를 넘겨받은 것이기 때문에 주택으로 취급하지 않아서 비과세를 받을 수 없습니다. 주택이 아니니 당연히 취득세도 비용 포함해서 4.6%입니다. 그런데 문제는 아직 사람이 살고 있다는 거죠. 그래서 실무에서는 멸실이 되지 않는 상태에서는 주택의 경우 취득세 1~3%로 차등 부과하도록 합니다.

각설하고 입주권은 재개발·재건축 정비사업의 조합원 물건에 대해서 사용하는 단어이고요. 분양권은 청약통장을 통해서 당첨된 사람들의 물건, 미분양물건을 계약한 물선 등을 이야기한다고 보시면 됩니다. 다만, 이렇게 입주권과 분양권을 강제로 구분하기 위해서 제가 예를 들어서 말씀드린 것이고, 실제 실무에서는 재개발·재건축 조합원들이 신축 아파트를 받기 위한 절차가 있는데, 그러한 절차를 '조합원 분양신청'이라는 용어를 사용합니다. 초보 독자분들은 헷갈릴 수도 있습니다. 필자

역시 예전에 처음 이러한 용어 구분이 쉽지 않았습니다. 하지만 여러 번 접하시다 보면 충분히 습득되실 것입니다. 청무피사 이야기에서 재개발·재건축 입주권까지 이야기가 길어졌네요.

푼돈을 모아 분양권

바로 앞서 한 이야기에서 청약은 안 되니 프리미엄을 주고 사라고 해 놓고, 갑자기 푼돈 모아서 분양권을 사라고 하니 뭔가 앞뒤가 맞지 않는 주장입니다. 그냥 인터넷에서 막 써놓고 싶은 대로 써놓은 것인지는 알 수 없으나 실제 당첨만 된다면 가장 적은 자본으로 괜찮은 투자를 할 수 있는 방법이 분양권 투자가 맞긴 합니다. 사회초년생은 사회에 첫발을 담그고 어렵사리 모은 종잣돈으로 내 집 마련을 하기 위해서는 여유 자금이 매우 부족합니다. 신혼부부들도 여유 있는 집안의 자손이 아니라면 자신들이 벌어서 보금자리를 마련하기는 쉽지 않습니다. 그래서 보통 신축 아파트 분양계약금 정도만 있으면, 청약통장을 통해 당첨될 경우 중도금은 대출로 충당하고 입주해서 열심히 대출금을 갚아 나가는 것이 보통 사람들의 내 집 마련 코스입니다. 설령 프리미엄을 준다고 하더라도 부담할 수 있는 금액이면 매수해서 내 집 마련이 가능할 것입니다. 다만 이렇게 분양권이 내 집 마련의 좋은 수단이고 성공확률이 높은 투자 방법이기는 하지만, 앞서도 언급했듯이 당첨되기는 어렵습니다.

그나마 상대적으로 확률을 높이기 위해서는 일찍 청약통장에 가입하고 꾸준하게 청약금을 납입하는 센스가 필요합니다. 이러한 이유로 어느 부모님들은 자녀들이 어릴 때 일찍 청약통장을 개설해서 꾸준하게 청약금을 납입하고, 결혼할 시기쯤 청약통장을 선물로 주는 케이스도 많이 있습니다. 떡 하니 집 한 채 사주면 좋겠지만, 그러한 형편을 가진 부모님들이 얼마나 되겠습니까? 15년 이상의 가입기간과 무주택 기간이 넘으면 청약점수가 49점이 되니 당첨에 한발 다가설 수 있습니다. 거기에 아기를 1명이라도 낳아서 배우자 포함 부양가족이 3명이 되면 69점이 되니 웬만한 입지 좋은 아파트 분양에는 당첨이 가능한 점수가 됩니다. 당사자 본인이 아니더라도 미래를 위해서라도 가입연령에는 제한이 없으니 자녀들의 청약통장을 미리미리 만들어 놓은 것은 매우 센스 있는 행동이라고 할 것입니다. 이렇게 차근차근 준비하는 방법도 좋지만, 이미 자녀가 장성하거나 청약통장을 생각해본 적 없으신 분들은 다른 방법을 생각해보실 수도 있습니다. 청약에 당첨이 된 사람들, 즉 앞서 설명했던 신축 아파트에 들어갈 수 있는 분양권 물건을 매입하는 방법도 있습니다. 물론 부동산 시장 상황에 따라 사야 할 시기와 사지 말아야 할 시기는 분명히 존재합니다. 하지만 내 가족이 편안하게 생활할 주거공간을 마련한다는 차원이라면, 부동산 시장의 흐름에 크게 얽매일 필요 없이 입지가 좋고 개별 상품성이 좋은 아파트일 경우 프리미엄을 주고서라도 매입을 하는 것이 좋다고 봅니다. 결국 아파트는 투자 상품이기 전에 가족의 따뜻한 보금자리이기 때문에 최소한 가족의 주거공간은 확보한 후 그다음 투자를 생각하시는 것이 좋다고 봅니다.

이 말은 일단 투자 물건을 매수한 후에 공부하라는 이야기죠. 이것은 정말 조언치고는 최악입니다. 아무리 부동산 시장의 상승기라고 할지라도 말입니다. 시장에 가서 몇천 원짜리 콩나물을 살 때도 물건 상태를 보고 살지 말지 결정을 하는데, 수억 원짜리 투자 물건을 사는데 일단 매수하고 그다음에 그 물건에 대해 분석하라는 것은 어떠한 이유에서도 합리화될 수 없습니다. 그런데 재미있는 것은 실제로는 이렇게 투자하시는 분들이 많다는 것입니다. 지난 10년간 필자의 카톡방에서 질문을 받아보면 친구, 지인, 가족, 심지어는 부동산 중개사무소 소장님 조언에 따라서 그냥 아무 생각 없이 사라고 해서 샀다는 분들이 너무나도 많습니다.

"일단 물건은 샀는데 시간이 지나도 아무런 변화가 없거나 가격이 하락했습니다. 손해를 보고서라도 팔려고 했는데 팔리지 않는 물건이었습니다. 그래서 왜 그런지를 그때부터 공부했습니다. 공부해보니 입지도 좋지 않고, 사면 안 되는 종목의 물건이었습니다."

이것이 비슷하게 나오는 이야기들입니다. 왜 그런 물건을 샀는지에 대한 당사자들의 항변을 들어보면 대부분 "처음에 투자 물건에 대해서 잘 알지 못하고, 공부해본 적도 없고, 공부할 시간도 없고, 공부할 생각도 없는데 투자를 하면 돈을 벌 수 있다고 해서 투자했어요"라고 말씀하십니다. 듣고 보면 그럴 수도 있다는 생각도 듭니다. 본인이 한 번도 공부해본 적 없는 투자를 직접 할 수도 없는 노릇이고, 부동산으로 돈을 번 사람들이 주변에 있다는 이야기는 들었는데 본인이 판단하는 게 어려우니, 그렇다면 아는 사람들이 건네주는 한마디가 고마울 수 있습니다. 하지만 세상사가 그렇게 쉽게 돈을 벌 것 같으면 누구 하나 부자가 되지 않은 사람이 있겠습니까? 세상에 공짜는 없습니다. 투자 공부를 나름대로 분석을 많이 하고 실전에 뛰어들어도 수익보다는 손실이 날 가능성이 큰 세계가 바로 투자의 세계입니다. 이것은 비단 부동산 투자뿐만 아니라 인생살이 또한 같습니다. 반드시 투자 물건을 구매하기 전에 충분한 분석이 선행되어야 합니다. 이것은 진리입니다.

세금이 제일 무섭다

네, 맞습니다. 세금이 무서운 줄 알아야 합니다. 어찌 보면 우리가 하는 어떤 명목의 투자든 정부와 공동 투자를 하는 것입니다. 수익이 발생하면 정부에서는 세금이라는 명목으로 수익금 일부를 가져갑니다. 수익이 많으면 많을수록 누진되어 세금이 더욱더 많아집니다. 정부라는 공동 투자자는 나의 피 같은 투자금과 매도를 할 때까지의 고통의 시간을 아랑곳하지 않고 무심히도 나의 수익금을 강탈해 갑니다. 물론 국가와 정부는 내가 투자해서 수익을 볼 수 있도록 경제활동을 자유롭게 할 수 있는 환경을 만들어주는 대가로 보호비(?)를 뜯어가는 것이죠. 세금을 내야 하는 환경 자체를 바꾸기는 어려운 현실이니 우리는 이렇게 수익이 발생하면 투자를 조금 스마트하게 움직일 필요가 있습니다. 예를 들어 비과세를 받을 수 있는 방법으로 투자를 하는 것이 가장 현실적인 방법인데, 기본적으로 모든 종목의 부동산 수익에는 세금이 따릅니다. 투자하는 순간, 정부와 공동 투자를 하게 되는 것입니다. 나의 투자금 투입과 투자 물건에 대한 보유 시간의 고통에 따른 위자료(?) 명목으로 받은 수익금을 두 눈을 뜨고 뺏겨야 합니다. 그런데 예외적으로 정부에서 나의 투자 수익금에 대해서 보호비(?)를 뜯어가지 않는 예외적인 사항이 있습니다. 그것이 바로 주택 비과세입니다.

주택의 경우 기본적(규제지역은 거주요건까지 있습니다)으로 1세대가 1주택을 2년 이상 보유하고 해당 주택을 팔아서 수익이 발생하면, 그 수익에 대해서는 정부에 세금을 납부하지 않아도 됩니다. 공동 투자자인 정부가 보호비(?)를 뜯어가지 않고 예외를 인정해주는 것입니다. 이러한 이유는 그동안 팔고 이사 가야 할 다른 집도 그만큼 올랐을 가능성을 염두에 두고, 동일 입지 동일 단지의 수평 이동을 보장해주는 차원에서 배려해주는 것이라고 보시면 됩니다. 예를 들어 5억 원짜리 34평형 주택이 2년 동안 7억 원으로 올라서 2억 원의 수익이 발생했다고 해서 세금을 납부해버리면 다른 주택으로 이사 가고 싶어도 다른 주택(동일 입지, 동일 단지, 동일 평형 기준) 역시 비슷하게 올랐기 때문에 이사 갈 수 없는 상황이 발생합니다. 그런데 주택 이외에 상가나 토지 등 주택 이외의 부동산은 2년 이상 보유해도 양도소득세를 납부해야 합니다. 이러한 이유로 필자는 특별한 사정이 있지 않은 한 주택, 특히 아파트만 투자하라고 합니다. 게다가 거주하면서 가족의 편안한 삶의 공간도 확보하고, 더불어 자산 가치도 높이는 일석이조의 효과를 누릴 수 있기 때문입니다. 과도하고 방만한 투자는 수익이 발생해도 세금으로 비용이 발생하기 때문에 앞으로는 수익이 발생하는 듯해도 뒤로는 손해일 수도 있습니다. 설령 '조금이라도 수익이 발생하면 좋은 게 아닌가?'라고 반문하실 수도 있지만, 그만큼 리스크를 본인이 감당해야 하니 비효율적입니다. 따라서 자신에게 적정하고, 부담이 없는 투자 포트폴리오가 중요하다고 하겠습니다.

넓을수록 좋고, 높을수록 좋다

이 주장은 아파트를 기준으로 보면 기왕이면 넓을수록 좋고 높을수록 좋다는 뜻인데, 이것도 반은 맞고 반은 틀렸다고 할 수 있습니다. 같은 아파트 단지에서는 넓을수록 좋고 높을수록 좋다는 말이 어느 정도 일리가 있는 주장이기는 하지만, 같은 단지라고 할지라도 일반적인 소득 수준의 사람들이 선호하는 50평형 초반 이상 대형 평형, 즉 60평, 70평은 관리비부터 부담스럽죠. 물론 펜트하우스나 100평형짜리 초대형 평형도 생활할 수 있는 여유만 있으면 좋은 것이 아니냐고 반문할 수도 있습니다. 하지만 그러한 대형 평형은 소득 수준이 높은 그들만의 리그라고 할 수 있습니다.

투자에 성공하려면 내가 산 가격보다 더 높은 가격에 사줄 사람들이 많아야 합니다. 그 사줄 소득계층이 선호하는 조건이어야 좋습니다. 그러한 차원에서 보면 대한민국 평균소득에서 대출을 좀 받으면 살 수 있는 24평형에서 50평형 초반까지가 가장 일반적이라고 할 수 있겠습니다. 그렇다면 무조건 넓을수록 좋다는 주장은 투자 측면에서는 고민해야 할 사항입니다. 아울러 평형을 선택할 때는 해당 아파트가 자리 잡은 지역에 평형 분포도를 한번 살펴볼 필요가 있습니다. 용인 모 지역은 2000년대 초에 집중적으로 아파트 단지가 개발된 지역인데, 평형대가 가장 작은 평형이 50평형대입니다. 대부분이 50평형에서 60평형대가 집중적으로 개발되어 있고, 70평형대도 많이 있습니다. 이러한 지역의 단지들은 오히려 34평형이 귀해서 상대적으로 평당 가격이 높게 형성이 되어 있습니다. 초보 투자자들은 구축이기는 하지만, 50평형대가 34평형에 비해서 가격 차이가 크지 않으니 대형 평형 가격이 저평가되었다는 생각에 매입하는 경우가 많습니다. 하지만 주변에 비슷한 대형 평형이 너무나도 많이 있어서 오히려 흔하게 접근할 수 있는 평형대가 되어버렸습니다. 대형 평형임에도 희소가치가 없다 보니 오히려 소형 평형에 비해서 상대적으로 찬밥 신세가 되는 아이러니한 경우도 있습니다. 이러한 현상은 주변 단지 중에서 희소가치가 있는 평형대가 좋다는 방증입니다. 물론 너무 작은 평형대는 가족이 편안한 생활을 하기 곤란하니 제외해야 하겠습니다.

그리고 이 주장에는 한 가지 간과한 중요한 문제가 있습니다. 예를 들어 '강남의 아파트 1층을 살 것인가? 아니면 시골 지방 도시의 아파트 고층을 살 것인가?'에 대한 고민이 빠져 있습니다. 독자님들 같으시면 입지 좋은 아파트 1층을 매입하시겠습니까? 인구 10만 명도 안 되는 지방 소도시 아파트 단지 로얄층을 매입하시겠습니까? 당연히 1층이라도 강남으로 가신다고 할 것입니다. 무조건 높을수록 좋다는 주장은 해당 아파트의 입지가 전혀 고려되지 않은 단편적인 생각이라는 것입니다. 짧고 간단명료하게 임팩트만 전해 주려고 한 의도일 수는 있으나 글을 읽는 입장에서는 특히나 초보 투자자들은 오해의 소지가 있습니다. 정리해보면 같은 아파트 단지에서 매입 물건을 선택할 때 넓으면 좋기는 하지만, 60평형 이상 너무 넓은 아파트는 나중에 팔기 어려운 상황이 될 수 있습니다. 그리고 해당 아파트가 어디에 있는지 그 입지에 따라서 로얄층보다 1층이 더 좋을 수 있다는 점 등을 고려해본다면, 해당 도시에 가장 입지가 좋아야 한다는 전제 조건하에서 넓을수록 높을수록 좋다는 결론이 나옵니다. 그 무엇보다 입지가 우선입니다. 그다음에 면적과 높이를 고려해야 할 것입니다.

토박이 소장님 말은 듣지 말자

이 주장에 답을 하자면, 듣지 않는 것보다는 좀 걸러서 듣자는 이야기가 합당하겠습니다. 필자가 방송에서도 여러 차례 한 이야기인데, 18급끼리는 임장 다니지 말라는 이야기를 자주 했습니다. 아마추어 바둑 세계에서 실력 급수는 18급부터 7단까지 있습니다. 18급은 그야말로 바둑에 이제 막 입문한 사람들인데, 바둑에 대해서 사실 아무것도 모르는 초보라고 볼 수 있습니다. 부동산 투자 공부도 마찬가지입니다. 정해진 승급 단계는 없지만, 처음 부동산 투자 공부를 시작하는 사람들은 바둑으로 치면 18급에 해당할 것입니다. 그런데 강의를 들어 보고 관련 책을 읽어 보면, 임장의 중요성을 설파(?)하는 내용들이 있다 보니 임장을 다녀야만 공부를 하는 것이라고 생각할 수 있습니다. 물론 임장은 부동산 투자 공부 과정에서 꼭 필요한 절차입니다. 이론을 공부하고 손품을 팔고 직접 현장으로 나가서 어떤 입지가 좋은지, 어떤 물건이 개별 상품성이 좋은지 실제 눈과 감각으로 확인하는 것입니다. 문제는 아무리 돌아봐도 어떤 입지가 좋은지, 어떤 물건이 상품성이 좋은지, 재개발구역의 경우 사업성이 어떤지, 진행 과정상 체크해봐야 할 문제는 없는지 판단이 잘 서지 않습니다. 이렇게 준비가 아직 부족한 상황인데 임장을 가서 부동산 중개사무소에 들어가봐야 해당 부동산 중개사무소 소장님이 설명하는 내용을 알아들을 수가 없습니다.

필자는 오래전 대전의 모 재개발구역 앞에 있는 부동산 중개사무소에 들어간 적이 있습니다. 그 부동산 중개사무소 소장님은 필자의 질문에는 전혀 대답하지 않고, 무조건 재개발은 안 된다고 사업성도 없으니 사면 큰일 난다고 하시면서 재개발구역 밖의 빌라는 적극적으로 추천하시더군요. 해당 재개발구역은 나중에 엄청난 프리미엄이 붙은 단지가 되었습니다. 부산의 모 재개발구역 안에 있는 부동산 중개사무소를 갔을 때는 대전 재개발구역과는 달리 소장님이 무조건 빨리 사지 않으면 큰일 난다고 거의 협박(?)에 가깝게 매수를 권유하시는 모습을 봤습니다. 이러한 사례는 그곳에서 오랜 기간 영업을 한 토박이 부동산 중개사무소에서 나타나는 현상들입니다. 초보 투자자들이 이러한 부동산 중개사무소에 가면 멘털이 완전히 깨어지는 경험을 하게 됩니다. 심지어는 부동산 중개사무소 소장임에도 부동산 투자에는 전혀 관심이 없는 경우도 봤는데, 필자 앞에서 다주택자 욕을 그렇게 하더군요. 집은 한 채만 있으면 되지 왜 집을 여러 채 사려고 하는지 모르겠다면서 비난하시길래 그냥 전세 구하는 사람인 것처럼 몇 마디 말을 나누고 황급히 사무소를 나왔습니다.

통상적으로 투자를 좀 아시는 소장님들은 투자자 입맛에 맞게, 투자금에 맞게 물건을 찾아 준다거나, 세입자를 세팅해줍니다. 투자자가 현지 사람이 아닌데 매입한 집에 하자 및 보수할 사안이 발생하면, 관리사무소 또는 수리업체에 직접 연락해서 처리해준다거나, 전월세 계약을 갱신해준다거나, 매도 시에 투자자가 참석하지 않아도 될 만큼 매매 처리를 해주는 소장님들이 계십니다. 이렇게까지 하지는 못할망정 찾아온 손님에게 전혀 엉뚱한 이야기를 하는 소장님들도 많이 계시기 때문에 설령 임장을 간 지역에서 영업하는 부동산 중개사무소 소장님일지라도 무조건 그 말을 신뢰할 필요는 없습니다. 충분히 여러 곳의 부동산 중개사무소를 방문해 공통된 의견을 체크해보고, 그중에서 가장 신뢰가 가는 부동산 중개사무소 소장님에게 업무를 부탁하는 것이 좋습니다. 하지만 토박이 부동산 중개사무소를 무조건 걸러야 할 이유는 없습니다. 오랜 기간 해당 지역에서 영업을 해왔기 때문에 매물을 구하기가 쉬운 장점도 있습니다. 이러한 사례들도 있다는 정도로 이해하시면 되겠습니다.

아이들을 키울 수 없는 집은 집이 아니다

　실거주하기 위한 측면에서는 자녀가 없는 세대와 자녀가 있는 세대는 주거환경이 달라야 할 것입니다. 자녀가 없거나 미혼 세대라면 작은 면적의 주택에서도 거주하는 데 큰 어려움이 없겠지만, 자녀가 있는 세대라면 가족이 거주할 수 있는 최소한의 면적 이상의 주거공간이 있어야 할 것입니다. 자녀가 있는 세대가 자녀를 키울 수 없는 주거공간에 산다면, 보금자리 기능은 제대로 작동하지 않는다고 볼 수 있기 때문에 그러한 측면에서 집이 아니라는 뜻일 것입니다. 그러나 투자 측면에서 볼 때 여유 자금은 부족하지만, 입지가 좋은 지역에 아파트를 매입하고 싶은 경우가 있을 것입니다. 이럴 때 괜찮은 아파트 투자 방법이 재개발 구역 내에 있는 다세대주택에 거주하는 방법입니다. 재개발사업은 현재는 주거환경이 열악하지만, 장래에 신축 아파트를 지어 입주할 목표로 진행하는 사업입니다. 당장의 현실은 좁은 다세대주택(흔히 이야기하는 빌라)이지만, 조합원으로서 향후 입주 권리를 얻게 된다면 시간이 소요되겠지만 신축 아파트에 입주할 날이 오게 됩니다. 사실 자녀가 아직 없는 신혼부부들도 이러한 방법을 사용해도 됩니다. 이러한 투자 방법을 시쳇말로 '몸테크'라고 하는데, 투자 자금이 부족한 미혼 싱글이나 자녀가 아직 없고 당분간 계획이 없는 신혼부부들은 의지만 있다면 충분히 활용할 수 있는 투자 방법입니다.

　물론 열악한 주거공간에서 어떻게 생활하느냐고 반문할 수 있습니다. 하지만 고난과 어려움의 시간 없이 어떻게 성공의 시간이 오겠습니까? 깔끔하고 좋은 아파트에 전세라도 거주하는 것이 정서적으로 더욱 좋을 수도 있습니다. 그러나 필자의 생각에는 부족한 여유 자금으로 좋은 집에 전세로 생활한다는 것은 주거생활의 거품(?)이라고 이야기해왔습니다. 특히나 전세대출까지 받아서 전세로 거주한다면 영원히 전세

살이로 전전해야 합니다. 평생 전세살이는 인플레이션 헷지도 되지 않을뿐더러 내 집 마련은 영원히 남의 이야기가 됩니다. 누구나 깔끔하고 예쁜 아파트에서 생활하고 싶을 것입니다. 하지만 내 집 마련을 위해서는 견뎌야 할 과정입니다. 특히나 적은 자본으로 입지가 좋은 신축 아파트를 마련할 수 있는 정말 좋은 방법입니다. 안타깝게도 자녀가 있는 경우, 이러한 방법을 사용하기가 쉽지 않습니다. 자녀들이 학교도 다녀야 하고, 주변환경이 교육에 미치는 영향이 크다고 볼 때 자녀가 있는 세대가 '몸테크'를 한다는 것은 엄청난 각오가 필요합니다. 재개발이라는 것이 시장 상황이 하락기나 침체기 또는 조합원들의 분쟁이 발생할 경우, 진행 과정 중간에도 얼마든지 삐걱거릴 수 있고, 지연될 수 있습니다. 그러나 입지 좋은 재개발구역들은 시간이 문제일 뿐 언젠가는 다세대 주택이 신축 아파트로 변신하게 됩니다. 설명 드린 대로 실거주와 달리 투자라는 측면에서 본다면, '아이들을 키울 수 없는 집은 집이 아니다' 라는 말은 정확하지 않습니다. 아이를 키우지 못하는 집도 충분히 집이 될 수 있습니다. 다만, 입지가 좋은 재개발구역 내 주택이어야 하겠습니다.

모른다면 학세권, 역세권, 욕세권 중에 찍어라

조금 무책임하게 던지는 말처럼 들립니다. 예로부터 잘 모르면 비싼 것을 사라는 말이 있었는데요. 어쨌든 우선 하나씩 정의를 내려 보도록 하겠습니다. '학세권'이란 유치원, 학교, 학원 등이 가까운 곳에 있는 아파트를 칭하며, 실수요이면서 교육열이 높은 요즘의 부모들이 만들어 낸 신조어입니다. 그런데 상류계층 사람들은 국제학교 또는 유명 사립

학교가 가까이 있는 지역을 학세권이라고 합니다. 보는 시각이 조금 다릅니다. 계속 이야기하지만, 투자자 입장에서는 항상 소비가 두꺼운 계층을 기준으로 해야 합니다. 따라서 초등학교를 품고 있는 아파트, 즉 초품아 아파트나 유명 학원가를 인접하는 권역을 학세권으로 정의할 수 있습니다. 이처럼 학세권은 학령기의 자녀를 둔 부모라면 제일의 관심사가 될 수밖에 없고, 이러한 관심사가 해당 지역의 아파트 가격을 끌어올리는 촉매제가 됨은 부인할 수 없습니다. 대치동, 목동, 중계동 은행사거리 등은 서울의 대표적인 학세권이고, 이러한 지역들은 주변의 아파트 가격을 오르게 하는 중요한 요인입니다. 실제로 해당 지역의 아파트 가격은 하락기나 침체기에도 타 지역에 비해서 가격 방어가 잘되고, 상승기에는 상대적으로 높은 상승률을 기록합니다. 공교육이 학부모들의 니즈를 충족시키지 못하는 작금의 시대에는 사교육 비중이 점점 높아지고, 이러한 현상의 결과로 학세권 아파트 가격은 탄탄함을 지속하고 있습니다.

'역세권'은 지하철역이나 고속기차, 일반기차역을 중심으로 반경 500미터 내외의 권역을 지칭하는 것입니다. 역세권 개발법은 역세권을 철도역 및 주변지역이라고 정의하고 있습니다. 일반적으로 역까지 도보 5분에서 10분 정도의 거리 반경을 역세권이라고 지칭하며, 5분 이내의 도보 거리 반경을 '초역세권'이라고 합니다. 아울러 2개 노선 이상이 교차되어 환승이 가능한 역세권을 '더블 역세권', 3개 노선의 교차는 '트리플 역세권'이라고 합니다. 그런데 어떤 분양 홍보 전단에서는 1개의 지하철 노선 중간쯤에 해당 단지가 위치한다고 해서 더블 역세권이라고 주장하는 문구를 봤는데요. 이것은 사기죠. 아무튼 이러한 역세권은 대중교통 접근성이 뛰어나고, 사람들의 집중이 일어나는 특성상 상업시설, 업무시설, 편의시설 등의 확장 개발이 따라옵니다. 그러나 지하철 또는 지상철 역세권이라고 해서 무조건 좋다고 볼 수는 없습니다. 물론 노선이 아예 없는 것보다야 낫겠지만, 지하철 노선 역시 급을 달리하는 만큼 서울의 경우 일자리가 많은 강남 또는 인근을 관통하는 2호선, 3호선, 4호선, 7호선, 9호선, 신분당선을 선호하는 경향이 있습니다. 이러한 노선의 역세권 아파트는 투자자는 물론, 실거주 수요도 많이 있어서 하락기나 침체기에도 가격 방어가 잘되는 특성이 있습니다.

'욕세권'은 그냥 근거 없이 지어낸 용어 같지만, 국어사전 신조어로 등록된 단어입니다. 국어사전에서 욕세권이란 '욕, 비판, 비난 등을 듣는 아파트일수록 집값이 오른다는 의미로 평판이 긍정적인 것보다는 욕과 비난이 많을수록 가치가 올라 탄생된 말'로 정의되어 있습니다. "분양가격이 비싸다, 위치가 형편없다, 누가 거기서 살겠느냐?" 등 인터넷 커뮤니티에서 이러저러한 이유로 욕을 먹고 비난받는 아파트입니다. 그런데 아이러니하게도 이러한 아파트들이 준공 후에 상당한 가격을 형성하면서 욕을 하고 비난했던 사람들을 무색하게 만들었습니다. 사실 입지가 좋지 못하거나 개별 상품성이 떨어지는 아파트들은 사람들의 입에 아예 오르내리지 않는 경우가 대부분입니다. 논평할 가치가 없다고 생각하는 심리가 반영된 결과입니다. 결국 사람들의 입에 오르내린다는 의미는 일단 사람들에게 관심은 있다는 뜻이고, 그 관심이 긍정적인가 부정적인가에 따라 의견이 나누어질 뿐입니다.

욕세권 아파트들은 신축 분양 아파트에 많이 나타나는 현상인데, 긍정적으로 평가하는 아파트들은 가고 싶어도 갈 수 없는 넘사벽 아파트들이고, 부정적으로 평가하는 아파트들은 분양 당시 분양가격이 비싼 경우가 가장 큰 요인입니다. 세부적으로 들어가 보면 입지가 좋으면서 분양가격이 비싼 경우와 입지가 좋지 못하면서 상승기의 분위기에 따라 입지가 좋은 곳과 분양가격이 거의 차이가 나지 않는 경우가 있습니다. 전자의 경우는 그래도 대부분 준공 후 가격이 상승하는 경우가 많으나 후자의 경우에는 준공 시점에 해당 도시의 부동산 시장이 하락기나 침체기가 되면 분양가격이 마이너스가 되는 경우도 허다합니다. 필자가 거주하고 있는 아파트는 바다 조망이 아름다운 곳이라 매입했는데,

그 당시 주변에서 "분양가격이 비싸다, 바다 조망이라도 하루 종일 보면 지겹다, 심지어는 옆에 소방서가 있어서 사이렌 소리에 스트레스 받는다"라는 등 별의별 소리가 다 나왔습니다. 하지만 준공 후 분양가격의 3배 이상이 상승했으며, 현재 시장이 침체되었음에도 불구하고 2.5배 이상의 가격을 유지하고 있습니다. 결론적으로 입지가 중요하며, 입지가 좋다면 욕세권 아파트는 투자자에게 실망시키는 일은 적다고 봅니다.

욕보다 무서운 무관심

이 의견은 상당히 신뢰가 가는 말이라고 봅니다. 우리 인간관계도 보면 잊힌 사람이 가장 불쌍한 사람이죠. 욕하는 사람에게는 그나마 애정이라도 남아 있는데, 잊힌 사람은 관심이 완전히 사라진 것이니까요. 어느 도시의 어떤 아파트는 부동산 커뮤니티와 언론에 단 한 차례도 언급이 되지 않거나 질문을 해도 답변이 없습니다. 사람들이 전혀 관심 없는 지역이나 단지는 투자자 입장에서는 절대 접근해서는 안 됩니다. 단순히 여유 자금이 모자란다는 이유로 사람들이 선호하지 않는 아파트를 매입해서는 차후에 눈물 한 바가지 쏟습니다. 이것은 물리적인 위치를 이야기하는 것이고요. 사람들이 부동산 시장의 흐름에 대해서 무관심을 보일 때가 있습니다. 2007년에서 2009년까지 비수도권 시장이 그러했고, 2011년에서 2015년까지 수도권 시장이 그랬습니다. 아파트를 사면 큰 손해라도 볼 것처럼 아무도 아파트를 사려고 하지 않았습니다. 철저히 사람들은 아파트 시장에 관심을 두려고 하지 않았습니다. 그러나 그 이후에 상승기가 도래함에 따라 사람들의 관심도는 급격하게 증가했습니다. 하락기나 침체기에는 아무도 관심을 보이지 않다가 상승기가 되면 관심도가 급격하게 증가하게 됩니다. 이러한 관심도는 투자자와 실거주를 희망하는 사람들에게까지 급속하게 퍼집니다. 그러면서 가격 상승을 불러오는데 그때는 어제보다 오늘이, 오늘보다 내일 가격이 비싸지는 에스컬레이터 가격 상승이 나타납니다. 조용했던 시장에 아무도 사지 않았던 아파트들이 언제 그랬냐는 듯이 가격이 오릅니다. 다들 이성을 잃어가는 시기가 오는 것이지요.

정리하면 무관심은 2가지로 분류할 수 있습니다. 개별 상품성에 대한 무관심과 부동산 시장 흐름에 대한 무관심입니다. 개별 상품성, 그러니까 해당 지역의 입지나 단지의 규모, 브랜드 등 해당 아파트의 상품성에 대한 관심도가 없는 아파트는 절대 접근해서는 안 됩니다. 그러나 부동산 시장의 흐름에 대한 무관심은 오히려 투자자 입장에서는 절호의 기회가 될 수 있습니다. 아무도 관심 없는 시기에 개별 상품성이 좋은 아파트를 깎고 깎아서(이 시기는 아무도 아파트를 사지 않는 시기이기 때문에 시세보다 깎아서 매입할 수 있습니다) 매입하고 시간을 보낸다면, 분명히 수익을 보는 시기가 온다는 것을 명심하시기 바랍니다.

현금을 들고 있으면 똥 된다

이 말은 '현금을 들고 있으면 안 된다. 현금의 가치는 지속해서 떨어지니 실물자산에 투자해라' 이런 뜻인데요. 이 부분은 앞에서도 언급했지만, 현금을 들고 있는 것도 투자이므로 무조건 부동산이든, 뭐든 현금을 가지고 있지 말고 실물자산에 투자하라고 하는 것은 부적절한 주장입니다. 현금을 들고 있는 것은 하락에 베팅하는 것입니다. 현금을 들고 있는 사람들은 부동산 가격이 하락하는 방향으로 베팅을 하는 것이기 때문에 부동산이 충분히 하락한 다음에 실물자산을 매입하겠다는 생각을 할 수도 있습니다. 반대로 현금을 들고 있지 말고 무조건 부동산에 투자하라고 하는 사람들은 계속 부동산 가격이 상승한다는 방향으로 베팅을 하는 것입니다. 그런데 역사적으로 보면 장기적으로는 분명히 부동산 가격은 인플레이션으로 인해 계속 상승하지만, 상승과 하락을 주기적(물론, 일정한 주기는 아니고 불규칙한 패턴으로)으로 반복합니다. 이러한 상승기와 하락기에서 상승기에는 현금을 들고 있으면 손해이지만, 하락기에는 현금을 들고 있다면 매우 현명한 판단이 될 수 있습니다. 그래서 현금을 들고 있으면 무조건 가치가 하락한다는 말은 장기적으로 옳은 말이지만, 단기적으로는 그렇지 않을 수도 있습니다.

그런데 문제는 우리가 그것을 어떻게 판단하고 대처할 수 있느냐는 것입니다. 노벨상을 받은 경제 석학들도 제대로 판단을 못 해서 투자로 손실을 보는 경우가 대부분인데, 우리 같은 서민들이 어떻게 그 타이밍을 맞출 수 있을까요? 필자는 이러한 상황에 대처하는 방법으로 '양념 반 후라이드 반'을 늘 주장해왔습니다. 주거공간은 꼭 필요하므로 1주택은 입지 좋은 곳에 삽니다. 그리고 상승기에는 가격이 너무하다 싶을 정도로 오르는, 즉 가격이 전혀 내려갈 것 같지 않은 시장 분위기일 때가 있습니다. 사실은 이때는 가격이 내려가도 전혀 이상하지 않습니다. 그런데 더 올랐다가 떨어지는 경우도 많아서 정확한 하락의 타이밍을 잡기가 어렵습니다. 많이 올랐다고 생각했는데 더 오를 수도 있으므로 입지 좋은 물건은 1개, 많아도 2개만 남겨두고 나머지는 현금화를 시켜서 실물자산과 현금성 자산을 적정 비율로 보유하면서 하락기에 대비하는 것입니다. 각자의 여건에 따라 50:50이 될 수도 있고, 40:60 또는 60:40이 될 수도 있습니다. 중요한 것은 부동산만 보유하고 있다거나 현금만 보유하는 것은 좋은 방법이 아니라는 것입니다. 부동산 상승기에는 부동산, 하락기나 침체기에는 현금을 보유하는 것이 좋습니다만 그게 어디 말처럼 쉽습니까? 그러니 많이 올랐다 싶으면 '양념 반 후라이드 반'이 우리 같은 사람들이 취해야 할 포지션으로 가장 합리적입니다.

어깨에서 팔 줄 알았는데 기린이었다

이 주장의 본뜻은 '많이 올라서 적당한 시기라고 생각해서 팔았는데, 더 올라서 아쉬워(?)한다'라는 의미입니다. 주식 공부를 좀 해보신 분이라면 투자 격언 중에서 '무릎에 사서 어깨서 팔라'라는 이야기가 있습니다. 희망 사항이기는 하지만, 누구도 꼭대기에서 팔 수는 없습니다. 우리는 꼭대기에서 팔 수 없다는 것을 인정해야 합니다. 그래야지만 욕심도, 아쉬움도 없앨 수 있습니다. 아무도 어디가 어깨인지, 머리인지 알 수 없습니다. 하지만 인간이다 보니 좀 더 늦게 매도했다면 더욱 많은 수익을 누릴 수 있었을 텐데 하는 아쉬움은 어쩔 수 없이 갖게 됩니다. 이러한 생각을 조금이라도 예방할 방법은 이렇습니다.

우리는 어깨를 양쪽으로 가지고 있습니다. 예를 들면 오른쪽 무릎쯤 되는 가격으로 매입해서 운이 좋아 계속 올랐다고 가정해보겠습니다. 가격은 오른쪽 허벅지, 허리, 가슴을 통해서 오른쪽 어깨까지 올라 올 것입니다. 남은 것은 오른쪽 어깨에서 목을 거쳐 머리 높이 가격 구간인데 이 정도 가격 수준까지 다 먹으려고 드는 것은 욕심이고, 오른쪽 어깨까지 왔으면 충분한 수익이 올라왔다고 생각해서 매도하는 것입니다. 그런데 머리까지 얼마 남지 않았다고 생각했는데, 목이 기린 목이라서 매도 후에도 한참을 더 가격이 상승하는 것입니다. 어떠한 이유로 상승장을 맞이해 가격이 많이 올라서 이쯤이면 떨어질 때도 되었는데, 시장이 미쳐서 더욱더 가격이 올라가는 상황이 얼마든지 있을 수 있습니다. 이러한 상황을 극복할 방법은 오른쪽 어깨에서 파는 것이 아니라 목을 거쳐서 머리까지 올라간 후 왼쪽 어깨에 내려왔을 때쯤에 매도하는 방법입니다. 어깨에서 파는 것은 동일한데, 오른쪽 어깨가 아니라 왼쪽 어깨에서 파는 것입니다. 이 방법이 매우 유용한 방법임에도 불구하고, 실제 적용은 참으로 어렵습니다. 파는 사람 입장에서는 얼마 전까지의 꼭대기 고점 가격이 눈에 아른거려서 고점 가격에만 팔겠다는 고집을 부리는 경우가 대부분입니다. 아직은 부동산 시장이 본격적인 하락으로 접어들지 않았기 때문에 고점 가격에 팔릴 수 있을 것이라는 믿음을 가지고 있기 때문입니다. 하지만 이러한 절체절명의 시기를 놓치게 되면 왼쪽 어깨는 고사하고 왼쪽 가슴, 왼쪽 허리 순으로 가격이 내려가고, 가격이 내리는 것은 둘째치고 물건에 따라서는 아예 팔리지 않는 상황이 될 수도 있습니다. 만병의 원인이 스트레스라고 하죠? 부동산 투자 실패의 원인은 지나친 욕심입니다. 오른쪽 어깨에서 팔 자신이 없다면, 왼쪽 어깨에서 그냥 파는 것도 나쁘지 않습니다.

100원도 잃을 수 없어

자기 재산을 손해 보는 것은 누구나 견디기 어려운 일입니다. 아니다 싶으면 손절해야 하는데 손절하기가 매우 어렵습니다.

손절이란 더 큰 손해를 보기 전에 작은 손해를 감수하면서 매수 가격 이하로 증권을 파는 주식 용어입니다. 어느 누가 손가락을 자르는 것과 같은 손해를 쉽게 감당할 수 있겠습니까? 그만큼 힘든 결정입니다. 보통의 사람들은 1억 원의 수익을 벌어서 기뻐하기보다는 1,000만 원의 손실을 본 것을 더 아파합니다. 참으로 아이러니한 이야기입니다만, 상식적으로 볼 때 1억 원의 수익을 봤다면 1,000만 원의 손해를 보더라도 9,000만 원 수익을 본 기쁨이 커야 하는데 그렇지 않다는 것입니다. 1억 원의 수익을 본 기쁨보다 1,000만 원의 손실을 본 아픔이 더욱 큰 게 인간이 느끼는 감정입니다. 그래서 단 100원도 잃을 수 없다는 생각에 감정적으로 동의를 하는 사람이 많다는 것입니다.

하지만 부동산 투자로 부자(?)가 되고 싶다면, 최소한 부동산 투자로 수익을 보고 싶다면, 투자 물건을 싸게 사는 게 중요합니다. 특히나 거주와 투자를 동시에 생각하시는 분 중에서는 거주하는 아파트를 상급지로 갈아타기를 하고 싶어 하시는 분들이 많습니다. 갈아타기 아파트를 싸게 사기 위해서는 무엇보다 갈아타기를 하는 시기가 중요한데, 싸게 사기 위해서는 자신이 보유하고 있는 부동산도 싸게 팔아야 합니다. 그래서 갈아타기에는 시기가 없다고 하는 것입니다. 내 것은 비싸게 팔고 싶고, 내가 사고 싶은 좋은 물건은 싸게 사고 싶다는 생각은 참으로 어리석은 생각이고 그렇게 되지도 않습니다. 통상적으로 갈아타기는 상급지로 가는 것이고, 같은 입지라면 개별 상품성이 더 좋은 물건으로 가는 것입니다. 그런데 내가 보유한 물건이 내가 산 가격보다 또는 내가 팔고 싶어 하는 가격만큼 올라주는 시기가 된다면, 내가 사고 싶어 하는 좋은 물건은 이미 내가 보유한 물건보다 더 가격이 높아지게 될 것입니다. 이렇게 되면 영원히 좋은 물건으로 갈아타기를 할 수 없다는 결론에 이르게 됩니다. 손가락을 자르는 것 같은 아픔을 견딜 수 있어야 큰 수익도 볼 수 있습니다.

이 말은 아마도 내 집 마련이 점점 어려워진다는 의미에서 나온 말 같습니다. 20대, 30대가 현재 내 집이 없어 비관하고 힘들어하는 부분에 대해서 간접적인 의미로 이야기하는 것 같습니다. 이번 생에는 내 집 마련이 힘들다는 자괴감에서 나온 말인 것 같기도 합니다. 하지만 20대, 30대가 집이 없는 것은 너무나도 당연하다는 사실을 우리는 인지해야 합니다. 대학교를 졸업하고 이제 사회에 첫발을 내딛는 입장에서 수억 원을 호가하는 집을 마련한다는 것은 애초에 불가능한 일입니다. 취직해서 알뜰히 돈을 모은다고 해도 집을 마련할 수 있는 금액을 저축으로 모은다는 것은 현실적으로 쉽지 않습니다. 필자가 20대일 때는 내 집 마련을 꿈꿔 본 적은 없었습니다. 한 달을 어떻게 먹고살아야 하는지가 관건이었습니다. 대부분 20대가 회사에 다니고 월급을 받아서 적금을 넣고 하는 시기였습니다. 그렇다고 해서 그때 집값이 싼 것도 아니었습니다. 지금과 마찬가지로 내 집 마련하기에는 상당한 금액이 필요했고, 그 돈을 모으려면 아끼고 검소하게 살아야 했습니다. 어느 정도 돈이 모이면 대출을 받아서 집을 사고, 그 대출금을 갚기 위해서 뼈 빠지게 일해야 했습니다. 그사이에 태어난 자녀들도 키우면서 말입니다. 그러면서 40대가 되고, 50대가 되어서 마련한 내 집 한 칸이 자신의 전 재산이 되는 그러한 세대입니다. 필자의 부모님 세대들은 필자의 세대보다 더욱 힘들었습니다. 물론 다 그런 것은 아니었지만, 대부분이 힘들게 사셨고 내 집 마련 못하시고 돌아가신 분들도 많습니다.

작금의 20대, 30대들이 내 집 마련을 못한다고 해서 지난 시절과 특별하게 다른 것은 없습니다. 오히려 예전에는 다 같이 경제적으로 윤택하지 못했기 때문에 상대적 박탈감은 거의 없습니다. 대부분 그랬으니까요. 그러나 지금은 소셜네트워크의 발달로 인터넷상에 자랑하는 사람이 많아졌습니다. 하지만 그것은 거짓일 수 있고, 실제 젊은 나이에 부자고 내 집 마련을 할 수 있는 사람은 극소수에 불과합니다. 그런 극소수의 사람들을 보면서 상대적 박탈감을 안고 살아가는 20대, 30대가 너무 많습니다. 우리는 이러한 환상에서 벗어나야 합니다. 진실은 정상적인 집안의 정상적인 20대, 30대는 내 집 마련이 어렵고 불가능합니다. 이게 아주 정상적이고 당연한 일입니다. 지극히 일반적이지 않은 사례인 20대, 30대가 내 집 마련, 그것도 좋은 입지에 좋은 아파트를 사서 살고 있다는 것은 소셜네트워크상의 허상이라고 생각하시는 것이 좋습니다. 필자는 한 치의 망설임 없이 그러한 존재들은 신기루이고, 실제는 존재하지 않는다고 생각합니다. 이렇듯 존재하지 않는 신기루에 자신을 비교해 미래를 날려버리는 행동은 결코 본인에게도 바람직하지 않습니다. 내 집 마련은 점점 더 멀어져가는 것이 아니라, 노력하는 만큼 점점 다가오고 있음을 알아야 하겠습니다.

저층 2개는 고층 하나를 이긴다

이 주장은 상승장에서는 그나마 가능한 이야기이지만, 하락장에서는 전혀 맞지 않는 이야기입니다. 정부에서 집을 사라고 권고하는 시기, 오랜 세월 동안 매매가격이 오르지 못하고 전세가격만 계속 올라서 전세가격이 매매가격과 근접해지는 시기, 집 사라고 대출을 마구마구 해주는 시기, 이자율이 낮은 시기, 양도소득세를 깎아주는 시기, 취득세 및 종부세 부담을 낮춰주는 시기, 대내외적으로 통화량이 팽창하는 시기 등 부동산 투자 환경이 여러모로 투자자에게 유리한 환경이 조성될 때는 개수를 늘리는 투자가 의미 있습니다. 반대로 정부에서 집을 사면 범죄인 취급을 하는 시기, 매매가격이 비정상적으로 많이 올랐다가 슬금슬금 하락하는 시기, 대출을 규제하고 대출 총량을 줄이는 시기, 주택담보대출 비율을 제한하는 시기, 이자율이 높은 시기, 양도소득세·취득세·종부세를 중과하는 시기, 시중의 통화량을 줄이는 시기는 부동산 투자에 매우 불리한 환경입니다. 이러한 시기에는 가급적 부동산 투자를 하지 않는 것이 안정적인 자산 운용에 도움이 됩니다.

인터넷에서 말하는 이 주장대로 고층 1개보다는 저층 2개를 사게 되면, 상승기에는 둘 다 가격이 오르기 때문에 부담이 덜할 수 있습니다. 하지만 하락기에는 전세 보증금을 돌려줘야 하는 역전세 상황이 오거나 시세가 하락해 본인이 매입한 가격보다 손해를 보고 팔아야 하는 상황이 오기 때문에 절대적으로 피해야 합니다. 1개 정도는 설령 역전세를 당한다고 해도 본인이 직접 거주를 한다든지 하락기와 침체기를 견딜 방법이 존재하지만, 여러 개를 보유한다면 회피할 방법은 어디서 돈을 끌어다 투입하는 방법 외에는 없습니다. 그런데 이러한 하락기나 침체기에는 돈을 끌어다 오는 방법도 어렵거니와 이자에 대한 부담이 크기 때문에 고려할 수 있는 방법이 아닙니다. 따라서 투자하기 좋은 시기에는 무슨 짓을 해도 좋지만, 그렇지 못한 시기에는 백약이 무효이므로 사전에 무리한 투자를 하지 않는 것이 좋습니다.

지금이 가장 싸다

이 파트를 쓰기 시작한 이유는 이러한 글귀들을 모두 알게 되면 부린이에서 탈출할 수 있다는 문구 때문이었습니다. 사실 필자가 모든 문구를 읽어 보니 맞는 말도 있고, 맞지 않는 말도 있었습니다. 독자분들께서 지금 읽고 있으신 바와 같이 사실적으로 맞는 말도 있고, 전혀 아닌 주장도 있습니다. 특히나 '지금이 가장 싸다'라는 말은 이렇게 주장하는 사람이 무슨 생각을 가지고 썼는지 필자도 참으로 이해하기 어려웠습니다. 지금이 가장 싸다는 말은 앞으로 계속해서 가격이 오르기 때문에 오늘이 가장 저렴하니 오늘이라도 당장 부동산 투자를 하라는 말이 됩니다. 그러나 부동산 가격은 오를 때도 있지만, 반드시 하락하는 시기도 오고, 지루하게 횡보하는 시기도 반드시 옵니다. 그러한 사실을 안다면 이렇게 무조건 오른다고 생각할 수 없습니다. 이런 주장을 하는 사람을 우리 주변에서 가끔 보기도 합니다. 무조건적 상승론자가 그렇습니다. 이런저런 이유를 갖다 붙여서 무조건 부동산 가격은 상승한다고 부르짖는 사람들이 그런 사람들입니다.

반대로 무조건적 하락론자는 부동산 가격은 앞으로 계속 떨어진다고 주장합니다. 지난 시간을 되돌아보면 어쨌거나 가격이 부침이 있었지만 지나고 보면 올라 있는데, 무조건 하락을 외치는 것 또한 역사적 가격 추이를 보더라도 타당하지 않습니다. 필자도 여러 차례 이야기했지만, 장기적으로는 실물자산의 가격이 상승 곡선을 그립니다. 하지만 단기적으로는 오르고 내리고 횡보하는 시기가 되풀이됩니다. 다만 오랜 시간 지나고 보면 가격이 오르고 있는 것이 이제까지 지난 600년 이상의 우리나라 부동산 가격입니다. 오늘이 가장 싸다는 주장은 상승론자의 주장일 뿐 사실은 그렇지 않습니다. 언제든지 오늘보다 저렴한 시기가 있다는 사실도 기억해야 할 것입니다.

돈이 인생의 전부는 아니지만, 돈이 없으면 돈이 인생의 전부가 된다

이 이야기는 필자가 방송과 카톡방에서 헤아릴 수 없을 정도로 이야기를 많이 했습니다. 돈이 인생의 전부입니다. 돈이 인생의 전부가 아닌 사람들은 돈이 많은 사람들일 것이고요. 돈이 없는 사람들은 좌고우면하지 말고 돈을 열심히 벌어야 합니다. 이렇게 이야기하면 배금주의라며 부정적으로 보는 시각들이 존재하겠지요. 그러나 그 사람들 또한 겉으로는 물질 만능주의를 배척하는 듯한 태도를 보이지만, 속세를 벗어나 자연인으로 살아가지 않는 한 누구도 돈의 굴레에서는 벗어날 수 없습니다. 사실 돈을 벌 수 있는 사람은 돈에 대해서 진심이고, 진실해야 합니다. 돈에 대한 철학이 반드시 있어야 하고요.

필자가 초등학생이었을 때 교과서에서 최영 장군 이야기가 나왔던 것으로 기억합니다. 고려 충신 최영 장군의 아버지 최원직이 최영 장군에게 남긴 유언은 "너는 마땅히 황금 보기를 돌같이 하라"였습니다. 지금도 기억하지만, 그 당시 담임 선생님께서 매우 결의에 찬(?) 어조로 단호하게 말씀하셨습니다. 배금주의와 물질 만능주의를 배척해야 한다는 뜻으로 들렸습니다. 사실 그런 뜻으로 학급 친구들도 받아들였고요. 선생님의 말을 듣는 순간 '아, 돈은 돌처럼 생각해야 하는구나. 그래야 훌륭한 사람이 될 수 있네'라고 생각했습니다. 이 유언을 일반적으로 해석하면 황금이 뜻하는 권세와 부귀는 돌처럼 여겨 재물을 탐하지 말고, 양심에 따라 모든 일을 처리하라는 뜻일 것입니다. 그런데 최영의 아버지 최원직은 사헌부 고위직을 지냈으며, 그 당시 권력의 상층부에 있었고, 그의 집은 많은 재물을 가진 집안이었습니다. 지금으로 치면 고위층 부잣집인데, 재물을 탐하지 말라는 것은 매우 앞뒤가 맞지 않는 이야기입니다.

물론 앞서 언급했듯 돈이 많은 사람은 돈이 인생의 전부가 아닙니다.

그래서 돈을 추종하지 않고, 본인의 양심과 소신에 따라 행동할 수 있는 상황이 됩니다. 돈이 본인의 양심과 소신을 방해하지 않을 정도로 말입니다. 아마도 최영 장군의 아버지는 돈이 없어도 충분하게 생활할 수 있는 여유 있는 집안의 사람이었기에 자식에게 돈에 굴복하지 말고 소신껏 살라고 했던 것은 아닐까요? 필자가 생각해보건대 만약 최영 장군 집안이 경제적으로 어려운 집안이었어도 아버지가 아들에게 황금 보기를 돌 같이 보라고 했을까 하는 의문이 듭니다. 여러분은 어떠한 생각이 드시는지요? 초등학교 담임 선생님께서 어린 필자에게 최영 장군의 이야기가 아니라 "돈이 인생의 전부는 아니지만, 돈이 없으면 돈이 인생의 전부가 된다"라는 말씀을 해주셨으면 더 좋았겠다는 생각이 듭니다. 자존감은 통장 잔고에서 나옵니다. 돈은 뜨겁게 사랑해야 나에게 옵니다.

가족은 나를 배신해도 땅은 배신하지 않는다

'땅은 배신하지 않는다'라는 말을 어디선가 들어보셨을 것입니다. 이 말은 예전부터 땅을 사면 돈을 많이 벌었다는 이야기를 들었기 때문에 우리 모두 믿고 있는 것이기도 합니다. 그러나 땅은 얼마든지 배신할 수 있습니다. 실제 배신당한 사람들도 너무나 많고요. 필자의 정식 직업명은 '도시계획기술사'입니다. 도시계획기술사란 명칭 그대로 도시를 설계하고 계획하는 업무를 하며, 그 업무의 대부분이 땅을 효율적으로 개발하는 일입니다. 즉 땅을 다루는 직업입니다. 필자가 2020년에 집필한 《토지 투자, 모르면 하지 마!》는 토지 투자 관련 입문서로, 지난 20년간 토지 투자와 관련된 많은 사례와 기초 지식을 담았습니다. 그중에는 토지 투자에 대해서 실패했던 사람들의 사례에 대해서 타산지석으로 삼으시라는 의미에서 상당량의 페이지를 할애했습니다. 기획 부동산 회사 신입사원으로 취직해서 거짓 개발 정보를 믿고 쓸모없는 땅을 매입한 사례, 친구에게 속아서 팔리지도 않는 땅을 매입한 사례, 친한 후배가 뒤통수 친 사례, 남북 경제협력 기사를 이용해 토지 사기를 친 사례, 개발제한구역이 풀린다는 말에 속아서 땅을 매입한 사례, 금융기관 대출에 필요한 감정평가 사례를 보고 손해를 본 사례, 개발 호재를 믿고 매입했으나 실제 개발과는 전혀 상관이 없었던 사례 등 이루 헤아릴 수 없을 정도로 실패한 토지 투자 사례가 많습니다.

누구나 자신의 성공담은 이야기해도 실패담은 이야기하기를 꺼립니다. 이야기한다고 해서 손실이 복구되는 것도 아니고, 마음만 아프기 때문입니다. 그래서 보통의 사람들은 토지 투자로 손해를 본 사람들보다 토지 투자로 성공한 사람들의 이야기만 접하게 됩니다. 이 때문에 일반적으로 토지 투자는 항상 성공하는 것처럼 느껴지지만, 사실은 전혀 그렇지 않습니다. 성공 투자를 하는 사람보다 실패한 사람들이 더욱 많다는 사실을 염두에 두시고, 토지 투자를 하려는 분들께서는 필자가 쓴 《토지 투자, 모르면 하지 마!》를 일독하실 것을 권합니다. 이 책을 읽으시면 최소한 손해 보는 토지 투자는 절대 하지 않을 것입니다. 아니면 그냥 아파트만 투자하시는 것이 성공 확률이 높습니다. 토지에 관한 공부를 하지 않고, 토지 투자를 하시면 절대 안 됩니다. 필자 입장에서는 책 팔아봐야 큰 수익도 나지 않습니다. 책 몇 권 더 팔려고 읽어 보시라고 하는 것이 아닙니다. 이제까지 너무나도 많은 분이 토지 투자로 손해를 보시는 경우가 많고, 질문도 많아서 보다 못해서 썼던 책입니다. 많은 분이 읽고 토지 투자로 손해 보는 일이 없기를 바라는 마음입니다. 땅은 얼마든지 나를 배신할 수 있습니다. 그러나 입지는 배신하지 않습니다. 땅이든, 아파트든 입지 좋은 부동산은 여러분을 배신하지 않습니다. 입지가 무엇보다 우선입니다. 입지를 알고 개별 상품성을 판단할 수 있어야 부동산 투자의 성공 확률이 높습니다.

이해를 못 하시나 본데 당신들 내려야 출발한다고!

이러한 케이스는 주식 시장에서 많이 나타납니다. A라는 회사에 수많은 개미 투자자가 몰려가서 가격이 올랐습니다. 하지만 대내외적인 경제 여건으로 주식 시장이 하락장으로 이어지고, A회사의 주가가 떨어질 때 시쳇말로 그 주식에 물린 투자자들은 A회사의 주가가 올라가기를 기도(?)합니다. 그러나 주가는 기도하거나 고사를 지낸다고 해서 올라가지 않습니다. 회사의 순이익이 압도적으로 높아지거나 대내외적인 경제 여건이 좋아져야 시장의 흐름을 타고 가격이 올라갑니다. 따라서 주식도 올라갈 때가 되어야 올라간다는 것입니다. 이렇게 가격이 올라갈 시기를 꾸준하게 기다려야 하는데, 처음에 몰려갔던 수많은 개미 투자자가 견디지 못하고 헐값에 던져버리는 시기가 옵니다. 그렇게 충분한 하락의 시기, 침체의 시기를 지나면서 개미 투자자들이 손해를 보고 주식을 너도나도 팔게 되면, 그 이후에야 비로소 주식가격이 오르는 장면이 연출됩니다. 이러한 케이스는 독자분들께서도 많이들 보셨으리라 생각합니다.

그런데 이런 일은 비단 주식 시장에서만 일어나는 현상이 아니고, 부동산 시장에서도 나타나는 현상입니다. 상승기 후반에 주위에서 누가 부동산 투자로 돈 좀 벌었다고 하면 너도나도 묻지 마 투자를 하게 됩니다. 부동산 투자에 관한 공부를 전혀 하지 않은 사람들이 주위에서 돈 벌었다는 이야기만 듣고, 부동산의 입지나 개별 상품성을 전혀 고려하지 않고 투자하게 됩니다. 상승기 중반이나 끝 무렵이다 보니 매입하고 처음에는 가격이 오르는 것 같아 보여도 고점을 찍고 하락기에 접어들면 본인이 매입한 가격 밑으로 떨어지게 됩니다. 이때 주식의 개미 투자자와 마찬가지로 본인이 매입한 부동산의 가격이 올라가기를 바라지만, 실제로는 부동산 시장의 흐름이 하락기로 접어들었기 때문에 가격은 오르지 않고 침체 일로에 빠집니다. 아무리 기도하고 고사를 지내도 투자했던 부동산 가격은 오르지 않습니다. 그러다 기다림에 지쳐 하나둘 대부분 사람이 보유하고 있던 부동산을 손해 보고 팔게 됩니다. 이렇게 손해 보고 파는 사람들이 많아지고 부동산의 침체기가 오래 지속되면, 어느 시기에 새로운 투자자들과 실수요자들이 충분히 하락한 부동산을 사들이면서 다시 가격이 상승하게 됩니다. 이러한 메커니즘은 주식이나 부동산이나 다르지 않습니다. 주식은 클릭 한 번으로 정리가 되지만, 부동산은 침체기에는 파는 것 자체가 어렵다는 정도의 차이만 있습니다. 하지만 매우 싼 가격으로 판다면 매수자는 나타납니다. 부의 이전이 일어나는 현상입니다. 그러므로 애초에 부동산 시장 흐름을 공부하고 투자해야 하고, 입지와 개별 상품성에 관해 공부해야 합니다. 사야할 때와 팔아야 할 때를 모르면, 투자는 실패할 수밖에 없습니다.

내가 자는 동안에 나 대신 일해주는 부동산을 가져라

본인의 주업으로 벌어들이는 수입 이외에 부동산 투자로 월세를 받아서 고정적인 현금흐름을 만들라는 이야기인데, 할 수만 있다면 하는 것이 좋겠습니다. 그러나 월세를 받을 수 있다는 유혹에 상가나 오피스텔, 원룸, 도시형 생활주택, 지식산업센터, 생활형 숙박시설, 분양형 호텔 등에 투자하게 되면, 이러한 물건들은 추후 본인이 팔고 싶어도 팔리지 않는 문제가 발생하게 됩니다. 부동산 투자로 수익이 발생하는 경로는 대표적으로 2가지가 있는데, 자본소득(Capital gain)과 임대소득(Income gain)입니다. 자본소득에 대표되는 부동산 종목이 아파트 및 토지이고, 임대소득에 대표되는 부동산은 앞서 열거한 상가, 오피스텔, 원룸, 지식산업센터, 생활형 숙박시설 등이 있습니다. 아파트나 토지를 월세 받기 위해서 매입하는 사례는 거의 없습니다. 이는 시세차익을 위한 투자 종목이기 때문입니다. 따라서 입지가 좋고 개별 상품성이 좋은 부동산일 경우 5년, 10년이 지나고 그 이상의 시간이 흘렀을 때 인플레이션 상승률보다 훨씬 높은 시세차익을 얻을 수 있습니다. 아울러 비과세 혜택이나 장기보유특별공제 등으로 대부분의 시세차익을 투자자의 수익으로 취할 수 있습니다.

그러나 월세를 받기 위해서 투자한 상가, 오피스텔, 원룸, 지식산업센터, 생활형 숙박시설, 분양형 호텔 등은 공실의 위험성, 공실 시 관리비 부담, 감가상각의 리스크를 항상 가지고 있습니다. 설령 월세를 받는다 해도 월세는 푼돈으로 받아 녹아 없어집니다. 매매가격은 월세를 받는 금액 따라서 정해지는데(해당 부동산에서 발생하는 기대순수익을 현재 가치의 합으로 계산해 매매가격을 구하는 방법, 이것을 '수익환원법 가격 산정'이라고 합니다), 월세가 오르지 않는 환경이라면 매매가격도 오를 수 없습니다. 또한 임대소득은 항상 세금이 뒤따르고, 매매해서 시세차익이 발생할 경우 아무리 오랫동안 보유해도 비과세 혜택은 없습니다. 여러모로 불리한 투자 방식입니다. 분명히 본인이 자는 동안 돈을 벌어들이는 부동산에 투자하라는 주장은 보편적으로 옳은 말이기는 하지만, 현실적으로는 쉽지 않다는 것이 필자의 생각입니다. 물론 상가나 오피스텔에 투자해서 월세 수익과 자본 수익, 이 두 마리 토끼를 잡는 경우도 있을 것입니다. 하지만 이러한 케이스는 지극히 확률이 낮습니다. 신도시에 상가 공실은 엄청나게 쌓이고 있는 현실이고, 온라인 플랫폼의 활성화로 오프라인 판매 시장이 축소되는 점을 보면 그렇습니다. 또한, 소형 오피스텔은 입지가 조금만 나빠도 월세가 하락하고 매매가격도 하락하며, 원룸은 관리의 어려움과 감가상각이 계속됩니다. 지식산업센터의 경우는 입지가 좋은 몇 곳을 제외하고는 공실이 많고, 생활형 숙박시설이나 분양형 호텔은 입주해서 거주하는 것이 불가능합니다. 그리고 숙박시설 위탁 운영사의 운영을 해당 물건의 소유자로서 합당하게 관리할 수 없다는 점 등을 보면, 나 대신 일해주는 우량한 부동산을 선택하고 매입하기란 무척이나 어렵습니다.

그래서 항상 필자는 자본소득을 창출할 수 있는 아파트만 투자하라고 합니다. 누구나 참여하는 주택 시장인 아파트는 비과세 혜택도 주어지고, 거주하면서는 삶의 만족도를 느낄 수 있습니다. 가족들의 따뜻한 보금자리 역할도 합니다. 따라서 '나 대신 일해주는 부동산을 가져라'의 의미는 반드시 월세 받는 부동산만을 지칭하는 것은 아닙니다. 시세차익 부동산도 투자금 회수 기간이 월세 받는 부동산보다 긴 것뿐이지, 결국은 나를 위해서 일하는 부동산이라고 하겠습니다. 자본소득을 추구하든지, 임대소득을 추구하든지 어느 방법이 좋다, 나쁘다는 관점에서 볼 필요는 없습니다. 다만 공실 리스크 없이 나중에 팔고 싶을 때 팔고 싶으시면 아파트만 투자하시는 것이 월등하게 좋습니다. 그리고 내가 자는 동안에도 나 대신 일해주는 것이 꼭 부동산일 필요는 없습니다. 회사를 운영하는 것도 따져보면 같은 맥락으로 회사의 시스템이 나의 한계를 넘어설 수 있게 해주는 것입니다.

마트 100원은 고민해도 분양권 100만 원은 고민 말아라

어느 경우든지 깎을 수 있으면 깎아서 사는 것이 바람직하죠. 마트에서 물건 살 때의 돈이든, 분양권 살 때의 돈이든 같은 돈이기 때문입니다. 어떤 경우의 돈은 좋은 돈이고, 어떤 경우의 돈은 나쁜 돈이고 이런 것은 없습니다. 돈은 어떠한 경우에도 같은 가치로 존재합니다. 이 주장은 부동산 투자를 할 때는 적은 돈에 연연하지 말고, 과감한 결정을 하라는 뜻의 이야기인 것으로 보입니다.

필자가 꽤 오래전 겪었던 경험입니다. 광역시 모 재개발구역에 투자 물건을 알아보던 중 괜찮은 투자 물건을 발견했습니다. 물론 필자가 항상 이야기하듯이 입지가 좋은 구역이었습니다. 아무튼 해당 투자 물건에 대한 제원(諸元)이나 컨디션에 대해서 모든 검토가 끝나고 계약서 쓰는 것만 남겨 두었는데, 부동산 중개사무소 소장님과 전화상으로 마지막 가격 협상을 했습니다. 당초 해당 재개발 물건에 대한 프리미엄은 6,000만 원이었는데 500만 원을 절충해서 5,500만 원에 매도인과 협상을 끝냈습니다. 모든 협상이 끝나고 계약서를 쓰기 위해서 해당 부동산 중개사무소로 갔는데, 문제는 그다음에 벌어졌습니다. 갑자기 매도인이 프리미엄 6,000만 원을 주지 않으면 팔지 않겠다고 하는 것입니다. 필자는 순간 매도인이 너무나도 괘씸했습니다. 사람을 먼 곳까지 오게 한 것도 짜증이 났고, 막상 계약서를 쓰는 자리가 마련되니 기존의 합의를 번복하고 배짱을 부리는 것이 필자 입장에서는 기분이 상했습니다. 필자를 무시한다는 생각도 들고, 협상 내용을 이렇게 한마디로 뒤엎을 수 있는 매도인의 인성에 매우 화가 났습니다. 그래서 시원하게 한 소리 해주고, 해당 부동산 중개사무소를 박차고 나왔습니다. 하지만 그러한 필자의 행동이 매우 스마트하지 못한 행동이었다는 것을 얼마 지나지 않아서 느끼게 되었습니다.

해당 재개발구역은 빠른 진행 소식에 프리미엄이 급등했고, 최종적으로는 프리미엄이 8억 원까지 이르게 되었습니다. 그러한 경험을 실제로 하고 난 후부터는 투자하려는 물건이 입지가 좋고, 가격을 비롯한 모든 여건이 매입해도 괜찮은 물건이라고 판단이 되면, 설령 계약서를 쓰는 자리에서 매도인이 가격을 올리더라도 필자가 꼭 사야 할 물건이면 매도인이 원하는 가격에 맞추어서 도장을 찍습니다. 매수인 입장에서 짜증은 나겠지만, 몇백만 원 아끼려다 수억 원을 벌 수 있는 기회는 놓치게 된다는 사실을 알고 있기 때문입니다. 물론 이러한 케이스는 부동산 상승기에 일어나는 사례입니다. 반대로 부동산 시장의 하락기에는 매도인 입장에서 문제가 발생합니다. 매수인이 500만 원을 깎아주면 도장을 찍겠다고 하는데, 매도인 입장에서 더 받을 욕심에 자리를 박차고 나오면, 시간이 지날수록 가격이 더 내려가는 상황이 발생할 수 있습니다. 부동산 시장의 하락이 지속되고 있기 때문입니다. 심지어는 팔지도 못하는 상황이 됩니다. 그렇게 되면 매도인은 그때 500만 원을 깎아주고 팔았으면 좋았을 텐데 하며 후회하는 경우도 생깁니다. 따라서 부동산 시장의 상승기에는 매수인 입장에서 계약서를 쓰는 자리에서 매도인이 가격을 조금 올려도 못 이긴 척 올려주는 게 맞습니다. 반대로 하락기에 매도인 입장에서는 매수인이 깎아 달라는 대로 깎아주고 팔아버리는 것이 옳습니다. 상승기에는 물건 매입이 우선이고, 하락기에는 현금 회수가 우선이기 때문입니다.

오늘의 매도 내일의 피눈물

이 책을 보시는 독자분들은 계속 반복해서 인지되고 계실 텐데요. 부동산 투자와 관련된 그 어떠한 주장도 100% 옳고, 100% 틀린 말은 없습니다. 항상 부동산 시장의 상승기와 하락기, 침체기를 나누어서 대입해봐야 합니다. 보유한 부동산을 팔고 나서 가격이 오르면, 그 누구라도 기분이 좋을 수 없습니다. 반대로 팔았는데 가격이 내린다면 안도의 한숨을 쉬겠지요. 하지만 매수한 사람 입장에서는 괜히 샀다고 후회를 할 것이고요. 그렇다면 결국 부동산 시장의 상승기와 하락기 또는 침체기를 알아야 한다는 것이 부동산 투자에서 그 무엇보다 중요하다는 결론이 나옵니다. 앞서 나온 여러 가지 주장 중에서 '고민하는 동안 남들이 좋은 물건 다 사 간다', '집 살 때는 2개씩 사라', '늦게 파는 놈이 항상 더 번다', '누구보다 빠르게 남들보다 더 많이', '부동산은 오늘이 제일 싸다', '현금을 들고 있으면 똥 된다', '어깨에서 판 줄 알았는데 기린이었다', '점점 더 멀어져간다', '오늘의 매도 내일의 피눈물' 같은 문구들은 부동산 시장의 상승기에는 맞는 말이지만, 하락기나 침체기에는 전혀 맞지 않는 이야기입니다. 오히려 손해를 보는 투자가 됩니다. 결국 부린이를 탈출하기 위해서는 문구 하나하나에 관한 내용과 맥락을 이해하고 숙지하는 것도 중요하지만, 결국 부동산 시장이 언제 상승하고 언제 하락하며 언제 지루한 횡보를 하는지에 대한 통찰력을 가지는 것이 중요합니다. 이러한 부동산 시장 흐름에 대한 혜안이 생길 때 비로소 부동산 투자에서 최소한 손해 보지 않는 투자를 할 수 있게 됩니다. 그렇다면 어떻게 해야 오르고 내리는 부동산 시장의 흐름을 이해할 수 있을까요?

필자가 2017년에 발간한 330책에 '부동산 시장의 흐름을 파악하는 방법'에 대해서 자세하게 기술했습니다. 부동산 가격이 상승하고, 하락하며, 횡보하는 이유 중에 가장 큰 핵심 요인은 시중의 통화량입니다. 통화량이 팽창하고 축소되는 과정에서 실물자산인 부동산의 가격이 오르고 내리는 것입니다. 시중 통화량의 팽창과 축소 여부가 가장 큰 요인으로 자리 잡은 가운데 부동산의 정책, 국내외의 경제 상황, 투자자의 심리, 수요와 공급 등의 요인들이 복합적으로 작용해 부동산 가격의 방향에 영향을 끼칩니다. 아울러 매주 변화하는 부동산 가격을 지역에 따라 구분해 계속 모니터링 해야 합니다. 어느 지역이 상승하고 하락하며 횡보한다는 구체적인 데이터로 무장해야 합니다. 이렇게 다양한 요인들로 인해 가격 수준이 형성되는 만큼 복합적인 사고방식을 가지고 투자에 임해야 합니다. 어느 단순한 자료나 조언으로 이렇게 복합적인 부동산 시장을 이해한다는 것은 애초부터 불가능한 일입니다. 부동산 시장 흐름에 관한 공부는 시간을 많이 필요로 하는 일입니다. 그러니 다른 것은 다 잊더라도 이 한 가지는 잊지 말고 기억하십시오. 시중의 통화량이 늘어나면 부동산 시장이 상승하고, 반대로 감소하면 부동산 시장이 하락한다는 사실을 말입니다.

익절은 항상 옳다

익절은 앞서 언급한 손절에 반대되는 의미로, 손해를 확정 짓는 손절과 달리 이익을 확정 짓는 매도 행위를 말합니다. 이익을 더 볼 수 있을 것 같은 분위기임에도 목표한 수익구간이 되면 이익을 확정 짓는 것이죠. 사전에 이 정도 가격에 도달하게 되면 그 어떤 환경이라도 팔아서 이익을 확정 짓는 것입니다. 주식 투자에서는 상당히 설득력 있는 투자 방법입니다. 다만 주식의 경우에는 거래 비용이 상대적으로 적게 투입(거래 비용이 중개기관인 증권회사에 따라서 다르긴 하지만, 증권회사별로 온라인 거래 여부, 거래 규모 등에 따라서 거래대금의 0.001%에서 0.5%까지 발생합니다)되고, 대주주가 아니면 양도소득세도 부담하지 않습니다. 하지만 부동산 투자의 경우 거래비용(매매금액의 1~3% 취득세 및 법무사비, 부동산 거래수수료 또한 조정지역 및 다수택 취득 여부에 따라 8, 12%의 취득세 중과)의 경우도 높고, 양도소득세 또한 주택 비과세가 아니면 매우 높습니다. 따라서 주식 투자에서는 빈번한 매매과정이 있다고 하더라도 거래와 양도 시에 발생하는 비용이 낮아서 설득력 있는 투자 방법이기는 합니다. 하지만 부동산 투자의 경우에는 높은 거래 비용과 양도 시에 발생하는 양도차익에 대한 세금은 투자 수익률을 떨어뜨리는 결과를 가져오게 됩니다. 빈번한 부동산 거래는 비용뿐만 아니라 국세청의 관심(?)도 받게 됩니다. 부동산 거래가 너무 잦으면 부동산 간주매매사업자로 분류되어 불이익을 받게 됩니다.

부동산 매매사업자로 간주가 되는 기본적인 조건은 1과세기간(6개월) 중 1회 이상 취득하고, 2회 이상 판매하는 경우에는 사실상 계속적인 공급행위로 봐서 매매업으로 간주될 수 있습니다. 물론 대법원에서는 이 조건이 충족된다고 해서 무조건 매매사업자로 간주되는 것으로 볼 것은 아니라고 하지만, 어쨌든 국세청의 관심은 부동산 투자자 입장에서 좋은 일은 아닐 것입니다. 매매사업자로 간주가 되면 전용면적 85㎡ 이상의 주택을 매매할 때 매도금액의 10%에 해당하는 부가가치세 납부 의무를 지게 됩니다. 개인 간의 부동산 매매에서는 부가가치세가 발생하지 않는데, 매매사업자가 매도하고 개인이 매수하는 경우, 매도한 매매사업자는 부가가치세를 부담해야 합니다. 물론 부가가치세는 최종 소비자가 납부하는 세금이라 매수인에게 부가가치세를 받아서 납부해야 하지만, 부담할 매수인은 현실적으로 없습니다. 따라서 납부 의무를 진 매매사업자가 부가가치세를 부담해야 하는데, 수익 중에서 10%가 날아가는 결과가 발생합니다. 부가가치세는 매도인이 주택을 팔아서 얼마의 수익을 봤느냐는 따지지 않습니다. 손해를 보고 팔아도 매매금액 중 건물분에 대한 부가가치세를 납부해야 합니다.

따라서 부동산의 경우 주식과 달리 잦은 매매는 바람직한 투자 방법이 아닙니다. 오히려 1주택을 장기 투자했을 경우 12억 원 초과 부분에 대한 주택 비과세는 물론, 장기보유특별공제 항목으로 거주기간과 보유기간이 10년 이상이 되는 경우 장기보유에 대한 혜택으로 양도소득에서 공제하는 금액이 양도차익의 80%에 이릅니다. 이는 양도소득에 대한 대부분을 투자자의 수익으로 취할 수 있다는 이야기입니다. 이 때문에 부동산 투자의 경우 익절을 하기 위해서 잦은 매매를 하기보다는 장기적 투자를 하시는 것이 더욱 좋은 투자 방법이 되겠습니다.

신축 전세는 1등 아니면 꼴등으로 해라

이것은 신축 아파트를 기준으로 이야기하는 내용입니다. 분양권을 투자해서 보유하고 있는 상황에서 입주 시기가 다가오면 본인 가족이 직접 입주하는 경우도 있겠지만, 투자용으로 분양권을 매입한 투자자들은 전세를 맞추고 그 전세 보증금을 활용해 잔금을 치르는 형태의 투자를 일반적으로 많이 합니다. 그러다 보니 대단지 아파트 경우 입주 시기가 되면 한꺼번에 많은 임대 물량이 나와서 시세대로 제값을 받지 못하는 경우가 많습니다. 이 때문에 입주 전 6개월이나 1년 전부터 세입자를 찾아서 전세 계약을 맺든지, 아니면 차라리 입주가 어느 정도 마무리가 된 시기에 세입자를 찾아서 전세를 주는 게 합당합니다. 이러한 이유는 입주 시기가 임박해서는 분양권 투자를 한 사람들의 입장이 한결같으므로 전세 보증금을 잔금에 보태서 소유권 이전을 하려는 사람들이 많아지게 됩니다. 더군다나 대단지 경우에는 이러한 전세 보증금으로 잔금을 충당하려는 사람이 많아지게 됨에 따라서 한꺼번에 전세 물량이 나옵니다. 물량이 많다 보니 제한된 세입자 수요에서는 전세 보증금의 시세 하락을 부추기는 상황이 됩니다. 따라서 충분히 시간을 두고 전세 물량이 소화가 된 다음에 전세를 내놓는 방법이 좋을 수 있습니다. 어느 정도 물량이 소화되면 전세 시세는 상승하는 것이 일반적이기 때문입니다.

물론 이러한 방법을 쓰려고 하면 해당 시공사에서 제시한 입주 기간을 넘겨야 하는 상황이 발생합니다. 입주 기간이 지나면 입주 지연에 따른 지연 이자를 물게 되는데, 입주 지연금을 물게 되더라도 전세 보증금이 상승하게 되면 잔금을 치르는 부담이 줄어들게 됩니다. 입주 기간을 초과해서 전세를 놓을 경우, 입주 지연에 따른 지연 이자의 부담과 늦게 전세를 놓음으로 인해 전세 보증금이 높아져서 잔금 납부 부담이 줄어드는 것을 비교해 어느 쪽이 유리한지를 판단해서 행동에 옮기시는 것이 좋겠습니다. 그게 부담스럽고 어렵다면 차라리 다른 사람에게 돈을 빌려서 소유권 이전을 먼저 한 후에 공실로 두고, 해당 단지의 입주율이 높아져서 전세 시세가 많이 올랐을 때 그 시점에 전세를 주는 것도 한 가지 방안이 될 수 있습니다. 이러한 방법은 입주 시기에 사용할 수 있는 깨알 같은 팁에 불과하기 때문에 맹목적으로 이를 따르는 것은 바람직하지 않습니다. 미래의 일은 알 수 없고, 입주 기간을 초과해 늦게 전세를 준다고 해서 무조건 전세 시세가 올라간다는 보장도 없습니다. 반대로 전세 물량이 많아도 전세 수요가 더 많을 경우에는 전세 시세가 탄탄하므로 굳이 입주 기간을 초과해 지연 이자를 물 필요도 없습니다. 결론은 시장 상황에 따라 달라질 수 있다는 것이고, 그때그때의 상황에 맞추어서 가변적으로 판단하시면 되겠습니다.

어차피 오른다

부동산은 시간이 지나면 다 오르니 너무 고민하지 말고 그냥 사라는 이야기입니다. 한때 커뮤니티에서 많이 돌아다녔던 그림 중 하나가 대팔대사였습니다. 원효대사 그림을 패러디한 그림이었는데, 그 스님의 이름이 '대팔대사'입니다. 대팔대사의 속뜻은 '대충 사고 대충 팔아라'라는 뜻이죠. 부동산 상승기에는 투자자들에게 매우 사랑(?)받던 스님이었는데, 부동산 시장이 고점을 찍고 하락에 접어들면서 그 어디에서도 찾아볼 수 없게 되었습니다. 다시 가격이 상승하는 시기가 오면, 대팔대사 사진이 또다시 부동산 커뮤니티나 소셜미디어에 등장할 것입니다. 조선시대까지 거슬러 올라가서 지난 600년간 우리나라의 부동산 가격은 지속해서 상승했습니다. 여러 차례 이야기했지만, 통화량의 팽창과 축소가 실물자산의 가격에 변화를 주고, 가격의 상승과 하락, 침체 그리고 이러한 사이클의 순환이 반복적으로 일어납니다. 통화량의 팽창은 지속될 수밖에 없고, 그러한 상황을 우리는 흔히 '인플레이션'이라고 칭합니다. 인플레이션은 '물가 상승'의 다른 말입니다.

1976년에 준공된 압구정동 현대 3차 아파트 33평형 분양가격은 분양 당시 865만 원이었습니다. 그런데 2024년 현재 시세가 약 36억 원 수준입니다. 대치동 은마 아파트 34평형 분양가격은 2,100만 원이었는데 현재는 약 24억 원 정도 됩니다. 분양가 대비 현대 아파트는 약 416배, 은마 아파트는 114배가 올랐습니다. 앞으로 10년, 20년 후에는 가격이 얼마가 될지 모릅니다. 혹자들은 인구가 줄어들어 생산가능 인구가 감소해서 아파트 가격이 하락할 것이라고 입을 모으고 있습니다. 하지만 필자는 절대 그렇게 될 일은 없다고 생각합니다. 아무리 인구가 줄어도 그래도 향후 몇십 년간은 절대적 인구 감소 폭은 제한적이고, 글로벌 시대에 맞추어서 외국인 인구 유입을 직간접적으로 허용할 것으로 보고 있습니다. 아울러 예기치 못한 재앙으로 인구가 한꺼번에 사라지지 않는 한 어느 수준 이상의 인구는 유지될 것입니다. 그렇다면 그 사람들이 살아가는 주거공간에 대한 욕망은 사라지지 않습니다. 도심의 인프라가 잘 갖추어진 환경에서 살고 싶어 하는 마음은 지금이나 미래나 같습니다. 오히려 생활 수준이 높아지고 소득이 높아질수록 주거공간의 환경에 관한 관심은 더욱 증폭될 것입니다. 한강 조망의 가치가 예전에 비해서 더욱 높아지는 현상도 이러한 현상과 무관하지 않습니다. 장기적으로 모든 물가는 오르게 됩니다. 앞서 언급한 통화량 팽창에 따른 화폐가치의 하락 때문에 실물자산의 가격은 오를 수밖에 없습니다. 다만 모든 부동산, 모든 아파트의 가격이 오를 수는 없을 것입니다. 압구정 현대 아파트와 은마 아파트의 가격 상승 비율을 보신 바와 같이 입지에 따라 천양지차가 될 것입니다. 어차피 다 오른다는 말은 장기적 측면에서 보면 맞는 이야기입니다. 다만 통화량이 축소되는 시기에는 가격의 하락은 피할 수 없습니다. 단기적으로는 어차피 다 오른다는 말은 틀린 말이지만, 장기적으로는 정확히 일치하는 주장입니다. 인플레이션에 베팅해야 하는 근본적인 이유입니다.

대출도 능력이다

이 주장은 상당히 신뢰가 있고 설득력이 있습니다. 보통 사회초년생도 그렇지만 사업을 하지 않고 월급으로 자녀를 키우고 생활한다면, 중년의 나이가 된다고 하더라도 여유 자금이 많이 없는 게 대부분입니다. 그러므로 수억 원 또는 수십억 원을 호가하는 내 집 마련은 쉽지 않은 일입니다. 따라서 통상적으로 그동안 모아둔 자금과 모자라는 자금은 대출로 충당해서 내 집 마련을 하게 됩니다. 그런데 문제는 여기에서부터 발생합니다. 집을 담보로 대출을 받으려고 해도 대출이 안 되는 사람들이 있습니다. 정상적인 경제생활을 하지 않은 사람들이 그러한 사람들이죠. 소득을 발생시키고 세금을 내면서 지금껏 살아왔다면 금융기관에서 대출받는 데 크게 문제 되지 않습니다. 하지만 세금을 아끼고자 소득을 낮춰서 신고하거나 고정 수입은 아니지만 실제로 연간 총합으로 보면 훨씬 수입이 많은데도 프리랜서로 활동하시는 분들은 1금융권 대출이 불가능한 경우가 많습니다. 방송에서도 여러 차례 이와 관련해서 콘텐츠로 제작했는데, 투자보다는 본업에 충실해야 한다는 이야기를 많이 했습니다. 부동산 투자는 어차피 평생 해야 할 게임 같은 대상인데, 내 집 한 칸 마련하는 출발점에서부터 대출 문제로 진행을 못 하면 부동산 투자는 아예 시작조차 못 하는 상황이 됩니다. 대출도 능력이라는 말이 있습니다. 그 의미는 여러분이 공무원이거나 공공기관, 대기업 등 확실한 직장을 가지고 있거나 사업소득을 성실하게 신고해서 소득 신고가 잘되어 있다면, 상대적으로 낮은 이율로 대출이 가능하며 대출 진행 자체도 순조롭게 잘 이루어지는 것을 뜻합니다.

부동산 상승기에 모든 부동산의 가격이 오르다 보니 한두 번의 투자 성공으로 분위기에 취해서 회사를 그만두고 전업 투자자로 나선 사람들은 하락기나 침체기에서 매우 힘들어하는 상황이 되었습니다. 고정으로 들어오는 소득이 아무리 적어도 꾸준하게 들어오는 현금흐름은 생명수와 같은 존재입니다. 모든 종류의 투자는 그냥 보유하고 있는 여유 자금으로 하는 것이 가장 좋습니다. 하지만 내 집 한 칸 마련에 필요한 자금이 부족할 때는 대출을 이용하는 게 좋습니다. 현금흐름이 사람마다 다르므로 대출의 비율이 어느 정도가 적정한지는 사람마다 다르겠지만, 30%를 넘지 않는 것이 보편적으로 타당합니다. 이자 부담이나 상환 압박 스트레스를 받지 않아야 그것이 바로 매도·매수 또는 보유의 정확한 판단을 할 수 있는 원동력이 됩니다. 설령 지금은 내 집 마련 생각이 없더라도 언젠가 생각이 바뀌어서 실행에 옮기는 시기가 올 것입니다. 지금 이 글을 읽고 있는 여러분도 언젠가는 내 집 마련의 생각을 실행으로 옮기는 시기가 오겠지요. 그런 시기를 대비하는 차원에서라도 본업에 충실해서 소득을 발생시키고, 세금 신고를 성실하게 해두어야 합니다. 그래야 자금이 꼭 필요할 때 대출이 가능합니다. 하다못해 분양권 당첨이 되어 중도금 대출을 받을 때도 소득증명이 필요합니다. 본업에 충실해야 대출받을 수 있습니다. 그러니 대출도 능력이라는 말은 백번 옳은 말입니다.

2020년 11월 10일, 국회 예산결산특별위원회 전체 회의에서 당시 김현미 국토교통부 장관은 '내 집 마련 디딤돌 대출'의 실효성을 지적하는 국민의힘 김형동 의원과 언쟁했습니다. 김형동 의원은 "서울 아파트 평균값이 10억 원이라 5억 원 이하 주택을 살 때만 이용이 가능한 디딤돌 대출의 한도가 낮다"라고 지적했습니다. 이에 김현미 장관은 "저희 집은 디딤돌 대출로 살 수 있습니다"라고 말한 것이 온 나라를 떠들썩하게 만들었습니다. 일단 김현미 장관 본인이 자기가 사는 주택의 시세를 정확하게 알고 있지 못한 것에 대한 지적이기도 했지만, 부동산 관련 정책을 펼칠 때마다 가격이 오르고 있는 당시 상황에 대해서 전혀 인지하지 못하고 있다는 것에 대한 국민의 질타였습니다. 김형동 의원의 지적은 "아파트 가격이 날로 높아지고 있음에도 불구하고, 디딤돌 대출을 활용해 매입할 수 있는 아파트가 별로 없다. 가격 제한이 있어 실질적으로 도움이 되지 않는다 그러므로 제한된 가격을 높이는 것이 어떠냐?"라는 것이었습니다. 이에 대해 김현미 장관은 "저희 집 정도는 살 수 있다"라고 응수했습니다. 그런데 사실 김현미 장관의 집은 일산에 있는 아파트였고, 김형동 의원의 질문은 서울의 아파트를 살 수 있도록 디딤돌 대출 적용이 가능한 아파트의 가격 제한을 높이라는 의미였습니다. 이를 돌려서 해석하면 김현미 장관의 뜻은 "굳이 비싼 서울 아파트를 사려고 하는가? 서울 밖으로 나가면 5억 원 이하의 집도 있다. 그러니 그런 곳으로 가서 사면 된다"라는 의미가 됩니다. 그래서 이 챕터의 제목과 같이 장관님은 같은 가격이면 어디에서 생활하시겠냐고, 또는 매입하시겠냐고 하면서 비난이 폭주했습니다.

굳이 가격이 같은 상황이 아니고 가격이 더 높더라도 인프라가 잘 갖추어진 입지 좋은 아파트에 살고 싶어 하는 것이 모든 이들의 소망입니다. 그런데 한 나라의 국토교통부 장관이라는 사람이 "돈 없으면 그냥 입지가 조금 떨어지더라도 그냥 가격이 저렴한 아파트를 사라. 대출도 해준다"라고 하니 '장관이 국민을 바라보는 인식이 이렇게 괴리가 있는 가?'라는 생각에 온 국민이 국토교통부 장관의 인식에 대해서 비난을 퍼부은 것입니다. 아울러 당시 김현미 국토교통부 장관이 거주한 아파트는 시세가 5억 원이 넘었으며, 설령 5억 원 이하라고 하더라도 디딤돌 대출은 전용면적 85㎡를 초과하게 되면 디딤돌 대출의 대상이 될 수도 없었습니다. 국토교통부 장관이 가격 기준도, 면적 기준도 해당하지 않는 자기 집을 예로 들어 가능하다고 답변한 것은 지금까지도 두고두고 이야기되고 있습니다. 무엇보다 중요한 것은 사람들은 가능하다면 입지가 좋은 서울에 살고 싶어 합니다. 그것을 알면서도 여유 자금이 부족하면 서울 밖으로 나가는 것입니다. 모든 사람이 살고 싶어 하는 아파트는 인프라가 좋고, 자녀를 교육하기 좋으며, 교통이 편리한 곳 등 복합적으로 입지가 좋은 단지입니다. 외곽에 그냥 저렴한 아파트는 사실 모두가 가고 싶어 하지 않습니다. 모든 고위 정책 당국자들이 강남에 많이 거주하고 있는 것은 이러한 사실과 무관하지 않습니다. 아파트 가격이 비싸도 입지 좋은 곳으로 사람들은 가고 싶어 합니다. 여유 자금이 부족해서 가고 싶어도 갈 수 없을 뿐입니다. 결국 이러한 입지 좋은 곳은 잠재적 대기 수요가 많습니다. 내가 지금은 형편이 어려워서 못 가지만, 언젠가 돈을 번다면 들어갈 것이라는 탄탄한 수요가 있습니다. 여러분은 어떻게 생각하시나요?

인생의 20%를 지하철에서 보낸다고?

 경기도에서 서울로 출퇴근하는 직장인들의 현실을 그려낸 드라마 <나의 해방일지>에서는 이런 대사들이 나옵니다. "밝을 때 퇴근했는데 밤이야. 저녁이 없어", "막차 시간이 다 되어서", "걔가 경기도를 보고 뭐랬는 줄 아냐? 경기도는 계란 흰자 같대. 서울을 감싸고 있는 계란 흰자" 등 마음을 아리는 대사들이 귀에 꽂힙니다. 관련해서 회자되었던 "경기도민은 인생의 20%를 대중교통에서 보낸다"를 모두 공감하실 텐데요. 국토교통부의 '2020 수도권 대중교통 이용실태'에 따르면, 서울로 대중교통을 이용한 직장인들이 출근에 평균 1시간 27분을 사용한다고 합니다. 인천에서 서울까지는 1시간 30분, 경기도에서 서울까지는 편도 1시간 24분이 소요되고, 평균 대중교통 이동거리는 23.8km로 발표했습니다. 이러한 데이터는 교통카드 사용 결과를 토대로 나온 자료이기 때문에 집과 직장에서 정류장까지 이동하는 시간을 대략 편도 15분 정도로 본다면, 왕복 30분에 해당해 이 시간까지 포함해서 출퇴근에 걸리는 시간은 3시간 30분에 육박합니다. 이 또한 평균일 뿐 더 많은 시간을 할애하는 직장인들도 많을 것입니다. 이렇게 출근 시간이 길어지면, 회사에 도착하기도 전에 이미 에너지가 고갈되어버립니다.

 모 언론이 직장인에게 한 인터뷰에 따르면 "매일매일이 전쟁이다. 신도림역쯤 가면 몰려드는 인파로 인해 비명이 들린다. 지하철 1호선을 타는 순간 집에 가고 싶다"라고 했습니다. 필자도 예전에 신도림역을 많이 이용했기에 잘 아는 상황입니다. 또한 잡코리아 설문 자료를 보면, 출퇴근길 스트레스 요인 중 거주지역에 따라 스트레스 지수가 달랐는데요. 경기권 직장인들은 회사와 집이 거리가 너무 멀어 피로감이 높았다고 하는 의견이 많았고, 이에 비해 지방 거주 직장인들은 직장과의 거리에 대한 스트레스는 경기권 직장인보다 매우 낮았습니다. 반면에 서울에 거주하고 있는 사람들에 대한 출퇴근 관심도는 언론에서도 그다지 신경 쓰지 않습니다. 그렇습니다. 보통 이렇게 주거공간과 직장이 먼 거리에 있는 사람들의 희망이 가까운 출퇴근 거리입니다. 우리는 이를 '직주근접'이라고 부릅니다. 직장과 집이 근거리에 접한다는 뜻입니다. 집을 직장 가까이 두든지 직장을 집 가까이 두든지 해야 하는데, 직장은 서울 도심에 많고 서울 도심은 집값이 매우 비쌉니다. 직장이 많은 서울 도심에 집을 사려니 비싸고, 내가 사는 집 근처에 직장을 두려니 직장이 없습니다. 그래서 힘든 3시간 30분의 대중교통 출퇴근을 어쩔 수 없이 다닙니다. 언젠가 돈을 벌면 서울 도심 직장 가까운 곳으로 내 집 마련을 하겠다는 것이 경기도에서 서울로 출퇴근하는 직장인들의 각오일 것입니다. 주변 지인 중에서 서울에 산다는 사람의 주민등록증을 보면, 서울이 아닌 경기도에 사는 사람들이 많을 것입니다. 그분들은 왜 그렇게 이야기할까요? 당장은 아니지만, 서울에 살고 싶다는 생각이 기본적으로 마음에 자리 잡고 있어서 그럴 것입니다. 이러한 수요들이 바로 서울 주택가격을 떠받치는 대기 수요입니다.

인구가 줄어든다고 서울 집값도 반드시 떨어질 것이라고 기우제를 지내는 폭락론자들이 유튜브에 너무나도 많습니다. 합계 출산율이 떨어지면 학령 인구가 줄어들어 생산 가능 인구가 줄어든다는 등 주택가격 폭락에 한목소리를 내는 사람들은 출퇴근 시간에 지하철과 버스의 빽빽한 사람들 때문에 파김치가 되어본 적이 있는 사람일까 하는 의문이 듭니다. 필자는 인구 감소에 대해서는 이미 여러 차례 의견을 피력한 바 있습니다. 정부에서 이대로 인구 감소를 쳐다만 보고 있지는 않을 것이고, 단일민족에서 다민족 이민 국가로 가든지 장기석으로 조치가 있을 것으로 보고 있습니다. 설령 인구가 줄어든다고 하더라도 단기적으로는 지방 소도시에 영향을 줄 것으로 보이고, 서울에 미치는 영향은 50년 후의 일이라고 생각됩니다. 그때까지 지하철에서 인생의 20%를 보내는 직장인이 지금보다 얼마나 줄어들까요? 필자는 별로 줄어들

것 같지 않습니다. 지금 이 글을 읽으시는 여러분께서는 50년 후를 미리 걱정해서 직장이 가까운 서울 도심에 집을 살 필요 없다고 하시렵니까? <나의 해방일지>에는 이러한 대사도 나옵니다.

"서울에 살았으면 우리 달랐어?"
"달랐어. 달랐다고 본다."

수도권 역세권 신축은 보험 같은 것

통상적으로 교통 여건이 좋은 지하철 역세권을 사람들은 선호합니다. 이것은 실거주하시는 분들이나 투자자 모두의 생각이죠. 그런데 역세권도 역세권 나름일 것입니다. 지하철 역세권이라고 할지라도 서울의 경우 CBD(도심권역 : 서울의 대표 도심인 종로구, 중구 등 광화문역과 종각역, 을지로 인근입니다. 서울의 전통적 업무지구로 대기업 본사, 외국계 기업, 주요 은행 본사, 언론사 등이 밀집해 있습니다), YBD(여의도권역 : 동측의 업무지구로 국회의사당, 수출입은행, 산업은행, KBS 및 증권사와 금융업계 위주로 밀집해 있습니다), GBD(강남권역 : 테헤란로가 대표적입니다. 서초동 대법원 및 법조타운, 강남대로의 상업지구, 대기업부터 중소기업까지 본사 소재지가 집중해 있습니다. 기업의 규모와 직종 범위 및 회사 숫자는 타 업무지구에 비해서 압도적입니다. 따라서 출퇴근 인구 집중이 가장 많습니다) 등 3대 업무지구를 통과하는 지하철 노선이 선호됩니다. 특히 3대 업무지구 중에서도 규모와 직종 범위 등이 가장 큰 강남권역을 통과하는 노선의 역세권을 타 노선에 비해서 상대적으로 우월한 역세권이라고 할 수 있을 것입니다.

아울러 배차 시간이 얼마나 자주 있는지에 따라서 노선의 선호도가 달라질 것입니다. 2022년 5월 말 기준으로 출퇴근 시간에 지하철 운행 배차 시간 간격을 보면 1호선은 3분, 2호선 2.5분, 3호선 3분, 4호선 2.5분, 9호선은 3.1분입니다. 이에 반해 6호선은 4분, 8호선은 4.5분입니다. 그런데 경원선(회기~소요산)은 6.9분, 경의중앙선(용산~용문)은 9.2분에 이릅니다. 아무래도 배차 간격이 좁은 이유는 이용객이 많아서일 것입니다. 그렇다면 이용객도 한번 따져보도록 하겠습니다. 2021년 전국 33개 노선의 지하철 이용객 순위를 보면 2호선, 1호선, 4호선, 7호선, 5호선, 3호선 순으로 집계가 되었으며, 상대적으로 경의중앙선과 공항철도는 9호선, 신분당선, 분당선에 비해 순위가 밀려 있습니다. 또한, 전국 33개 노선 906개 지하철역 중에서 승하차 인원이 많은 역은 강남역, 잠실역, 고속터미널역, 서울역, 홍대입구역, 선릉역, 신림역, 사당역, 가산디지털단지역 순입니다. 승하차 이용객으로만 보면 서울 지하철 2호선 노선이 압도적으로 이용객 수가 많은 것을 알 수 있습니다. 이용객이 많다는 것은 이 노선에 따라 업무지구가 연계되어 있어 직장으로의 접근 및 상업시설의 밀집, 환승의 편리함으로 교통의 요충지역이라는 뜻입니다.

서울 2호선은 서울 중심을 원형으로 순환하는 노선이라서 서울의 핵심지를 대부분 통과하는 특성이 있습니다. 하지만 같은 서울이라고 하더라도 경의선 신촌역, 둔촌오륜역, 남태령역, 신내역, 신답역(2호선이지만 지선), 응봉역, 양원역 등은 이용객이 최하위에 머물고 있습니다. 역세권이라고 하더라도 역세권의 프리미엄을 누리지 못하는 역세권도 많이 있습니다. 결론적으로 보면 수도권 역세권 신축은 보험 같은 것이라는 주장은 절반은 맞고, 절반은 틀렸다고 할 수 있습니다. 서울 3대 업무지구를 관통하는 노선, 그중에서도 강남구를 관통하는 노선, 서울 도심을 순환하는 노선의 역세권은 꼭 신축이 아닌 구축이라고 할지라도 사람들이 선호하는 아파트가 될 수 있습니다. 아무리 신축이라고 할지라도 배차 간격이 길거나 이용객이 적은 노선의 역세권은 아파트 매입 시에 고민해서 결정할 필요가 있습니다. 인구가 집중되고 활성화된 역세권 구축이 더 좋을 수 있기 때문입니다.

미리 올라도 의미 없다는 주장인지, 아니면 미리 팔아봐야 의미가 없다는 주장인지는 모르겠습니다. 어쨌든 앞에서도 언급했지만 수시로 사고파는 잦은 매매는 어차피 거래 비용과 세금으로 다 날아가버리니 가능하다면 오랫동안 보유하는 게 좋다는 뜻에서는 나름대로 설득력 있다고 봐야 하겠습니다. 물론 입지가 좋아야 한다는 전제 조건이 있는 경우에만 해당이 될 것입니다. 입지가 좋지 않은 물건은 부동산 시장이 정말 활성화되었을 시기에만 팔 수 있고, 하락기나 침체기에는 아예 매매 자체가 되지 않기 때문에 접근해서는 안 됩니다.

필자의 경우 직업 중 하나가 부동산 강사이기 때문에 부동산 투자와 관련해 많은 경험을 쌓아야만 했습니다. 그러다 보니 의도치 않게 일반인보다는 부동산 매매 사례가 많을 수밖에 없었는데요. 재개발 모 구역 물건을 프리미엄 3,500만 원에 사서 5,500만 원에 팔았는데, 나중에 그 물건의 프리미엄이 14억 원을 넘어가는 상황도 겪었습니다. 또 어느 광역시에 갭 1,000만 원으로 아파트 투자를 하고 2년이 지나 몇 푼 되지 않는 수익을 남기고 넘겼는데, 나중에 수억 원이 오르는 사례도 있었습니다. 6억 원에 분양받은 아파트가 최고 20억 원을 호가하는 경우도 있었고, 프리미엄 5,000만 원에 산 재개발 물건이 프리미엄 8억 원을 호가할 때도 보유하고 있었던 사례도 있었습니다. 심지어 실투자 금액 5억 원 투자에 2년 만에 28억 원을 받고, 토지 수용을 당해서 정부에 뺏긴(?) 사례도 있습니다. 그런데 빛 좋은 개살구지, 양도소득세를 엄청나게 냈습니다. 적지 않은 투자 세월을 지내고 보니 참으로 여러 차례 매매를 했습니다. 하지만 거래 비용과 양도소득세도 만만치 않고, 법인의 경우 종합부동산세 등 양도소득이 아무리 높아도 세금으로 나가는 돈이 참으로 많습니다.

그런데 필자의 가족 중에는 부동산 투자에 대해서는 전혀 모르시는 분이 계셨는데, 이사 두 번으로 수십억 원대의 재산이 본인도 의도치 않게 불어난 분이 계셨습니다. 얼마 전 유명을 달리하셨는데, 아무튼 잠실에 살면서 주공 아파트에서 재건축 두 번 하고 상당한 재산을 모으게 되었습니다. 여러분들은 이 글을 보면서 아이러니하지 않으신가요? 필자는 수십 년간 부동산을 공부하고 투자해서 수익을 많이 보긴 했지만, 잦은 매매를 하면서 거래 비용과 세금으로 명목상의 수익을 팍팍 갉아 먹었지요. 하지만 필자의 가족분은 부동산 투자 공부도 하지 않고 투자에 대해서 전혀 몰랐지만, 잠실이라는 입지 좋은 곳에 거주했다는 사실과 멀리 이사 가기가 싫어서 재건축 옆 단지를 구입해서 옮겨 간 것밖에 없는데, 결과적으로 많은 수익을 올렸다는 것입니다. 이렇게 본다면 굳이 부동산 공부를 열심히 할 필요가 없다는 결론이 나오는데요. 하지만 잠실이라는 입지가 좋은 곳을 운이 좋아서 정착하게 되었다면 여러분들에게도 그 운이 올지는 사실 알 수가 없습니다. 내 집 마련을 어디에 하는지 그리고 시간이 지나면 다 오르기는 하지만 어느 곳이 더 오르고, 어느 곳은 오르는 속도가 물가 상승률보다 낮다면 기회비용의 문제가 발생하게 됩니다. 하지만 갈아탈 때마다 입지 판단과 시기 판단을 단순히 운에 기댈 수는 없습니다. 그것이 바로 여러분이 이 책을 읽고 있는 이유이기도 할 것입니다. 어쨌든 입지 좋고, 개별 상품성이 좋은 아파트를 매수했다면 굳이 사고팔고를 자주 할 필요는 없다는 주장은 옳은 말입니다.

PART

3

부동산 시장 흐름을 모르면
내가 팔 때 오르고
살 때 떨어진다

신문 기사나 유튜브 영상을 보면 전문가라는 분들이 나와서 경제 위기가 오면 아파트 가격이 내릴 것이니 사지 말라고 합니다. 그런데 제가 어릴 때 살던 아파트 가격을 보면 참 많이도 올라 있는데요. 막상 지금 제가 아파트를 사면 떨어질 것 같은 생각이 듭니다. 사고 싶다가도 값이 내려갈까 망설여집니다. 언제 집을 사면 좋을까요? 조언 좀 해주세요.

사실 이 질문을 한 분과 같은 생각을 많은 무주택자분이 하고 있습니다. 분명 본인이 어렸을 때보다 아파트 가격이 무척이나 올랐는데, 막상 사려고 하니 여기저기서 "아파트 가격이 꼭지다. 끝물이다. 사면 물린다" 등 별의별 소리가 다 들립니다. 어찌나 친절하게 설명해주는지 모릅니다. 그러면서 계속 아파트 가격이 내릴 것이고, 빚더미에 앉을 것이니 사지 말라고 합니다. 실제 2022년 초 미국 연방준비제도(FED)에서 금리를 올린 이후 그 여파로 약 1년 6개월간 우리나라 아파트 가격은 하락이 있었습니다. 이러한 상황이다 보니 웬만한 강심장이 아니면 아파트를 구매할 엄두를 내지 못하고, 계속해서 가격이 내릴 것 같은 생각이 듭니다. 이제 정말 인구도 줄어든다는데 아파트 가격은 더 이상 오르지 못하고 끝장이 나는가 보다 생각하게 됩니다. 내 집 마련은 이제 내 생애에서는 끝인가 보다고 생각하는 것이 무리도 아니라고 생각됩니다. 그런데 이 문제는 단순하게 내가 아파트를 사면 가격이 내릴까 봐 겁나서 내 집 마련을 못한다는 차원이 아니라, 본인의 닫히고 답답한 머리의 돌(?)을 깨는 과정이 필요합니다.

   지난 2020~2021년 아파트 급등 시기에 많은 사람이 내 집 마련을 포기한다는 기사가 각 언론사에 도배가 되다시피 했습니다. '이번 생은 글렀어…2명 중 1명은 내 집 마련 포기' <머니투데이> 2020년 9월 15일자 같은 비슷한 내용의 기사들이 아파트값 폭등 시기에는 어김없이 기사화됩니다. 그런데 그렇다면 '예전에는 어떠했는가? 과거에는 집을 사기 좋았던 시기가 있었던가?' 한번 따져보는 것도 괜찮은 시도라고 보입니다. 필자가 항상 330 강의와 책에서도 이야기했지만, 2013~2015년에 박근혜 전 대통령이 "제발 부동산이 살아나야 국가 경제가 살아난다"라고 했을 때, 최경환 부총리가 "빚을 내서 아파트를 사라"라고 했을 때 정말 빚내서 아파트를 샀더라면, 지금 여러분들은 이 책을 읽고 계실 이유가 없으시겠지요(필자의 개인적인 주장이니 다른 생각을 가진 독자님들이 있으시다면 전적으로 여러분의 의견이 맞습니다. 그러니 제 주장에 시비를 거실 필요는 없습니다)? 실제 그 당시 아파트를 구매하신 분들은 지금 어마어마한 차익을 보고 있고, 노후 대책이 되어 있을 것입니다. 이것은 팩트입니다. 그 시기는 상대적으로 적은 여유 자금으로 아파트를 구매할 수도 있었던 시기입니다. 그런데 그러한 시기를 다 놓쳤는데, 되돌아보면 그 시기에 어느 언론에서도 아파트를 사야 한다느니, 지금이 바로 아파트를 사야 하는 절호의 기회라고, 당장 사지 않으면 나중에 후회할 것이라고 이야기하는 기사는 찾아볼 수 없었습니다.

신문 기사는 단 한 번도 나에게 용기를 주지 않았다

언론은 단 한 번이라도 아파트를 사야 한다고 하지 않습니다. 언제나 항상 아파트 가격은 비싸고, 내 월급이 오르는 것에 비해서 아파트 가격은 너무 빨리 오른다고 하고, 아파트 가격이 너무 비싸서 서민들은 살 수 없다는 이야기만 반복합니다. 그렇다면 신문 기사에서 반복이 되어 왔던 내용과 지금의 아파트 가격은 어떠한 상관관계가 있는지 찬찬히 살펴보도록 하겠습니다.

'미혼 남녀 44% 내 집 마련은 필요하지만, 현실적으로 불가능', <중

앙일보> 2019년 5월 7일자 기사입니다. 기사 내용은 아파트 가격이 비싸서 내 집 마련이 불가능하다는 이야기입니다. 하지만 지금 그 사람들에게 2019년 아파트 가격으로 사라고 한다면 사려고 할 것입니다. '나의 미래에 내 집은 없다 절망하는 2030', <조선비즈> 2018년 9월 7일자 기사입니다. 폭주하는 집값 때문에 내 집 마련이 불가능해서 절망이라는 인터뷰 내용입니다. 하지만 마찬가지로 지금 그 당시 인터뷰했던 사람에게 2018년 가격으로 아파트를 사겠냐고 한다면 사려고 할 것입니다. '서울서 내 집 마련 더 어려워져…작년 소득 대비 아파트값 역대 최고', <뉴시스> 2017년 1월 6일자 기사입니다. 소득에 비해서 아파트 가격이 너무 올랐다는 이야기입니다. 마찬가지로 지금 2017년 가격으로 아파트를 사라고 한다면 모두가 사려고 할 것입니다. 그런데 그 당시 사람들은 아파트를 사지 않았습니다. 모두가 비싸다고 떨어질 것이라고 했기 때문입니다.

이 당시 필자는 서울에서 330 강의를 하면서 못난이는 다 팔아 치우고, 똘똘한 한 채를 사라고 했습니다. 문재인 정부가 들어서면서 다주택자를 괴롭힐 것이라고 했습니다. 강남의 입지 좋은 아파트가 모두의 선호 대상이 될 것이라고 했습니다. 그러한 이유는 노무현 정부의 정책이 그대로 나타날 것으로 예상했기 때문이었고, 실제로 사실이 되었습니다. 그 당시 330 강의를 들으신 분들은 다 아십니다. 다시 본론으로 돌아가서 2015년으로 가보겠습니다. '끊어진 주택 사다리…멀어진 내 집 마련의 꿈', <SBS 뉴스> 2015년 1월 10일자 기사입니다. 보통 소형 아파트를 사서 살다가 아이들이 크고 소득이 늘어나는 중년 시기가 되면 중대형 아파트로 갈아타기가 패턴인데, 소형 아파트 가격이 너무 올라서 이러한 연결 사다리가 없어지고 있다는 내용입니다. 하지만 마찬가지로 2015년 가격으로 아파트를 구매할 수 있다면 모두가 사려고 할 것입니다. 사실 이때도 아파트를 샀어야 합니다. 이제 2012년으로 가보겠습니다. '무주택자 30% 내 집 마련 포기했다', <프레시안> 2012년 2월

17일자 기사입니다. 여전히 부동산 가격 수준이 높아서 내 집 마련을 할 수 없다는 기사 내용입니다. 물가가 높아서 먹고살기 힘들어서 내 집 마련은 꿈도 꾸지 못한다는 말인데, 이 또한 지금 그때 가격으로 아파트를 사라고 하라면 주저하는 사람들은 없을 것입니다. 2008년 기사를 보겠습니다. '서민 내 집 마련 부담 더 커졌다', <뉴시스> 2008년 10월 1일자 기사입니다. 금리 상승의 영향으로 서민들의 내 집 마련 부담이 커진 것으로 나타났다는 내용인데, 이 또한 2008년 가격으로 아파트를 사라고 한다면 지금 너도나도 달려들 것입니다.

2005년 6월 8일자 <매일경제>에서는 '집값 상승 멀어지는 내 집 마련 꿈'이라는 제목의 기사를 내보냅니다. '서울에서 32평형 아파트(당시 3억 2,950만 원)를 매입하는 데 27년 5개월 걸린다. 4년 전보다 무려 8년 가량 늦춰졌다' 이런 기사를 보고, 아파트를 사려는 사람은 없을 것입니다. 이렇게 언론은 무주택자에게 왜곡된 정보를 전달하고 있었습니다. 2001년 8월 7일자 <연합뉴스>에서는 주택산업연구원의 조사 결과를 바탕으로 '저소득층 25%, 내 집 마련 아예 접고 산다'라는 기사를 게재합니다. 서울과 수도권에 무주택 세입자를 대상으로 주택 선호도 조사를 실시한 결과 25.1%는 향후 주택 구입 계획이 없다고 응답했는데, 아마 지금 서울과 수도권의 아파트 가격을 보면 영끌을 해서라도 구매했어야 했다고 생각할 것입니다. 여기까지만 보더라도 지난 20여 년 동안 아파트를 구매했어야 하는 시기가 계속 존재했습니다. 그런데 언론에서는 계속해서 내 집 마련이 어렵다는 식으로 기사를 노출했습니다. '아파트를 살 기회가 없다. 아파트값이 비싸다. 아파트를 살 수가 없다'라는 식입니다.

집값이 30% 폭락해도 절대 안 산다

더 거슬러 올라가서 우리나라 최대의 경제 위기였던 IMF 외환 위기가 닥쳤을 즈음 1998년 7월 14일 <연합뉴스>에서는 '집값 내려도 내 집 마련 쉽지 않다'라는 제목으로 기사가 올라옵니다. '부동산 가격이 20~30% 정도 폭락했는데 주택 구입을 하게 되면 교육비나 기본생활비를 줄여야 하고 이자도 내야 한다. 주택 구입은 시세차익도 노리는 일종의 투자 개념인데, 외환 위기로 인한 불투명한 부동산 경기로 아파트를 구입하고자 하는 의지까지 없어지게 되기 때문에 내 집 마련은 먼 세상 이야기가 된다'라는 내용입니다. 비싸면 비싸서 못 산다고, 30% 가격이 폭락하면 시세차익이 불투명하니 구매할 수가 없다고 합니다. 논리가 어이가 없기도 하지만, 이쯤 되면 그냥 사기 싫은 거죠. 올라도 못 사고 내려도 못 사고요.

그러나 1년 만에 12.5%가 오르고 외환 위기의 여파가 수그러들면서 2001년 기점으로 아파트 가격은 엄청나게 치솟게 됩니다. 외환 위기 당시에 부동산을 구매한 사람들은 엄청난 부를 거머쥐었다는 이야기는 여러분들께서도 들어본 공공연한 사실이죠. 이 당시 분당 시범삼성한신아파트 32평형이 최저 1억 7,500만 원이었으며, 서울 강남구 대치동 청실아파트(현 래미안대치팰리스로 재건축) 31평형은 1억 7,000만 원이었습니다. 아마 이때 아파트를 구매하려다 망설이고 못 사신 분들은 아마도 일생일대의 한이 맺혀 있을 것입니다. 잠이나 오겠습니까? 그렇다면 구매하지 못한 이유는 무엇일까요? 이유는 그냥 단순합니다. 내가 산 가격보다 더 내려갈까 봐서이지요. 보통 사람의 보통 생각입니다.

자료 3-1. 아파트 가격이 30% 폭락해도 사지 않는다 (출처 : <연합뉴스>)

30년 전으로 더 거슬러 올라가면 1993년 10월 19일자 <한겨레>에서는 '집값 폭등 물려받은 천형의 세대'라는 기사 제목이 올라옵니다. 천형(天刑)이란 '하늘이 내리는 큰 벌'이라는 뜻인데요. 집(30년 전을 거슬러 올라가면 아파트보다는 일반적인 주택이 많았을 테니 아파트 대신에 '집'이라는 표현을 하겠습니다)을 사지 못한 이유가 하늘이 큰 벌을 내려서 그렇다고 합니다. 또한 기사 내용은 '회사원 월급 7년 치를 꼬박 모아야 집을 살 수 있으니 차라리 자동차를 사겠다는 사람이 많다'라는 내용입니다. 30여 년 전이나 지금이나 집을 마련하지 않는 사람들의 성향은 변함이 없습니다. 지금도 아파트 가격이 비싸다는 핑계로 외제 차부터 사서 가오 잡고 다니는 사람들이 많습니다. 1990년 2월 20일자 <연합뉴스>는 '정치 불안, 경제 실패가 물가 폭등의 주범'이라는 기사를 씁니다. '한국노총의 전국 1,591명의 근로자에게 조사했는데, 대다수 근로자가 내 집 마련이 불가능하다고 생각하거나 아예 희망조차 갖지 않고 있다고 밝혔다'라는 내용입니다.

돈 모아서 집 사는 사람도 있습니까? 집을 살 때는 자신이 감당할 수 있는 빚을 내서 구매하는 것이 보통입니다. 할부도 대출인데, 할부로 자동차 사서 가오 잡는 게 문제지, 예전 어른들 시대에는 다들 대출 내서 그렇게 집 장만했습니다. 예나 지금이나 집을 장만하지 못하는 사람은 그냥 집값 내려갈까 봐 못사는 것입니다. 1989년 4월 19일자 <동아일보>는 '집값 폭등에 서민들의 의욕 상실'이라고 썼고, 1989년 5월 16일 <한겨레>는 '치솟는 집값…내 집 꿈은 분노로'라는 기사를 게재했습니다. 1978년 1월 12일 <경향신문>은 '치솟는 서울 땅값…어려워지는 내 집 마련 1963년 이후 최고 240배로'라는 기사를 내보냈습니다. 1966년 4월 8일 <동아일보>는 '내 집 마련은 언제쯤, 집 없는 설움, 인구의 25%, 도시에는 반 이상'이라는 소제목으로 기사를 썼습니다. 1959년 6월 9일자 <조선일보>는 '마구 오르는 서울 집값, 작년 이래로 기록적 폭등'이라는 기사를 게재합니다. 어떻게 이렇게도 단 한 번도 지금은 집을 사야 할 시기라는 기사는 없고, 항상 집값이 비싸서 살 수 없다는 이야기로 도배가 되어 있습니다.

자료 3-2. 언론에서는 단 한 번도 집을 사라고 한 적이 없다 (출처 : <경향신문>)

집을 구매하기 쉬운 시기는 지난 600년간 없었다

물론 필자 같은 부동산 투자 관련 강사들이 언론사에 기고해서 쓰는 글들이 있습니다. 하지만 언론에서 솔선해 '지금은 집을 장만해도 좋은 시기'라는 기사를 쓴 것은 찾아보기 힘듭니다. 자, 또 거꾸로 계속 올라가 봅니다. 한국 전쟁 당시에도 개전 3일 만에 서울에 진입한 북한군은 한국은행 지하금고에 보관되어 있던 조선은행권을 불법적으로 대량 발행해버려서 화폐가치가 하락했습니다. 1910년 한일합방으로 조선왕조가 망한 이후 1945년 광복이 되기 전 일본은 패망 직전에 도쿄에서 황급히 돈을 엄청나게 찍어내 한국으로 공수해서 1개월 만에 기존 화폐 유통량의 2배 가까이 살포합니다. 시중 화폐 유통량이 늘어나면 화폐가치가 하락하고, 초인플레이션이 발행하면서 물가가 폭등합니다. 이에 반해 실물자산의 가격은 화폐가치 하락만큼 상승하게 됩니다. 집 또한 실물자산이니 화폐가치 하락만큼 가격은 폭등하게 됩니다. 한국 전쟁 당시에도, 일제 강점기에도 집값은 폭등했다는 이야기입니다. 현재 시점에서 대비해보면 일제 강점기까지 거슬러 가봐도 집을 사야 할 시기가 따로 있었던 것은 아닙니다. 누군지 모르지만, 그때그때 형편이 되어 실물자산인 집을 샀던 사람이 승자였습니다.

그런데 이게 끝이 아닙니다. 조선시대로 올라가 보겠습니다. <월간 ANDA> 2020년 11월호에는 '조선 선비 유만주의 집값 일기'라는 기사가 게재되어 있습니다. 조선 후기 영·정조시대 한양에 유만주라는 선비가 살았습니다. 그는 1775년부터 1787년까지 하루도 빠짐없이 적은 일기로 유명하다고 합니다. 유만주의 일기를 한번 들여다보겠습니다.

"집값을 200냥 올린 것은 참으로 본디 헤아렸던 바가 아니지만…사람으로 하여금 속이 뒤집히게 한다."(1784년 7월 27일)

예나 지금이나 매도인의 급작스러운 호가 올림은 매수인 입장에서는 속이 뒤집어지는 일입니다.

"집을 사는 일이 참 어렵다. 모두 이와 같다면 누가 집을 사려고 물어보겠는가?"(1784년 8월 6일)

너무나 비싸다고 생각하면 집을 사는 게 쉽지 않습니다. 조선시대나 지금이나 모두에게 어려운 일입니다. 어쨌거나 유만주는 명동에 2,000냥을 주고 100칸짜리 집을 구합니다. 또한, 지금의 서울 종로3가역 근처인 한성부 중부 장통방 주택의 상승률을 보면, 숙종 16년인 1690년부터 고종 8년인 1871년까지 200년간의 명목 가격이 1,600배 상승했습니다. 결론은 집을 구매하기 쉬운 시기는 지난 600년간 없었다고 보는 게 맞습니다. 고려시대를 포함해서 더 거슬러 올라가도 마찬가지 결과가 나올 것입니다. 따라서 지난 600년간 주택가격의 추이를 봤을 때 단기적으로는 부침이 있을지언정 장기적 관점에서는 앞으로 10년, 20년, 30년, 40년, 50년, 60년 계속해서 주택가격이 상승할 것인데요. 그때 가서 뭐라고 이야기하실 것입니까? '그때는 얼마 했는데 그때 샀어야 하는데'라는 회상을 하실 것인가요? 그런데 실제 미래에 그렇게 이야기할 사람들이 많을 것입니다. 대부분 아마 무주택자분들이겠지요.

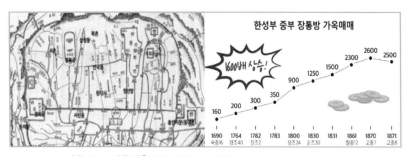

자료 3-3. 장통방은 지금의 종로 3가역 근처 (출처 : 서울지명사전)

수요와 공급은 중요합니다. 그런데 사람 마음을 어떻게 측정하나요?

말씀하신 대로 세상의 모든 재화 가격은 수요와 공급에 따라 결정된다는 것을 우리는 잘 알고 있습니다. 따라서 아파트 공급이 많은 시기에는 가격이 하락하고, 반대의 시기에는 가격이 상승하는 것이 당연한 결과일 것인데 실제는 그렇지 않습니다. 물론 공급에 따라 가격이 하락 또는 상승하는 시기도 있지만 꼭 그렇지만은 않습니다. 이렇게 되는 이유는 가격 하락과 상승의 요인이 공급에만 있지 않기 때문에 그렇습니다. 이론상 아무리 많은 공급이 있어도 그보다 많은 수요가 있다면 가격이 상승할 것이고, 아무리 적은 공급이 있어도 그보다 적은 수요가 있다면 가격은 하락할 수밖에 없습니다. 즉, 가격 흐름에 영향을 주는 요인(물론 수요와 공급 이외에도 요인은 많으나 이번 질문에서는 수요와 공급에 관해서만 이야기합니다)은 공급만이 아니라 수요도 매우 큰 영향을 미친다는 이야기입니다. 즉, 주택의 가격이 수요와 공급에 의해서 결정이 되지만, 이러한 수요와 공급은 상대적인 관계이지 절대적이지 않다는 것입니다.

언론이나 부동산 블로거들, 심지어는 정부에서까지 공급이 얼마 이상이면 초과 공급이고, 얼마 이하이면 부족한 공급이라고 이야기들을 합니다. 하지만 필자 생각에는 공급도 중요하지만 수요의 증가와 감소가 공급 이상으로 중요하다고 봅니다. 주택 공급량은 인허가 물량이나 착공해서 입주 물량을 카운팅해보면 파악할 수 있습니다. 인허가를 받고도 착공하지 않거나 착공하고 공사가 중단되어 입주까지 이어지지 못 하는 경우도 있기는 합니다. 하지만 입주 예정 단지의 물량을 파악해보면 거의 정확한 공급 물량 수치가 나옵니다. 이에 비해서 수요량은 흔들립니다. 수요자의 심리적 현상에 기인하기 때문에 절대적인 수치를 파악하기 힘듭니다. 이러한 이유로 공급은 대체로 수치까지 파악이 되지만, 수요는 파악할 수 없습니다. 소비자의 주택을 사고 싶은 마음까지 파악할 수는 없는 노릇이니까요. 이와 관련해서 수요에 관해 시중의 부동산 정보 사이트나 부동산 강사 그리고 부동산 관련 블로거들은 연간 필요 주택 수를 해당 지역 인구의 0.5%로 추산하고 있고, 국토교통부 주택공급계획에서는 수도권과 비수도권, 권역별로 나누어서 0.4~0.7%까지 차이를 두면서 주택 수요량을 추정하고 있습니다. 그런데 '이러한 수요량이 과연 정확한 수치일까?'라는 의문을 독자님들께서는 가져 보신 적이 없으신가요? 이러한 의문에 명확하게 답변할 수 있는 전문가나 전문가 그룹은 아마 없을 것입니다. 앞서도 언급했지만 수요량은 소비자들이 주택을 구매하고 싶은 크기라고 할 수 있는데, 소비자들의 주택 구매 욕구의 크기를 물리적으로 계산하는 것은 불가능합니다. 사람들의 마음이 오늘 다르고 내일 다른데 매년 똑같은 주택 구매 욕구가 생기지는 않기 때문입니다.

수요는 고무줄이다

이러한 소비자들의 마음에 관한 연구로, 오연근(2019, 국토연구 101권)의 '계획행동이론에 기반한 임차가구의 주택보유의향 분석'이라는 논문이 있습니다. 이 논문의 핵심은 주택의 수요는 해당 시기의 부동산 시장 상황에 따라서 달라진다는 것입니다. 무주택자라고 해서 무조건 집을 사려고 하는 것은 아니고, 주택 수요자의 가족 구성원, 경제력, 주택가격의 동향, 정부의 규제 또는 완화, 대내외적 경제 상황에 따라 주택의 수요가 증가할 수도 있고, 감소할 수도 있다는 내용입니다. 주택의 수요는 고정된 수치가 아니라 수요자의 인식 변화(마음 변화)에 따라 수요량이 달라진다는 것입니다. 주택의 수요는 수요자의 연령, 가구원수, 주택 보유 경험, 현재 거주 주택에 대한 만족도에 따라서 수요가 달라지고, 연령이 많고 보유 경험이 많으며, 주택가격 상승률이 높은 시기에 주택의 구매 욕구가 증가한다는 연구 결과입니다. 아울러 DTI(총부채상환비율) 비율이 낮아지면 주택 구매 욕구가 높아지는 것으로 나왔는데, 이것은 갚아야 할 대출금액이 해당 주택가격에 비해서 낮아질 경우 수요가 많아진다는 것입니다. 이러한 경우는 수입이 많아져서 대출금을 빨리 갚은 경우에 대출 잔액이 줄어들어서 나타나는 현상이지만, 보유한 주택가격이 상승해서 상대적으로 대출금 잔액이 해당 주택가격에 비해서 비율이 낮아져서 발생하기도 합니다.

정리해보면 주택의 수요량은 주택가격이 상승하는 시기에 증가한다는 결과입니다. 우리 주변이나 독자님들께서도 누가 어디 투자해서, 어떤 아파트를 사서, 어떤 분양권을 사서, 어떤 재개발 물건을 사서 돈을 벌었다고 하면 귀가 솔깃해진 경험이 있을 것입니다. '그렇다면 나도 투자해볼까?'라고 생각하게 됩니다. 들어보신 분들이 많으시겠지만, 주택가격 상승 시기에는 너도나도 아파트를 사러 가자면서 임장 버스를 타고 무리 지어서 다니면서 아파트를 쇼핑하기도 하고, 분양권은 3개, 4개 심지어는 10여 개 이상 닥치는 대로 사는 사람들이 생겨납니다. 다주택자가 늘어나는 시기도 이러한 시기죠. 없던 수요가 발생하는 것입니다. 이것은 사람이니까 당연하게 나타나는 현상입니다. 반대로 주택가격이 하락하고 있다는 기사가 언론에 도배가 되고, 이런 시기에 여러 개의 분양권을 소유했던 사람이 하필 입주할 시기가 다가오면 해결하지 못하는 일이 생깁니다. 다주택자 역시 처분하지 못하는 것은 물론, 역전세를 당하게 되면 보증금을 내어주기도 바쁩니다. 이렇게 주변에 부동산 투자로 손실을 봤다는 이야기가 들려오면 아파트를 구매하고 싶어 하던 무주택자의 마음까지도 얼어붙게 만듭니다. 가격이 비싸서 아파트를 못 산다고 생각했는데, 가격이 내려도 아파트를 구매할 마음이 사라지는 것입니다. 수요가 줄어드는 시기가 됩니다.

사람의 마음이란 간사하다

사람의 마음이란 간사(?)해서 가격이 오르면 더 오를까 봐 사고 싶어서 마음이 급해지고, 가격이 내려가면 더 떨어질까 봐 구매 욕구가 사라집니다. 없던 수요가 발생하기도 하고, 있던 수요가 사라지기도 합니다. 또한, 서울은 서울에 거주하는 사람들만 주택을 구매하는 시장이 아니라 대한민국 전 국민이 아파트를 한 채 가지고 싶어 하는 시장이고, 심지어는 전 세계에 있는 사람(교포 등 한국 주택에 관심을 가지는 사람)들이 기회만 된다면 사고 싶어 하는 시장입니다. 그러므로 단순히 서울에 거주하는 인구만 가지고 수요량을 계산해서는 현실과 전혀 다른 결과가 나타나게 됩니다. 생각하지 못한 수요량이 늘어나게 되는 것이지요. 이렇듯이 주택의 수요량은 공급처럼 딱 떨어지는 것이 아니라 상황에 따라 변화무쌍하게 달라집니다. 따라서 공급량이 수치상으로 많다고 정부나 언론에서 이야기해도 수요량이 많아지는 시기에는 공급량이 충분하다고 발표하는 시기에도 가격은 오를 수 있습니다. 반면 공급량이 적다고 해도 수요량이 그보다 더욱 줄어드는 시기에는 주택가격이 하락할 수밖에 없습니다.

만약에 공급량이 충분하지 않은 시기에 대내외적 여건으로 가격이 상승하고, 아파트를 사고 싶은 수요자의 마음이 조급해진다면 가격이 천정부지로 솟아오를 개연성은 언제든지 존재합니다. 반대로 공급량이 예년에 비해서 초과하는 물량이 시중에 나오는데 다른 요인들로 인해 주택가격이 하락하는 시기라면, 사람들의 주택 구매 욕구는 사라지고 침체의 시기가 지속될 수 있습니다. 이렇듯 주택가격을 공급과 수요의 상관관계만으로 예측하는 것은 바람직하지 않습니다. 비이성적인 사람의 마음이 어떻게 움직이는지 파악해야 하며, 이러한 사람의 마음은 주택가격이 상승하는 시기에 주택 수요량을 늘어날 수 있게 하는 요인이라는 점을 인식하셔야 합니다. 공급량은 인허가 물량 등으로 수치를 파악할 수 있지만, 주택의 수요량은 일정한 것이 아니라 갈대와 같이 흔들린다는 점을 잊으시면 안 됩니다. 따라서 주택의 수요는 사람의 마음에 따라 흔들리기 때문에 정확한 수치를 파악할 수 없습니다. 그러니 아파트 공급량이 많으면 가격이 하락하고, 적으면 오른다는 기존의 주장은 오류가 많습니다. 소비자가 주택가격이 오른다고 마음속으로 느끼면, 지금까지 없었던 수요가 소비자들의 마음속에서 활활(?) 타오를 것입니다.

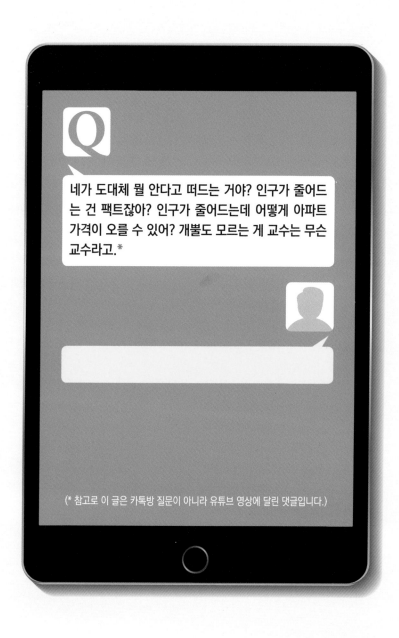

네가 도대체 뭘 안다고 떠드는 거야? 인구가 줄어드는 건 팩트잖아? 인구가 줄어드는데 어떻게 아파트 가격이 오를 수 있어? 개뿔도 모르는 게 교수는 무슨 교수라고.*

(* 참고로 이 글은 카톡방 질문이 아니라 유튜브 영상에 달린 댓글입니다.)

지난 10년간 필자가 받은 질문 중에서 빈도가 높았던 질문들이 있습니다. 그중 하나가 인구 감소가 대세인데, 이러한 인구 변화가 부동산 시장에 어떠한 영향을 주는지를 많은 분이 물어보셨습니다.

"인구가 앞으로 줄어드는데 입주 물량에 대한 수요는 왜 변화하지 않나요? 데이터에서 발표하는 수요도 줄여야 하는 것 아닌가요?"

"인구가 줄고 학령 인구, 유치원 인구, 출생 인구, 수능 인구, 대학 입학 인구, 결혼 인구 등등 총체적으로 줄어드는데 수요는 그대로인가요?"

맥락은 비슷한 질문들이지만, 핵심 키워드는 인구 감소가 부동산에 미치는 영향이죠. 이러한 질문들이 나오면 저는 항상 이렇게 답변합니다.

"팩트는 그게 아닙니다. 인구는 계속 늘어나고 있습니다. 물론 2000년대 이후부터 출생률이 줄어들어서 2030년쯤 되면 정점이 될 것입니다. 물론 자료도 정확하지 않고 추세가 그렇긴 하지만, 왜 벌써 걱정하십니까? 인구 감소는 그때 가서 걱정해도 됩니다. 지금부터 주택가격이 내려간다고 호들갑을 떠는 게 맞습니까?"

보통 이렇게 답변하면 또 댓글이나 반대 질문으로 이렇게 의견을 주십니다.

"인구통계는 출생신고 기준으로 작성하는 것 아닌가요?"

"초고령화 사회로 진입하면서 수명 예측이 잘못되어서 늘어난 것뿐 아닌가요?"

"인구 소멸 국가로 가고 있는 것은 팩트입니다."

의사소통이 안 되는 것인지, 질문하는 사람이 바뀌어서 그런지 항상 질문과 답변 그리고 댓글이 무한 루프입니다. 각자 하고 싶은 이야기만 합니다. 필자가 손가락으로 달을 가리키면, 사람들은 달은 안 보고 손가락만 봅니다. 필자가 강의 때 자주 쓰는 말인데, "7층에서 불났는데 5층에서 뛰어내리는 상황"과 같습니다. 7층에서 불이 났다면 5층에 있는 사람은 걸어서 내려와서 화재 현장을 탈출하면 되는데, 급한 마음에 상황을 파악하지 않고 5층에서 뛰어내리는 것입니다. 필자의 직업도 그렇지만, 필자 역시 대학생인 아들이 2명 있고, 아들들의 진로 등의 이유로 현 사회의 변화와 시대 흐름을 파악하려고 항상 노력하고 있습니다. 그런데 필자의 경험상으로는 어떠한 흐름을 판단할 때 너무 급진적으로 앞서갈 필요는 없다는 생각을 많이 합니다. 항상 문제가 있으면 반드시 보완이 이루어지는 방향으로 세상은 움직여서 형평을 이루고, 극단적으로 치우치지 않는다는 것입니다.

프로그래머는 미래에 없어지고, 종이도 없어진다는데

지금은 우리 생활에 너무나도 가까운 컴퓨터는 필자가 어릴 때 만들어지고, 보급되었습니다. 인터넷도 없어서 전화선으로 연결해 PC통신을 하면, 전화요금이 엄청나게 나와서 부모님께 혼나고 제대로 사용도 못 했습니다. 그러다 보니 타자 연습만 하는 컴퓨터가 그 당시 몇 달 치 월급에 해당했습니다. 아무튼 그때 당시 필자는 앞으로 컴퓨터가 세상을 바꾼다고 하니 컴퓨터 관련 직업인 프로그래머가 되어보면 어떨까 싶어 학원에 다닐까 하는 생각을 했습니다. 그런데 그때쯤 신문을 보니까 미래에는 슈퍼 컴퓨터가 만들어져서 그 슈퍼 컴퓨터가 프로그래밍을 모두 하게 될 것이고, 따라서 프로그래머는 사라질 직업이라고 하더라고요. 사실 지금도 언론에서는 미래에 사라질 직업에 관해 기사들이 자주 나오지 않습니까? 당시에도 마찬가지였고, 필자는 어린 마음에 그 언론 기사의 내용이 맞는다는 생각이 들었습니다. 그래서 잠시 생각했던 컴퓨터 프로그래머의 꿈을 과감히(?) 접었습니다. 그런데 나중에 얼마나 후회했는지 모릅니다. 요즘은 능력에 따라 다르겠지만, 프로그램 개발자의 몸값이 상당합니다. 전 세계적으로 IT 산업 영향력이 대단하다는 것을 여러분들도 잘 알고 계실 것입니다.

또 한 가지 기억에서 지울 수 없는 에피소드가 있습니다. 필자가 어릴 때 컴퓨터의 발달로 인류 최대의 발명품인 종이가 사라질 것이라고 언론에서 기사들이 많이 나왔습니다. 그런데 오히려 컴퓨터가 발달하니 할 수 있는 일들이 더 다양해지고, 기록과 보안을 이유로 오히려 종이 사용량이 더욱 늘었습니다. 필자보다 연배가 높으신 어르신들도 많이 계시겠지만, 필자가 세상을 살아 보니 대다수 사람이 생각하는 예측대로 흘러가지 않는 것도 많이 있다는 것을 알게 되었습니다. 예측이 틀리는 경우가 너무나 많다는 것이죠. 필자는 인구 문제도 이와 마찬가지라고 생각합니다. 이렇게 인구가 감소하는 상황이 지속된다면 정부에서 마냥 그렇게 인구가 소멸하도록 내버려둘 것 같으신가요? 필자는 그렇지 않을 것으로 생각합니다. 근래 우리나라 정부의 이민청 개청에 대한 의견도 그렇고, 어떠한 정책을 펼치든지 어떤 수단과 방법을 강구해서라도 인구를 유지하려고 노력할 것입니다.

참고로 캐나다는 이민자의 나라입니다. 백인 우월주의에 따라 아시아인 이민자를 입국 제한하기도 했지요. 하지만 결국 인구를 늘리기 위해서 인종과 관계없이 캐나다 노동 시장에 대한 기여도만을 평가하는 '이민 심사 점수제'를 도입하고, 적극적인 이민 장려 정책의 효과를 보기 시작했습니다. 1967년 2,000만 명이었던 인구는 1998년 3,000만 명, 2023년 6월에는 4,000만 명을 돌파했습니다. 1960년에 12만 명으로 캐나다 전체 인구의 0.7%에 불과했던 아시아인이 2016년에는 600만 명으로 늘어나 전체 인구의 16%를 차지하게 되었습니다(밴쿠버 <조선일보> 참조). 캐나다 통계청에 따르면, 특히 지난 2022년 한 해 동안 115만 명의 인구가 늘었는데, 이 중에서 이민으로 98%의 인구가 증가했다고 합니다. 아울러 캐나다 정부는 매년 50만 명 이상의 이민자를 받겠다고 합니다. 캐나다 정부가 지정한 직종에서 1~2년간의 취업 경력만 있으면 영주권을 부여하는 등 적극적인 이민 장려 정책을 펴고 있습니다. 우리나라도 이와 같은 정책을 추진하기 위해서 이민청 개청을 추진하고 있으며, 정부의 추진 의지로 볼 때 가능할 것으로 보고 있습니다. 만약에 이민청이 개청되어 이민이 활성화된다면 우리나라의 인구 유지나 증가가 안 될 이유도 없고, 인구 때문에 아파트 가격이 폭락할 가능성은 없다고 봅니다.

J 중앙일보 PiCK · A30면 1단 · 2022.08.10. · 네이버뉴스

[김동호의 시시각각] 한동훈의 솜씨 보여줄 이민청 설립

김대중·노무현 정부도 **이민청** 신설을 추진하다 반대 여론에 밀려 지레 접었던 적이 있다. 이제는 누가 반대하랴. 한국에 오고 싶어 하는 외국인이 최소한의 기준에 부합한다면 한국인으로 받아들여야 한다. **한동훈** 장관...

부산일보 PiCK · 20면 TOP · 2023.06.14. · 네이버뉴스

[논설위원의 시선] 쪼그라드는 인구, 공론화하는 이민

■**인구** 전환기 컨트롤타워 필요 **이민** 문제가 점차 **공론화하는** 것과 맞물려 정부 차원에서도 향후 **인구** 정책과 관련한 큰 그림을 그려야 할 시기라는 목소리가 작지 않다. **인구** 감소와 저성장의 장애물을 넘기 위해 제기...

문화뉴스 · 2023.08.17.

원다문화센터, '미래사회와 다문화인의 역할' 주제로 세미나 개최

사진= 원다문화센터, **'미래사회와 다문화인의 역할'** 주제로 세미나 개최 / 원다문화센터 제공 원다문화센터가 18일 **'미래사회와 다문화인의 역할'**을 주제의 5차 세미나'를 진행한다고 17일 밝혔다. 이날 5차 세미나는 서울...

자료 3-4. 정부의 이민청 관련 언론 기사 (출처 : 네이버 뉴스)

필자는 오히려 인구 집중은 더욱 심화될 것으로 보고 있는데요. 요즘도 각종 정부 산하 연구원이나 민간 연구원에서도 보고서가 발표되고 있지만, 인구가 감소하더라도 수도권 특히나 서울 쪽으로 편의시설이 집중되고, 누구나 살고 싶어 하는 곳의 부동산 가격은 올라갈 수밖에 없다고 생각합니다. 설령 인구가 감소한다고 하더라도 지방의 시골보다는 수도권으로, 그중에서도 편안한 생활을 할 수 있는 서울로 인구가 몰려들 것으로 봅니다. 그런데 아파트 폭락을 바라는 사람들은 자기 생각만 밀어붙입니다. 최소한 '대한민국 전체의 부동산 가격이 내리는가? 아니면 종목마다 다르지는 않을까? 남아 있는 인구가 집중되는 아파트 가격은 어떨까? 정부에서 인구가 감소하도록 정말로 내버려둘까? 수도권과 지방에서 시골과 같은 현상이 일어날까?' 등 여러 가지 생각의 확장은 아예 하지 않습니다.

이름을 밝힐 수는 없지만, 유튜브에 모 경제 연구소에서 주최하는 세미나에서 발표가 있었는데요. 지금도 찾아보시면 있습니다. 2014년에 동영상이 올라왔는데, 그 세미나에서 발표를 한 분의 직업이 의사이신데, 서울 아파트 가격이 거품이라면서 너무 비싸다고 말했습니다. 여러 가지 근거를 제시하면서 비싸니 사지 말라고 했습니다. 의사라는 직업을 가지려면 보통 공부해서는 되지 않는 매우 우수한 머리를 가지고 있어야 합니다. 그러니 그분의 논리는 대부분 사람이 맞는다고 인정할 것입니다. 그런데 그 논리적 근거가 무엇이냐면, 아파트도 부동산이니 상가처럼 수익률로 아파트 가격을 환산해야 하고, 월세를 환산해보면 수익성이 현재의 가격 수준보다 너무 높다는 논리였습니다. 그래서 서울 아파트, 특히 강남의 아파트는 저렇게 높아서는 안 되는 가격인데 잘못된 것이니 사면 안 된다고 주장했습니다. 나아가 반드시 가격은 하락할 거라고 말했습니다. 만약 앞서 이야기했던 인구 감소로 인한 부동산 가격 하락에 동의하는 분들은 이러한 영상을 보는 순간, 발표자의 주장은 본인 생각을 뒷받침하는 확실한 논거라면서 매우 좋아할 것입니다. 물론 전세금을 올려주더라도 전세를 살면 살았지, 서울 아파트는 죽어도 사지 않을 것입니다. 언젠가는 아파트 가격이 내릴 것이라는 확신 때문입니다. 그것은 마치 필자가 어릴 때 미래에는 컴퓨터 프로그래머가 사라질 것이고, 종이가 없어질 것이라는 신문 기사에 속았던 것처럼 말이죠. 그 강남 아파트 가격이 거품이고, 하락할 것이라는 영상의 댓글에는 동의하는 사람들이 대부분이었습니다. 아마 그렇게 찬성하고 동조하는 댓글을 단 사람들은 당연히 집을 사지 않았을 것이고, 가지고 있던 강남 집도 팔았을 것입니다.

그런데 여러분도 알다시피 그 영상이 올라온 이후 2015년부터 서울 아파트 가격은 상승해서 급기야 폭등까지 하게 됩니다. 그러니까 그 의사분 한 명의 조언을 듣고, 그분 말이 맞는다고 생각한 사람들은 그 의사분의 조언으로 집값 하락에 포커스를 맞추게 되고, 게다가 폭락론자에게는 상당한 근거를 제시해주는 계기가 됩니다. 그런데 그 영상에서 주장한 핵심은 강남 아파트는 현재 수익률이 떨어지기 때문에 가격이 거품이고, 앞으로 가격은 하락할 수밖에 없다는 것인데, 이러한 주장이 잘못된 이유는 아파트는 수익형 부동산이 아니라는 것입니다. 부동산을 분류하는 방법 중 현금흐름을 기준으로, 수익형 부동산과 차익형 부동산으로 나눌 수 있습니다. 수익형 부동산은 수익률로 가치를 환산하는 것으로, 매월 월세 수입이 발생하는 상가, 오피스텔, 원룸, 도시형 생활주택 등 집주인 입장에서는 매달 월세 수입이 발생하는 부동산을 이야기합니다. 이에 반해서 아파트는 차익형 부동산으로 해당 부동산 자체에서 나오는 월수입은 없는 경우가 많습니다. 하지만 오랜 보유기간이 지나면 본인도 모르는 사이 가격이 올라 있는 부동산을 말합니다. 물론 가격이 오르지 못하는 부동산(이것은 해당 부동산의 입지나 개별 상품성 때문입니다. 이 내용은 다른 파트에서 설명 드립니다)도 분명히 있습니다. 그러한 아파트 가격은 단순하게 이렇게 수입이 있고, 저렇게 비용이 들었으니 월수입을 은행의 이자율로 계산하면 이 정도의 가격이 합당하다는 식으로 계산할 수 있는 부동산이 아닙니다.

필자를 포함해 많은 부동산 강사들이 유튜브로 강의하고 있습니다. 필자 역시 강사이기 때문에 유튜브로 필요한 영상들을 올리고 있습니다. 필자의 영상을 많이 보신 분들은 이미 알고 계시겠지만, 부동산 투자 관련 강사이면서도 웬만한 부동산 투자 종목들은 전부 투자하지 말라고 합니다. 그런데 하지 말라는 말의 진정한 의미는 '모르고는 하지 마라'라는 의미입니다. 부동산이라는 것이 인플레이션을 헷지하는 좋은 실물자산이기는 하지만, 무조건 수익을 볼 수 있다는 생각에 벌 때처럼 달려들어서 아무거나 사게 되면 100% 사기꾼들에게 당하게 됩니다. 필자가 부동산 박사를 취득하고 도시계획기술사를 합격해서 대학교에 출강도 나가다 보니 수강생들이나 주변 사람들이 "부동산은 다 같은 부동산이 아니냐? 오르면 다 같이 오르는 게 아니냐?" 이런 질문을 많이 했습니다. 그리고 토지를 판매하는 기획 부동산 회사는 물론, 지역 주택조합, 생활형 숙박시설, 오피스텔, 아파텔, 분양형 호텔 등 수강생들이나 지인들에게 투자금을 유치해서 날려버리고 사기죄로 구속되는 관련자들이 많습니다. 이러한 이야기를 너무 많이 듣다 보니까 누구 하나 나와서 공익적 차원에서라도 이 문제들을 전파해 사람들에게 도움을 주는 것이 필요하다고 생각했습니다. 그래서 그러한 의미에서 후랭이TV에서 '토지 하지 마'를 찍은 것이었습니다. 핵심은 토지 투자를 무조건 하지 말라는 것이 아니고, 사전에 공부하지 않고 모르는 상태에서는 투자하지 말라는 것이었죠. 그런데 그 밑에 댓글로 사람들이 욕을 하고, "네가 뭔데 토지 투자하지 말라고 하는 거냐? 토지로 돈 번 사람들 많다"라고 달렸습니다. 아마 모르긴 몰라도 댓글 쓴 사람은 기획 부동산 회사 직원일 것 같다는 생각이 듭니다. 물론 토지 투자해서 돈 번 사람들도 많습니다. 그런데 토지 투자해서 힘들어하는 사람이 더욱 많습니다. 사람들은 자기가 보고 싶은 것만 보고, 듣고 싶은 것만 듣고 싶어 합니다. 그래서 본인이 앞으로 아파트 가격이 내릴 것으로 생각하면, 그 사람의 모든 행동이 '아파트를 사면 안 된다'라는 방향으로 진행됩니다. 유튜브에서 폭락론자나 자유 시장을 부정하는 사람들이 나와서 인구가 감소해서 부동산 가격이 내린다는 이야기를 듣는 순간, 그 말은 본인에게 둘도 없는 진리가 됩니다. 그렇게 영상 하나 잘못 걸리면 인생 나락으로 갑니다.

아파트 가격은 숫자가 아니라 가오로 나타난다

    수학적 계산으로 보면 이것은 '정량적(定量的)'이라고 하는데, 해당 아파트의 땅값과 인허가비, 건축비가 이만큼 들어갔으니 이 아파트는 가격이 이 비용만큼의 크기라고 단정할 수 있는 상품이 아니라는 뜻입니다. 이렇게 수학적으로 계산이 가능한 원가도 있지만, 수학적으로 계산하지 못하는 요인들이 있다는 말입니다. 예를 들어 경기도에 거주하고 계시는 분들을 깎아내리는 것은 아니지만, 경기도 분들의 다수가 어디에 사냐고 물으면 서울에 산다고 말을 합니다. 그게 나쁘다는 게 아니고, 그분들 마음에는 '나 돈 벌면 서울로 들어갈 거야'라는 의미가 내포되어 있습니다. 강남 아파트 가격에는 해당 아파트에서 벌어들이는 수입이나 보유하기 위해서 투입되는 비용으로만 계산할 수 없는 집주인의 심리적 요인도 포함되어 있습니다. 한강 조망이 내려다보이는 강남 아파트, 특히 누구나 살고 싶어 하는 아파트에 살고 있다는 아파트 주인의 '나 강남에 살아~~' 자부심은 수학적으로 계산이 안 됩니다. 이러한 사람의 속마음을 수학적으로 계산해서 가격을 측정하려는 시도 자체가 잘못된 접근 방법입니다. 그렇다면 이러한 가격 차이는 어떻게 설명할 수 있을까요? 그것은 그때그때 얼마나 많은 사람이 그 강남 아파트에 들어가고 싶어 하느냐에 따라 가격이 달라질 것입니다. 거래되고 있는 그 가격이 바로 그 당시에 사람들이 부여하는 그 강남 아파트의 가격입니다. 이것을 부정하는 것은 잘생긴 미남, 미녀에게 내가 볼 때는 너는 한 인간에 불과하고, 잘생기고 예쁜 것은 별 의미가 없다고 말하는 것과 어쩌면 같은 뜻이라고 볼 수도 있습니다.

    또 이러한 사람들과는 정반대로 이제 막 투자해볼까 하는 초보 투자자들이나 무주택으로 아파트 가격이 오르는 것을 쳐다만 보면서 투자 기회를 노리는 사람들이 있다고 합시다. 이들은 인플레이션에 대한 헷지 수단으로서의 부동산, 투자의 본질 이야기를 듣게 되면 투자를 떠나서 가족들이 거주할 내 집 한 채 정도는 사야겠다고 생각하고, 온통 내 집 마련에 모든 포커스를 맞출 것입니다. '내가 이때까지 일만 죽어라 하고 열심히 했지만, 전셋집을 면하지 못하고 있구나. 아, 내가 그때 집을 살 수 있을 때 사는 게 맞았구나'라는 생각을 하시는 분들이 있습니다. 그리고 본인뿐만 아니라 친구, 가족, 동료 등 주변의 지인 중 한두 명이 집을 사서, 또는 부동산으로 자산 소득을 늘린 사람의 이야기를 듣는 순간 마음이 급해집니다. 모두가 처음에는 배가 아프고, 저거 투기꾼이네 뭐네 하겠지만 점점, 한편으로는 나는 왜 이렇게 살고 있지 하는 생각을 하게 되면서 부동산 투자를 긍정적으로 생각하게 되고, 부동산 투자의 세계로 진입하게 됩니다. 그런데 이런 분들은 대부분 사전에 충분한 공부 없이 투자를 먼저 실행하고, 잘못된 물건에 투자해서 실패하는 경우가 많다는 문제가 있습니다. 폭락해야 한다는 사람들과 달리 장기적으로 부동산 가격이 상승할 것이라는 믿음을 가지게 되었지만, 디테일하게 어떤 부동산에 투자해야 하는지를 몰라서 실패하게 됩니다. 이 또한 문제죠. 이러한 부분은 지나간 일은 수업료라고 생각하고, 방향성을 수정하면 다시 기회가 생깁니다. 문제는 폭락을 바라면서 내 집 마련조차도 시도하지 않는 사람들이 더욱 큰 문제입니다.

개○○ 같은 집주인, 지나고 보면 은인이다

드라마에서나 어른들 말씀 중에서 이런 이야기를 들어보셨을 것입니다. 예전에 전셋집에 살 때 집주인이 너무 핍박을 주고 괄시해서 나중에 집을 꼭 사고 말 거라고 마음을 먹고 결국 집을 샀다고요. 그러면 그 집주인은 은인일까요? 아닐까요? 필자가 봤을 때는 인생 최대의 은인입니다. 부모님도 내 집 마련하라고 조언하지 않았는데, 나를 괄시하던 집주인은 간접적으로 집을 사라는 조언을 해준 것이나 다름없습니다. 한마디의 조언이 그 사람의 인생을 확 바꾸는 계기가 됩니다. 그 조언을 주는 사람이 어떤 말을 하느냐에 따라서 듣는 사람의 인생이 바뀝니다. 물론 그 조언을 잘 이해하고 받아들이는 사람의 인생이 긍정적으로 바뀌겠지요.

마찬가지로 필자가 앞서 인구가 줄어드는 것을 단순하게 수학적으로만 볼 게 아니라고 말씀드렸습니다. 앵무새처럼 신문 기사에서 폭락론을 펼치는 사람들이 주장하는 것을 그대로 받아들여서 앞으로 인구가 줄어들 거니까 집값은 내릴 거야라고 정말 단순하게 받아들인다면, 이분은 그냥 인생을 그렇게 살아야 하는 거죠. 그런데 아닐 수도 있고, 그게 전부가 아니라고 생각하면서 설령 인구가 줄어들더라도 인구가 집중되는 곳, 누구나 살고 싶어 하는 곳에서는 부동산 가격이 더욱 오를 수도 있다는 생각도 해보는 것이 좋습니다. 오히려 대내외적 경제 상황이 좋지 않아서 정부 정책과 대출 금리 때문에 가격이 하락할 때 오히려 기회라고 생각하고, 잠자리 편한 내 집 한 채 장만해야겠다고 받아들여야 인생에 발전이 있습니다. 아니면 내가 돈이 없다면, '자산을 늘리기 위해서 열심히 일하고 종잣돈을 모아서 내 집을 마련해야겠구나. 돈 모아서 투자해야겠구나' 하고 생각해야 할 것입니다. 이렇게 이야기하면 월급만 모아서 언제 집을 사냐고 합니다. 월급만 수입이 아닙니다. 돈 모으는 방법부터 연구해야지요. 다들 그렇게 살아왔습니다. 어디서 돈이 뚝딱 만들어진 것이 아닙니다. 다들 고생하는 시간을 보내고, 돈 모으는 시간을 보내서 내 집 마련을 합니다. 주변 사람 한마디의 조언이 그 사람의 인생을 확 바꾼다는 것처럼 그 말을 어떻게 받아들이느냐에 따라서 긍정적인 삶과 부정적인 삶으로 바뀝니다. 이 글을 읽고 있는 당신은 어느 쪽인가요?

신혼집 마련을 위해 열심히 부동산을 공부하고 있습니다. 교수님께서는 갭 투자를 하지 말라고 자주 말씀하시는데요. 갭이 작고 투자금이 적게 들어가는 매물이 왜 결과적으로 큰 실수일까요? 매매가격과 전세가격의 상관관계에 대해 알고 싶습니다. 자본이 적은 부린이라 몰라서 물어봅니다. 바보 같은 질문이라도 양해 부탁드립니다.

질문하신 내용은 바보 같은 질문이 아닙니다. 많이들 물어보시는 질문입니다. 답변을 드리면 갭 투자를 무조건 하지 말라는 뜻이 아닙니다. 갭 투자를 해야 할 시기가 지금은 아니라는 말씀을 드리는 것인데, 같은 질문을 하시는 분들이 오해하셔서 그렇습니다. 갭 투자는 기본적으로 전세 레버리지를 활용해서 전세금액과 매매금액의 갭만큼만 투자를 할 수 있어서 상대적으로 적은 자본으로 투자를 할 수 있기 때문에 질문 주신 분들처럼 적은 자본을 가지고, 투자를 하시려는 분들에게 항상 관심을 받는 투자 방법입니다. 이러한 이유 때문에 많은 분이 갭 투자에 대해서 질문을 하시지만, 필자는 그때마다 하지 말라고 합니다. 갭 투자를 하려면 시기가 중요합니다.

예를 들어 서울의 경우에는 2013년 매매가격이 바닥이었을 때, 전국적으로 지역마다 가격이 오르지 않았던 시절에 전국의 도시들에 돌아가면서 갭 투자를 할 수 있었던 시기가 있었지만, 현재는 그렇지 못한 상황입니다. 2008년부터 대전, 부산, 대구, 광주, 울산 등이 번갈아가면서 시차를 두고 오르고 내리는 시기가 있었습니다. 전체적인 부동산 시장 흐름, 즉 평균적인 수치는 장기적으로 점점 오르지만 어디까지나 전국 평균이 그렇습니다. 세부적으로 보면 각 지역이 동시에 오르고 내리는 것이 아니라, 각각 시간적인 차이를 두고 오르고 내리는 디커플링 부동산 시장의 흐름이 이어져 왔습니다.

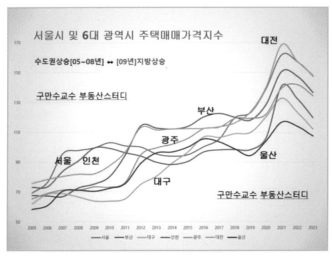

자료 3-5. 서울특별시 및 6대 광역시 주택매매가격지수 (출처 : 필자 작성)

　　자료 3-5를 보시면 2005년에는 서울, 인천이 올랐지만 대전, 부산 등 지방은 오르지 못했습니다. 그러다가 2008년에 부산, 2009년에 대전이 오르고, 2010년에 대구, 2011년에 광주, 울산이 오르기 시작했습니다. 반대로 하락할 때도 인천은 2009년, 서울은 2010년부터 떨어지기 시작합니다. 2013년까지 서울, 인천은 계속 매매가격이 하락하지만, 반대로 광주, 울산, 대구는 계속 가격이 오릅니다. 이렇듯 지역마다 부동산 시장의 흐름이 다르게 움직였습니다. 어디는 오르지만, 어디는 내리고 하면서 시장이 개별적으로 움직였습니다. 그런데 2020년 코로나가 창궐하면서 전 세계적으로 돈이 풀리고, 우리나라도 관련 지원금을 뿌리고 시중에 많은 돈이 풀리면서 동시에 전국 아파트 가격이 전부 상승하는 상황이 되었습니다. 그러다 보니 매매가격은 천정부지로 치솟았고, 상대적으로 전세가격의 오름세는 매매가격을 따라가지 못하면서 전세가격과 매매가격의 갭은 매우 벌어지는 상황이 되었습니다. 대한민국 전역이 같은 상황이 되었습니다. 통상적으로 부동산 시장은 도시마다 개별적으로 움직이는 것이 일반적이었는데, 2020년부터는 전국

대부분 도시의 아파트 가격이 모두 오르는 상황이 발생했습니다. 물론, 우리가 자본이 적으면 갭 투자를 하고, 할 수도 있습니다. 상승장에서는 갭 투자를 하게 되면 매우 효율적인 투자 방법이 될 수도 있습니다. 특히나 자료 3-5에서 보시는 바와 같이 대전의 경우, 2012년부터 2017년까지 오르지도 내리지도 않는 시기가 6년 정도 이어져 왔습니다. 그러다 2017년부터 조금씩 상승하기 시작했는데요. 2016년, 2017년에는 대전 서구 둔산동 크로바 아파트의 경우, 전세가격과 매매가격이 거의 붙어버려서 전세 보증금을 안고 3,000만 원이면 갭 투자를 할 수 있었던 시기도 있었습니다. 이러한 시기가 바로 갭 투자를 해도 되는 시기라고 할 수 있습니다. 그런데 지금은 갭 투자의 시기가 아니라는 것입니다.

전세가격이 올라서인지, 매매가격이 떨어져서인지 구분할 줄 알아야 한다

지금은 전반적으로 갭이 매우 많이 벌어져 있습니다. 특히나 입지가 좋은 아파트의 경우에는 전세가격과 매매가격이 상당하게 벌어져 있습니다. 그런데 갭 투자를 하려고 하는 사람들은 우선 전세가격과 매매가격의 차이가 없는 아파트를 찾게 됩니다. 돈이 부족하니까 갭이 작은 곳으로 찾아갑니다. 갭이 붙어 있는 곳을 찾아서 투자하게 되는데, 갭이 작은 곳은 입지가 좋지 못한 아파트입니다. 입지가 좋은 아파트는 갭이 벌어져 있어서 투자금이 많이 들고, 반대로 입지가 좋지 않은 동네의 좋지 않은 물건은 갭이 붙어 있습니다. 입지가 좋은 물건은 갭 투자하기에 너무 많은 돈이 투입되고, 따라서 입지가 좋지 못한 물건을 사게 됩니다. 따라서 투자하면 안 되는 물건을 투자하게 되는 실수를 하게 됩니다. 이것이 갭 투자를 하지 말라는 첫 번째 이유입니다.

갭 투자를 하지 말아야 하는 두 번째 이유는 현재 갭 투자 환경이 매우 좋지 않다는 것입니다. 여기서 정부의 부동산 정책이라는 것이 매우 중요한데요. 예전에 갭 투자하기 좋은 환경에서는 투자자가 아파트를 10채를 사든지, 20채를 사든지 정부에서 아무런 규제가 없었습니다. 공실이 나더라도 높은 비율로 대출을 잘해주었기 때문에 전세 보증금을 돌려주는 데 어렵지 않았고, 보유기간이 1년만 지나면 10채를 보유하든, 20채를 보유하든 양도소득세는 일반과세율로 내면 되었습니다. 양도소득세 중과세가 없었습니다. 취득세 역시 수십 채를 사더라도 차이가 없고 같았습니다. 이렇게 부동산 관련 정책들이 갭 투자를 하기 좋도록 받쳐 주는 시기에는 갭 투자를 해도 됩니다만, 현재는 어떻습니까? 대출도 잘 안 해주고, 양도소득세도 중과(이 책을 집필하는 지금은 잠시 유예하고 있지만요)되고, 취득세도 주택 보유에 따라서 중과됩니다. 투자하기 매우 어려운 정책 환경이라는 것입니다. 설령 여러 채가 아니라 단 한 채만 갭 투자를 한다고 하더라도 앞서 이야기한 것처럼 입지가 좋은 아파트는 갭이 너무 벌어져 있어서 투자 자금이 많이 들어가므로 사실상 갭 투자의 의미가 무색해집니다.

갭 투자를 하려면 입지 좋은 아파트가 투자 대상이 되어야 하고, 이러한 입지 좋은 아파트가 매매가격은 오르지 못하고 지속해서 전세가격이 오르는 시기가 몇 년이 계속되어서 전세가격과 매매가격이 차이가 별로 나지 않는 시기가 와야 합니다. 그런데 지금은 그러한 물건들이 거의 없습니다. 그러므로 현재는 갭 투자의 시기가 아니라는 뜻입니다. 아울러 부동산 관련 정책도 갭 투자를 하기 좋은 환경이 되어야 합니다. 그런 시기가 언제 올지는 모르겠지만, 그 시기가 온다면 그때 갭 투자를 하는 게 옳습니다. 정리하면 투자금이 적어서 갭 투자를 하겠다면 어쩔 수 없기는 하지만, 갭 투자를 하는 시기는 따로 있습니다. 지금은 그 시기가 아닙니다. 그래서 갭 투자를 하지 말라는 것입니다. 지금 갭 투자를 하게 되면 투자하면 안 되는 입지가 좋지 않고, 개별 상품성이 좋지 않은 아파트를 살 수밖에 없어서 실패가 눈에 보이는 투자를 하게 됩니다. 갭 투자를 하기 좋은 투자 환경이 오면 그때 갭 투자를 하시면 됩니다.

Q

2008년에 결혼해 신혼집을 전세로 들어갔습니다. 부동산 중개사무소 사장님이 전세금에 대출이 없는 것을 보고, 전세금액과 매매금액 차이가 3,000만 원이라며 강력히 매수를 권하셨습니다. 하지만 한사코 거절하고 그 후 가격이 오르길래 2010년 외곽에 아파트를 매수했으나 가격이 내렸습니다. 그래서 몇 년 후 부동산 중개사무소에서 집을 팔지 않겠느냐고 전화가 와서 가격이 회복했길래 쾌재를 부르고 홀라당 팔고, 다시는 집을 사지 않을 것이라며 대출 몇천만 원을 더 내서 다시 전세로 갔습니다. 그런데 집을 팔고 보니 상승했습니다. 그 후로 트라우마가 생겨 집을 사지 못했는데 집값은 계속 올랐습니다. 그래서 대안으로 시골 땅을 샀는데 시세가 변동이 없습니다. 이렇게 엇박자로만 집을 사고팔았는데, 아파트 가격이 언제 오르고 언제 내리는지 알 방법은 없을까요?

질문을 보니 제 마음도 아픕니다. 그런데 대부분 사람이 말을 제대로 안 해서 그렇지, 이러한 형태로 집을 사고팝니다. 오르기 전에 사고 내리기 전에 팔 수만 있다면야 더없이 좋겠지요. 하지만 필자를 포함한 부동산 투자 전문가라는 사람들도 부동산 흐름을 제대로 읽어내지 못하는 것이 현실인데, 하물며 일반인들이야 오죽하겠습니까? 앞서 여러 차례 이야기했지만, 조선시대부터 지난 600년간 주택가격 흐름을 보면 꾸준하게 가격이 올랐습니다. 서울 사대문 안이라는 입지의 차이는 있지만, 이러한 부동산 가격의 상승은 시중 통화량의 증가와 그로 인한 인플레이션의 상승으로 실물자산 가격이 꾸준하게 상승한다는 사실에 기인합니다. 실물자산 중 한 가지인 주택은 우리 삶에 없어서는 안 되는 요소로서 필수재입니다. 실물자산 중에서도 반드시 있어야 하는 필수재는 인플레이션 상승률보다 더 높은 상승률을 기록하는 경우가 많습니다.

물론 대형 경제 위기가 발생할 때마다 가격이 하락하는 경우도 있지만, 경제 위기가 발생하는 때는 실질적으로 국가성장률도 감소하기 때문에 단기간의 주택가격 하락은 불가피한 현상입니다. 하지만 어려운 시기를 벗어나는 순간, 필수재인 주택의 경우 다른 실물자산에 비해서 가격 상승률이 높아지는 것을 우리는 실제로 경험했습니다. 결국 시간이 해결해준다는 것인데, 중간중간 하락기나 침체기를 경험하게 되면 부동산 시장 흐름을 공부하지 않으신 분들은 남들이 살 때 나도 사야겠다고 해서 고점에서 사고, 내가 사면 가격이 내리는 경험을 하게 됩니다. 그렇게 하락기와 침체기를 거쳤다가 내가 산 가격이 회복되는 순간, 홀라당 팔아버립니다. 사실 오랜 하락기와 침체기를 거쳤다는 것은 이제부터 가격이 상승한다는 신호인데, 가격이 회복하는 순간에 팔아버리는 실수를 하게 됩니다. 나중에 실수였다는 것을 깨닫고 아쉬워하다가 다른 사람들이 아파트를 사서 돈 벌었다는 소리가 들려오면 또 삽니다. 이렇게 사고팔고 두어 차례 하게 되면 20여 년의 세월이 그냥 흘러버리고, 중년 또는 노년을 맞이하게 됩니다. 차라리 사고팔고 하지 말고, 그냥 입지 좋은 아파트를 하나 사서 20년간 장기 보유했으면, 따뜻한 중년과 노년을 맞이하지 않았을까요?

인플레이션에 베팅하라

의식주는 사람이 살아가는 데 있어서 기본적으로 필요한 3가지 요소를 말합니다. 휴식을 취하고 에너지를 충전하는 공간으로서 주거공간은 원시시대에는 동굴 같은 천연 공간이어서 재산으로서의 가치는 없었습니다. 하지만 시간이 흐르면서 단순히 생활 공간을 넘어 개성을 표시하거나 사회적 지위를 나타낼 수 있는 사치재나 위풍재의 성격까지 가지게 됩니다. 오늘날 주택은 단순히 주거를 위한 물리적 공간이 아니라 그 사람의 경제적 수준까지도 표현해주며, 사회적 가치까지 나타내주는 복합적 재화가 되었습니다. 거슬러 올라가 보면 사실 조선시대의 주택 개념은 일부 상류계층이나 성공한 상업계층을 제외하고는 주택다운 주택이 없었다고 보는 게 맞습니다. 그런데도 불구하고, 사대문 안에는 주택가격이 비싸서 살기 힘들다는 문헌이 오늘날에도 전해져 오고 있습니다. 시간이 지나 실질적으로 주택다운 주택이 주거공간으로 자리하고, 주택이 부동산 가치로 대접받기 시작한 것은 한국 전쟁 이후부터입니다. 물론 일제 강점기에도 주택은 실물자산으로 거래되었지만, 농경사회가 기본이었던 우리나라에서는 주택보다는 농사를 지을 수 있는 토지가 부의 상징이었다고 볼 수 있습니다.

주택이 본격적으로 자산으로서의 사회적 가치를 나타내주기 시작한 시기는 한국 전쟁 후 대대적인 물리적인 복구를 하기 시작하고, 경제발전을 위해서 대한민국 국토를 본격적으로 개발하기 시작한 시기와 궤를 같이 합니다. 1960년대에 도로법(1962. 1. 1)이 만들어지고, 도시계획법(1962. 1. 20), 건축법(1962. 1. 20)이 제정되면서 도시 개발과 건축물의 건축이 이전과 달리 체계적으로 이루어지게 됩니다. 1960년대 이후부터 오늘날까지 60여 년 이상 시간이 흘렀는데, 이 기간에 국내총생산, 경제 성장률, 통화량, 가처분소득, 물가, 부동산 시가총액 등 모든 부분에서 비약적으로 발전했고 수치도 올랐습니다. 국내총생산의 경우 1997년 542조 원에서 1998년 537조 2,000억 원으로 단 한 차례 하락을 제외하고 꾸준하게 상승했습니다. 1998년에 우리나라는 외환 유동성 위기에 빠져서 외환 보유고가 바닥나고, 충격을 극복할 수 없을 정도로 단기간에 기업의 파산과 부도, 대량 실직이 일어났습니다. 1998년 한 해에만 서울의 주택가격이 -14.6%나 폭락했습니다. 그러나 1999년에 12.5%, 2001년에 19.33%, 2002년에 30.79%로 폭등했습니다. 1998년에 폭락한 주택가격보다 이후 단기간에 몇 배나 높은 상승률을 보여주었습니다. 이렇게 감당하기 힘든 경제 위기가 와도 빠른 회복력을 보인 것이 우리나라의 주택가격입니다.

이 외에도 주택가격의 하락기와 침체기가 있었지만, 장기적인 측면에서 보면 평균적으로는 지속적인 상승을 해왔습니다. 물론 60년간의 장기 주택가격 추이의 그래프를 보면 상승과 하락을 반복하지만, 저점을 지속적으로 높이면서 평균 상승을 계속해서 보여주고 있습니다. 앞으로도 평균가격보다 오르락내리락하면서 사람들의 마음을 기쁘게도 힘들게도 하겠지만, 어쨌든 장기적으로 보면 주택가격은 지속적인 상승이 이어질 것입니다. 이러한 이유의 핵심은 시중의 통화량이 지속해서 팽창하기 때문입니다. 통화량의 팽창은 인플레이션을 유발하고, 인플레이션은 실물자산의 가격 상승을 이끌게 됩니다. 그렇다면 "통화량이 축소되는 시기도 있지 않느냐? 그러면 주택의 가격도 내리는 것 아니냐?"라고 반문하실 수 있습니다. 맞습니다. 그러한 시기에 실물자산의 가격은 하락합니다. 현금이 귀한 시기라고 하겠습니다. 앞의 1998년 외환 유동성 위기, 2007년 서브프라임 모기지 사태, 2022년 미국 중앙은행의 급격한 기준금리 인상 등의 시기가 그러합니다. 하지만 역사적인 데이터나 경험상 이러한 통화량 축소 시기는 단기간이며, 결국 부동산 시장에도 단기적인 영향을 미치게 됩니다. 오히려 장기적으로는 축소 시기보다 더욱더 긴 시간의 팽창 시기를 맞이하게 됩니다. 미국, 한국, 중국, 일본, 유럽 등 전 세계 어느 나라 국가에서 전년도에 대비해서 국가 예산을 줄여서 편성하는 것을 보신 적이 있으신가요? 시중에 통화량이 가끔 줄어들 때도 있지만, 장기적으로 보면 결국 더 늘어나 있습니다. 그래서 우리는 인플레이션에 베팅해야 하는 것입니다.

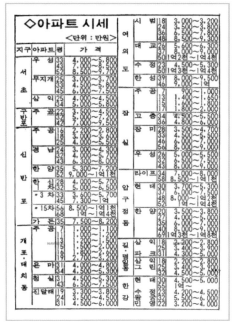

자료 3-6. 강남 아파트 시세표(1983년) (출처 : <조선일보>)

주택가격의 상승요인과 하락요인은 무엇인가?

주택가격의 상승기와 하락기 그리고 침체기에 투자할 수 있다면 이보다 더 좋은 투자 기법은 없을 것입니다. 그러나 주택가격의 흐름은 절대적인 어느 한 가지 요인으로만 움직이는 것이 아니고, 여러 가지 요인에 의해서 복합적으로 작용합니다. 이것을 '칵테일 효과'라고 하죠. 이러한 여러 가지 요인에 대해서 필자는 330책에서 자세하게 설명했습니다. 주택가격을 움직이는 요인은 여러 가지가 있지만, 그중에서 크게 4가지로 구분해서 설명했습니다. 바로 국내외 경제 상황, 정부의 부동산 정책, 사람들의 투자 심리, 주택의 공급과 수요입니다. 당연한 이야기지만 국내외 경제 상황이 좋다면 주택가격 역시 좋은 상승 흐름을 나타낼 것이고, 국내외 경제 상황이 좋지 않다면 주택가격은 하락세를 면치 못할 것입니다.

정부의 부동산 정책의 경우에는 정부에서 대출을 규제하지 않고 은행에다가 국민들에게 돈을 많이 빌려주라 하고, 취득세, 양도세 등 주택 관련 세금을 깎아주며, 국민들에게 내 집 마련을 하라고 적극적으로 권장하고, 다주택자를 범죄시하지 않고 능력 되는 대로 주택을 사서 임대사업도 하라고 하는 분위기라면 주택가격은 상승할 여지가 높습니다. 반대로 대출을 규제하고, 주택을 사면 투기꾼 취급을 하며, 극악한 세율로 세금을 징수하면서 주택 거래를 하지 말라고 한다면 주택가격은 오르기 힘들 것이고, 똘똘한 한 채로의 집중은 심화될 것입니다.

사람들의 투자 심리 측면에서는 주변에서 누가 주택, 특히 아파트 투자로 돈을 벌었다고 하면 원래 아파트 매입할 생각이 전혀 없던 사람까지도 아파트 매매 시장에 참여할 것입니다. 이렇게 원래 없었던 매매 수요가 발생해서 투자 수요 및 실수요까지 아파트 투자 시장에 참여하게 되면, 급격한 가격 상승을 이루며 아파트 매매 시장이 과열될 것입니다. 반대로 아파트 상승기에 무리해서 여러 채 갭 투자를 해놨는데, 시장이 하락하는 시기와 전세기간 만료로 보증금을 돌려줘야 하는 시기가 겹쳐서 돌려줘야 할 전세 보증금도, 새로운 전세 세입자도 없는 상황이 온다든지, 팔고 싶은데 팔리지 않는 상황이 온다든지 하는 이런 시기에는 원래 있었던 매매 수요마저도 관망세로 돌아서고 아파트를 매입하지 않습니다. 그러다 보니 하락기에는 가격의 하락이 가속도가 붙습니다.

마지막으로 주택의 공급과 수요입니다. 공급이 수요에 비해서 탄력적이지 못한 재화가 대표적으로 아파트입니다. 수요가 아무리 많아도 물리적으로 즉각 공급할 수 없는 상품들이 있는데, 그중에서도 아파트가 착공하기까지 부지 물색, 부지 매입, 인허가의 행정 처리시간이 필요하고, 착공 후에는 아무리 빨라도 3년이라는 건설 시간이 걸립니다. 이 공급과 수요의 미스매칭을 '타임래그(Time-lag)'라고 합니다. 이러한 수요에 대한 반응이 시간차가 있고, 이 시간(분양에서 준공까지의 기간) 속에서 앞에 언급한 국내외 경제 상황, 정부의 부동산 정책, 사람들의 투자 심리가 변합니다. 이 변화 때문에 아파트 시장의 수요는 고무줄처럼 늘었다 줄었다 합니다. 이에 비해 공급에 해당하는 입주 물량은 3년 전 착공과 동시에 입주 날짜가 정해져 있습니다. 즉, 공급은 정해져 있는데, 수요는 아파트 시장 상황에 따라 들쑥날쑥 고무줄입니다. 아파트 시장 상승기에는 없던 수요까지 몰려서 공급(입주 물량)이 부족하다고 말합니다. 모두가 공급이 부족하다고 생각하니 아파트 개발업자의 묻지 마 개발이 시작되고, 투자자들은 묻지 마 청약을 하고 분양받습니다. 이 시기에는 입지가 좋고, 나쁘고는 상관없습니다. 무조건 분양을 받습니다. 그런데 그 타임래그 기간 동안 상황이 급변해 하락기나 침체기가 오고 입주 시기가 다가오면, 묻지 마 분양을 받았던 투자자들은 멘붕에 빠집니다. 그렇게 많던 수요자는 신기루처럼 사라집니다. 가격 하락은 불가피하고 손해를 보고 처분해야 합니다. 반대로 아파트 시장이 침체기에 이르러 공급을 해도 수요가 없어져서 아무도 분양받지 않을 때 용감하게 분양받은 투자자들이나 실수요자들은 타임래그 기간 동안 상황이 변해 아파트 시장이 좋아진다면, 입주 시기에는 없었던 수요가 다시 나타나게 되어 초과 수익을 누릴 수 있게 됩니다. 이렇듯 주택(아파트)가격은 '국내외 경제 상황', '정부의 부동산 정책', '사람들의 투자 심리', '주택의 공급과 수요' 등의 요인들이 서로 맞물리면서 복합적으로 움직이게 됩니다.

일반 사람들이 주택을 사지 않는 이유가 무엇일까요? 특히 무주택자들이 여유 자금이 있으면서도 주택을 매입하지 않는 이유가 있을까요? 주택을 구입할 자금이 없는 경우이거나 주택을 구매할 여유 자금이 있어서 언제든지 주택을 구매할 수 있고, 전세로 좋은 집에 거주할 수 있기 때문에 굳이 당장 주택을 매입할 필요가 없어서도 이유가 될 것입니다. 그러나 주택을 매입하지 않는 가장 큰 이유는 본인이 주택을 사고 나서 가격이 내려갈까 봐 걱정되어서입니다. 모두가 그런 것은 아니지만, 이러한 사람들은 자신이 활동하고 있는 분야에서는 뛰어난 실력으로 돈도 잘 벌지만, 경제 공부를 별도로 하지 않아서 맹목적 불신이 있는 경우가 많습니다. 주택, 특히 아파트는 가족의 편안한 주거공간으로서 삶의 질을 윤택하게 하는 거주 만족도도 높여 주지만, 경제학적 측면에서는 인플레이션에 헷징을 하는 실물자산에 투자하는 행동입니다. 주택을 사지 않는 것은 지난 600년간 이어져 온 인플레이션을 부정하는 것이죠. 그렇다면 이런 분들을 위해서나 무주택을 탈출하시려는 분들을 위해서 주택가격이 하락한 시기가 언제 있었는지 찾아보는 것도 의미가 있을 것입니다. 무조건 내가 집을 사면 가격이 내릴 것이라는 믿음보다는 언제 어떠한 상황에서 주택가격이 하락한다는 사실을 이해한다면, 내가 사면 가격이 내릴 거라는 생각이 바뀔 수도 있을 것입니다. 앞서 이야기한 대로 주택이 주택답게 건축되기 시작한 한국 전쟁 이후부터 체크해보겠습니다.

1차 하락기는 1973년부터 1974년에 걸쳐 발생한 1차 석유파동의 영향으로 발생했습니다. 1차 석유파동은 아랍지역의 산유국들이 석유를 무기화하기로 하고, 매월 5%씩 감산 조치를 하면서 1배럴당 2.9달러였던 원유 가격이 한 달 만에 12달러로 폭등했습니다. 여러분께서 보시기에 벌써 50년 전 이야기라 느낌이 오지 않을 수도 있습니다만, 지금으로 따지면 1배럴에 80달러에서 한 달 만에 331달러가 된 것이고, 휘발유 가격이 1리터에 1,600원에서 6,620원이 된 것입니다. 세계 경제가 마비가 될 정도이니 우리나라도 당연히 어려움에 직면했습니다. 1차 석유파동 이후 1975년에는 실질 주택가격지수가 1973년 1차 석유파동 발생 시점 대비 17%나 하락(국토연구원 국토Brief 190 참조)했습니다.

2차 하락기는 1979년부터 1981년에 걸쳐 발생한 2차 석유파동 때문입니다. 원유 가격도 원유 가격이지만, 인플레이션을 잡기 위해서 미국 연방준비제도 의장 폴 볼커(Paul Volcker)는 기준금리를 21.5%까지 올렸습니다. 이 시기에 미국에서 외채를 끌어다 산업화를 진행했던 우리나라는 엄청난 빚더미에 올랐습니다. 1980년 1분기 전후 한국 전쟁 이후 최초로 -1.6% 역성장을 했으며, 한 해 물가 상승률이 29% 급등해서 1차 석유파동 때보다 더욱 극심한 어려움을 겪었습니다. 1980년 실질 토지가격지수는 마이너스 13.2% 하락(국토연구원 국토Brief 190 참조)했으며, 주택 시장은 장기침체로 이어졌습니다. 1978년 이후 3년째 신축 주택 수가 줄어드는 것과는 대조적으로, 미분양 주택은 오히려 증가해 5월 말에 1만 940가구로 1만 가구 수준을 웃돌고 있었다고, 주택 시장 30년 파노라마 중 1981년 챕터(58페이지)에서 전하고 있습니다. 현재와 대비하면 아파트 건설도 많이 없었던 시절에 1만 가구 이상이 아파트 미분양 사태가 일어났습니다. 이는 당시의 주택 시장이 얼마나 심각한 상황이었는지 가늠하게 해주는 방증입니다.

3차 하락기는 석유파동과 같은 대내외적인 경제 상황 때문이 아니라 공급 폭탄 때문이었습니다. 1987년에 아파트 인허가 물량이 24만 4,301호에서 1989년에는 45만 2,159호, 1990년에는 75만 378호로 급속도로 늘어나게 됩니다. 1987년 대비 1989년에는 2배, 1990년에는 3배의 인허가 물량이 쏟아졌습니다. 이러한 영향으로 서울 아파트 가격은 실제 입주가 시작된 1991년에 -4.5% 하락을 시작으로, 1992년에는 -4.33% 하락, 1993년 -2.76% 하락 등 이후 3년간 -11.59%의 하락(KB 부동산 통계 참조)이 이어졌습니다. 이러한 공급 폭탄의 여파로 1995년에는 미분양 아파트가 15만 호까지 발생했습니다.

4차 하락기는 1997년에 아시아 금융 위기(1997년 Asia Financial Crisis)가 나타났습니다. 우리는 이 시기를 'IMF 외환 위기'라고 부릅니다. 외환 보유고가 바닥나서 국가 부도를 앞두고 있었고, 회생 과정에서 당시 손가락 안에 꼽히는 대기업과 은행마저도 무너지면서 대규모 실업과 부동산 매각 및 금융 불안이 일어났습니다. 1997년 11월 21일 MBC 뉴스데스크 이인용 앵커의 오프닝 멘트는 다음과 같습니다.

"시청자 여러분, 정부가 결국 국제통화기금 IMF에 구제금융을 신청하기로 했습니다. 경제 우등생 한국의 신화를 뒤로한 채 사실상의 국가 부도를 인정하고, 국제기관의 품 안으로 회생을 도모해야 하는 뼈 아픈 처지가 된 것입니다."

1998년에 서울 아파트 가격은 -14.6% 하락했습니다. 네 번째 하락은 대내외적 경제 상황의 영향에 따른 하락으로 정리됩니다.

5차 하락기는 미국발 금융 위기로 서브프라임 모기지 사태로 불리는 경제 위기 때문입니다. 서브프라임(Subprime)은 은행의 고객 분류 등급 중 낮은 등급을 칭하며, 모기지(Mortgage)는 주택담보대출을 의미합니다. 미국 부동산 버블로 주택가격이 높아지자 신용이 낮은 사람들에게 주택담보대출을 퍼주다가 주택가격이 폭락해 맞은 참사입니다. 이러한 미국발 금융 위기는 우리나라에도 영향을 미쳐서 서울 아파트 가격이 2009년에 7개월간 하락합니다. 그런데 엄밀하게 말하면 이 시기의 하락 원인은 미국발 글로벌 금융 위기로부터 시작은 되었지만, 이명박 정부가 추진한 보금자리주택 공급 발표와 추진이 더욱 임팩트가 큽니다. 2009년부터 2018년까지 10년간 150만 채의 공공주택을 분양과 임대물량으로 공급하겠다고 발표했고, 이러한 물량은 노태우 정부 200만 호 건설 발표 이후 최대 수치였습니다. 그린벨트를 해제하고 1기 신도시보다 더욱 좋은 입지 조건을 자랑하면서도 가격은 더 낮은 보금자리주택이 2009년에 첫 삽을 뜨게 되었고, 그것도 강남구 세곡동과 내곡동에서 시범 사업을 시작했습니다.

보금자리주택은 사전청약제도를 도입했고, 분양가격을 실제 주변 아파트 가격보다 저렴하게 공급하려 했습니다. 실제 세곡동과 내곡동은 당시 주변 시세의 70% 미만 가격으로 공급했습니다. 민간 아파트는 보금자리주택과 애당초 경쟁 상대가 되지 못했습니다. 아울러 사전청약제도를 도입하니 실수요인 무주택자와 신혼부부는 격하게 반응했고, 사전청약을 위해서 기존의 아파트는 매입하지 않고 전월세로 살면서 다음 분양 물량을 기다리는 상황이 됩니다. 아무도 아파트를 사지 않고 보금자리주택 분양만 기다리는 상황이었습니다. 이러한 사람들의 심리가 작용해 2010년부터 본격적으로 하락하기 시작합니다. 서울 아파트 가격은 2010년에 -2.19% 하락, 2011년에 -0.44% 하락, 2012년에 -4.48% 하락, 2013년에는 -1.84 하락하게 됩니다. 아울러 이 기간에 미분양 아파트가 16만 호를 넘어서게 됩니다. 판교, 위례, 동탄 등 2기 신도시 입주가 맞물렸습니다. 국내외적 경제 상황, 투자자와 실수요자 심리, 공급 물량까지 트리플로 아파트 가격을 끌어내린 시기입니다.

다섯 차례 하락기에 일어났던 일들

필자는 앞서 주택가격을 움직이는 요인은 여러 가지가 있지만, 국내외 경제 상황, 정부의 부동산 정책, 사람들의 투자 심리, 주택의 공급과 수요, 크게 이 4가지로 묶었습니다. 여기서는 다섯 차례의 하락이 실제로 이러한 요인에 의해 하락이 되었는지를 하나하나 따져보겠습니다.

1차 하락기의 원인은 1973년부터 1974년까지 발생한 1차 석유파동의 영향입니다. 우리나라 내부의 문제가 아닌, 중동에서 석유파동이 일어나서 고유가로 인한 도미노식 경제 위기가 국내에 영향을 미친 사례입니다. 그러므로 필자가 구분한 카테고리 중 '국내외 경제 상황'에 해당합니다. 엄밀하게 말하면 '국외에서 발생한 경제 상황이 국내의 경제 상황까지 영향을 미쳐 악화된 사례'로 볼 수 있습니다.

2차 하락기 사례 역시 중동의 2차 석유파동으로 인해 원유 가격 상승과 미국 중앙은행의 기준금리가 20%까지 상승하는 충격이 원인으로 작용했습니다. 따라서 2차 하락기 원인 또한 '국내외 경제 상황'의 카테고리에 넣을 수 있습니다. 1차 하락기 원인과 마찬가지로 '국외에서 발생한 경제 상황이 국내의 경제 상황까지 영향을 미쳐 악화된 사례'입니다.

3차 하락기의 원인은 유례없던 공급 폭탄이었습니다. 이렇게 아파트를 공급할 수밖에 없었던 이유는 서울 아파트 가격이 1988년에 18.47%, 1989년에 18.82%, 1990년에는 37.62% 상승했기 때문입니다. 그야말로 살인적인 가격 상승이었는데, 주택 공급을 미루다가는 폭동이 일어날 정도의 사회 분위기였습니다. 이에 따라 주택 200만 호 건설이 빠르게 추진되었는데, 이러한 주택의 공급은 '정부의 부동산 정책'으로 봐야 합니다. 한마디로 '공급 정책'입니다. 아울러 하락의 원인이 수요보다 높은 공급이었기에 '공급과 수요'의 범위에도 해당합니다.

4차 하락기의 원인은 IMF 외환 위기로 시작되었습니다. 이 위기는 외환 위기 사태 발생 직전까지 기업들이 무분별한 차입에 의존하며, 비상식적으로 과잉 투자했던 것이 원인이었습니다. 그 때문에 국내 외환 보유고가 바닥나고, 국내 경제가 추락하게 되었습니다. 이러한 과정에서 아파트 가격이 하락했기 때문에 '국내외 경제 상황' 범위에 포함이 됩니다. 이 또한 엄밀하게 말하면 '국내 경제 상황'이 되겠습니다.

5차 하락기의 원인은 미국발 글로벌 금융 위기로 시작합니다. 미국의 금융 위기가 우리나라에 영향을 주었으므로 '국내외 경제 상황'에 해당되고, 이명박 정부의 보금자리주택 추진은 '정부의 부동산 정책'에 포함됩니다. 또한, 입지 좋은 곳에 저렴한 보금자리주택을 분양받기 위해서 상대적으로 비싼 민간 아파트를 구매하지 않고, 전월세로 살면서 청약 대기를 하는 것은 '사람들의 투자 심리' 범위에 포함될 것입니다.

정리해보면 아파트 가격 하락의 원인이 '국내외 경제 상황'에 해당하는 사례는 1차, 2차, 4차, 5차 하락기에 해당하고, '정부의 부동산 정책'에 해당하는 사례는 3차, 5차 하락기입니다. '사람들의 투자 심리'에 해당하는 사례는 5차 하락기이고, '공급과 수요'에 해당하는 사례는 3차, 5차 하락기입니다. 총 다섯 번의 하락기 중에서 '국내외 경제 상황'이 네 번을 차지해서 이러한 국내외에서 발생하는 경제 위기는 주택가격에 막대한 영향을 끼침을 알 수 있습니다. 이러한 경제 위기가 올 때마다 현금이 부족하다는 사실을 깨닫게 됩니다. 국가가 부도가 나는 것도 현금(달러)이 부족하기 때문이고, 기업이 망하는 것도 현금이 부족해서이며, 주택 보유자들이 주택을 헐값에 팔아야 하는 이유도 현금이 없어서 대출 이자를 갚지 못하고 전세금을 돌려주지 못해서입니다. 한마디로 유동성이 고갈된 것입니다. 시중에 가용할 통화가 없는 것입니다. 즉 통화량이 썰물처럼 사라지기 때문입니다. 사실 경제 위기가 발생해서 현금이 부족해지고, 이에 따라 사람들의 투자 심리가 위축되며, 투자하려고 하는 사람이 없으니 팔리지 않는 아파트를 지으려고 하는 회사가 없습니다. 따라서 당연히 공급 물량도 줄어듭니다. 결국 필자가 주장하는 4가지의 하락요인은 모두 복합적으로 주택가격에 영향을 준다는 사실을 알 수 있습니다.

구분	전월대비 증감률 (%) Over the previous month												전년말 대비 over the end of last year
	1月 January	2月 February	3月 March	4月 April	5月 May	6月 June	7月 July	8월 August	9月 September	10月 October	11月 November	12月 December	
1986년		0.17	-0.17	-0.69	-0.52	-1.05	-0.35	0.00	0.18	-0.36	-1.07	-1.26	
1987년	0.00	-0.36	-0.55	-0.74	0.00	-0.37	0.00	0.93	2.95	1.43	1.24	0.17	4.74
1988년	1.92	3.76	2.31	2.09	1.10	0.47	3.42	3.60	-1.16	-0.73	-1.62	2.10	18.47
1989년	3.82	6.66	3.72	6.79	-1.08	-2.06	-1.61	0.00	-0.38	1.52	0.50	0.00	18.82
1990년	2.48	6.04	4.10	7.00	1.33	0.81	0.70	1.59	3.72	2.17	2.77	-0.09	37.62
1991년	1.53	2.21	3.55	3.10	-1.14	-1.81	-0.42	-0.59	-1.35	-1.63	-4.35	-3.37	-4.50
1992년	-0.19	-0.19	0.00	-0.76	-2.29	-2.24	-0.50	2.10	2.06	-0.58	-0.68	-1.07	-4.33
1993년	0.39	1.57	-0.29	-0.87	-0.98	-1.18	-0.30	-0.20	-0.30	-0.20	-0.10	-0.30	-2.76
1994년	0.20	0.61	0.10	-0.10	-0.20	-0.10	0.00	0.10	0.60	0.00	0.00	0.00	1.21
1995년	0.00	0.10	0.20	0.40	-0.40	0.00	-0.10	0.40	0.10	-0.40	-0.20	-0.10	0.00
1996년	0.30	0.20	0.10	0.00	-0.10	0.00	0.10	0.50	1.29	0.20	0.49	1.07	4.20
1997년	3.17	1.86	-0.27	-0.18	-0.28	0.00	0.00	0.55	1.19	0.00	-0.45	-0.45	5.18
1998년	-1.37	-2.22	-3.78	-4.72	-3.72	-1.71	0.87	1.41	-0.85	-1.83	-0.88	3.43	-14.60
1999년	3.10	0.41	0.72	0.51	0.82	0.71	1.61	2.27	1.84	-0.09	-0.47	0.48	12.50
2000년	1.14	1.50	0.93	0.00	-0.09	0.00	0.92	0.55	0.63	0.54	-0.80	-1.17	4.18
2001년	0.09	1.18	0.90	1.07	1.50	2.17	2.81	3.81	1.75	0.16	0.23	2.19	19.33
2002년	6.49	4.38	3.51	0.93	0.53	0.79	2.60	3.80	4.88	0.06	-0.58	0.06	30.79
2003년	-1.64	0.30	0.59	1.88	2.54	0.90	0.64	1.19	2.48	2.49	-0.74	-0.41	10.18
2004년	-0.30	0.68	0.56	0.73	0.16	-0.23	-0.38	-0.60	-0.32	-0.41	-0.52	-0.39	-1.02
2005년	-0.31	1.05	0.50	1.17	0.97	2.20	1.93	0.45	0.17	-0.18	0.24	0.55	9.08
2006년	0.93	1.12	1.77	2.26	2.00	0.64	0.27	0.26	0.62	2.21	6.23	3.67	24.11
2007년	1.76	0.31	0.16	-0.01	-0.20	0.05	0.30	0.21	0.22	0.26	0.32	0.14	3.57
2008년	0.48	0.54	1.38	1.98	0.84	0.51	0.24	-0.01	0.02	-0.30	-0.84	-1.64	3.20
2009년	-0.92	-0.17	-0.25	0.35	0.17	0.50	0.88	0.51	1.19	0.35	-0.02	-0.03	2.58
2010년	0.09	0.27	-0.02	-0.17	-0.36	-0.57	-0.53	-0.45	-0.25	-0.18	-0.10	0.07	-2.19
2011년	0.16	0.30	0.15	0.01	-0.08	-0.12	-0.16	-0.11	-0.11	-0.13	-0.18	-0.16	-0.44
2012년	-0.16	-0.14	-0.25	-0.43	-0.26	-0.31	-0.54	-0.47	-0.65	-0.61	-0.40	-0.37	-4.48
2013년	-0.37	-0.26	-0.13	-0.13	-0.05	-0.21	-0.33	-0.29	-0.05	0.09	0.01	0.00	-1.84
2014년	0.03	0.13	0.23	0.08	-0.03	-0.10	0.01	0.03	0.31	0.29	0.10	0.02	1.09
2015년	0.08	0.19	0.48	0.55	0.39	0.49	0.47	0.55	0.73	0.49	0.68	0.32	5.56
2016년	0.11	0.15	0.07	0.12	0.28	0.40	0.54	0.56	0.44	0.72	0.66	0.10	4.22
2017년	0.03	0.04	0.10	0.14	0.22	0.85	0.86	1.05	0.15	0.45	0.62	0.66	5.28
2018년	1.12	0.99	1.25	0.81	0.40	0.39	0.53	1.17	3.83	1.84	0.40	0.11	13.56
2019년	-0.01	-0.09	-0.17	-0.14	-0.06	-0.08	0.37	0.40	0.45	0.58	0.56	1.07	2.91
2020년	0.67	0.51	0.73	0.15	0.00	0.52	2.14	2.05	2.00	0.74	1.54	1.32	13.06
2021년	1.60	1.60	1.33	0.95	1.01	1.66	1.28	1.59	1.69	1.05	1.06	0.46	16.40
2022년	0.23	0.09	0.05	0.11	0.21	0.13	0.03	-0.15	-0.19	-0.67	-1.42	-1.43	-2.96
2023년	-2.09	-1.20	-1.17	-0.97	-0.87	-0.28	-0.23	-0.06	0.26	0.23	0.04	-0.11	-6.28
평균	0.76	1.01	0.67	0.71	0.08	0.09	0.53	0.83	0.85	0.30	0.13	0.23	6.73

자료 3-7. 아파트 매매가격 전월 대비 증감률 : 서울특별시(1986~2023년) (출처 : KB국민은행)

　지금까지 필자는 한국 전쟁 이후 60여 년간의 주택 시장, 특히 아파트 시장의 하락기를 살펴보고 그 원인을 파악해봤습니다. 2013년 기준으로 다섯 번의 하락기가 있었고, 2014년부터 2021년까지 지속해서 아파트 가격은 상승해왔습니다. 과거에 비해서 상당한 기간 꾸준하게 상승을 해왔는데, 서울 아파트 가격이 8년간이나 지속해서 상승한 시기는 1986년 데이터를 작성한 이후로 처음 있는 일입니다. 과거 데이터만 본다면 무슨 일이 생겨서 4~5년 단위로 서울의 아파트 평균 가격이 전년도 대비 하락을 하는 것이 통상적입니다. 단순히 통계만 가지고 본다면 2019년이나 2020년쯤 하락기가 한번 왔어야 하는데, 이러한 단순한 예측은 돌발 변수에 의해서 무참히 깨어집니다. 세상에는 우리가 예측할 수 없는 일이 계속해서 일어나고 있고, 설령 예측한다고 하더라도 또 다른 변수에 의해서 전혀 다른 방향으로 흘러가기도 합니다. 2020~2021년에 주택가격이 폭등했는데 이렇게 폭등할 것이라고는 아무도 예측하지 못했습니다. 시간이 지나고 결과적으로 알게 되었지만, 2020~2021년의 주택가격 폭등은 코로나19 바이러스의 창궐로 사람들의 이동이 제한되었고, 각국 정부가 퍼부은 보조금이 시중의 통화량을 팽창시켰기 때문입니다. 앞서 경제 위기 때마다 주택가격의 하락을 몰고 온 원인은 현금 부족인데, 2020~2021년은 각국 정부에서 현금을 뿌리다시피 했습니다. 유동성 파티가 불러온 아파트 가격의 돌발적인 상승이었습니다. 정상적인 예측이 불가능했습니다.

　마찬가지로 2022년 3월에 0.25%였던 미국 중앙은행의 기준금리가 1년 만에 5%로 올라갈지는 그 누구도 몰랐습니다. 심지어 파월(Powell) 의장 역시도 몰랐습니다. 필자는 미국 기준금리의 급격한 인상이 2022년 부동산 시장 향방의 핵심 변수가 될 것이라고, 2021년 연말에 후랭이TV

에서 방송된 '서울 집값 하락은 언제부터? 내년 부동산 시장 전망 핵심 변수'라는 인터뷰 영상에서 전망(유튜브를 검색하셔서 해당 영상 러닝타임 11분 35초부터 확인하시면 됩니다)했습니다. 그러나 필자 역시도 미국의 중앙은행 기준 금리가 짧은 시간 안에 급격하게 오르면 정말 위험하다는 이야기는 했지만, 실제로 그렇게 급격하게 올린 것에 대해서는 예측을 할 수 없었습니다. 이러한 미국 중앙은행의 급격한 금리 인상에 따라 한국은행도 금리를 올렸고, 투자자들은 돈이 생기면 은행 대출금을 갚기에 바빴습니다. 그동안 흘러넘치던 시중의 많은 돈은 대출금 상환 용도로 은행으로 계속해서 들어갔습니다. 시중의 통화량이 급격하게 축소되는 상황이 발생했고, 이에 따라 주택가격도 급격하게 하락하게 되었습니다. 다시 현금이 부족한 시기가 도래하게 된 것입니다. 필자가 계속 이야기했던 통화량의 팽창과 축소 과정이 몇 년 사이에 급격하게 발생했고, 이에 따라 주택가격 역시 급격한 상승과 하락이 나타났습니다.

이러한 진행 상황은 아무도 예측할 수 없습니다. 코로나19바이러스가 전 세계에 강타할 거라는 것과 미국 중앙은행이 급격하게 기준금리를 올릴 거라고 예측한 사람들은 단연코 없었습니다. 아마도 코로나19 바이러스가 전 세계에 전염이 될 거라고 예측한 사람은 단 한 명도 없었을 것이고, 만약에 퍼트린 사람이 있다면 그 사람만 알았겠지요. 그리고 필자처럼 미국 중앙은행에서 금리를 급격하게 올리면 위험하다고 이야기하는 사람은 있었겠지만, 금리를 얼마의 기간에 몇 %나 올릴 것이라고 예측한 사람은 없었을 것입니다. 왜냐하면 파월 의장 자신도 얼마나 올려야 할지 몰랐기 때문입니다. 미국 중앙은행의 금리 상승의 기준은 당시의 미국 경제 상황을 체크하면서 그때그때 조정하기 때문입니다. 이 때문에 파월도 모르는 금리 상승 폭을 전문가라는 사람들도 알수 없고, 나아가 일반 사람들은 더욱 알 수 없습니다. 그것을 알았다고 하는 사람이 종종 있는데, 파월 의장도 모르는 것을 미리 알았다고 하는 것은 사기꾼이라는 말밖에 할 말이 없습니다. 어쨌든 현재도 시중의 통화량이 줄어들고 있으며, 이와 함께 주택가격도 하락세를 나타내고 있습니다. 이러한 하락세가 상승세로 돌아서려면 시중의 통화량이 늘어나야만 합니다. 수치로 보면 서울 아파트 가격은 2020년에 13.06% 상승, 2021년에 16.40%의 상승으로 고점을 찍고, 2022년에 -2.96% 하락, 2023년에 -6.28% 하락(KB 부동산 통계 참조)을 했습니다. 2022년을 기점으로 하락기가 이어지고 있습니다.

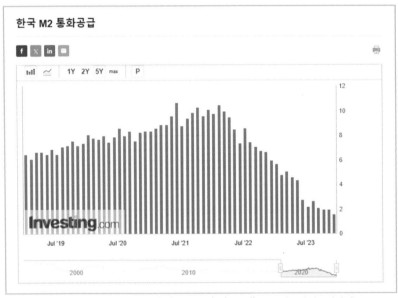

자료 3-8. 우리나라 통화량 감소를 보여주는 그래프 (출처 : 인베스팅닷컴)

그렇다면 아파트 가격이 상승할 때는 무슨 일이 일어나는가?

기본적으로 주택가격은 시중의 통화량 팽창과 함께 꾸준하게 상승해왔습니다. 다만 장기적인 평균 그래프로 한눈에 봤을 때 그렇다는 것이고, 1년 단위로 그래프를 보면 상승과 하락을 반복했습니다. 10년, 20년 후를 보면 결국 상승해 있다는 것이 이제까지의 주택 시장 가격의 역사입니다. 앞에서 주택 시장의 상승과 하락을 끌어낸 요인으로 '국내외 경제 상황', '정부의 부동산 정책', '사람들의 투자 심리', '주택의 공급과 수요'가 있다고 말씀드렸고, 실제 이러한 요인으로 인해서 한국 전쟁 이후부터 2013년까지의 기간 동안 다섯 차례의 하락기가 있었음을 설명했습니다. 이것을 데이터 수치로 본다면, 이러한 다섯 차례의 하락기는 평균적인 상승률 곡선에서 마이너스로 이탈했다고 설명할 수 있습니다. 그렇다면 평균 상승률 곡선에서 플러스가 되어 시쳇말로 흔히 말하는 '미친 가격 상승(좀 있어 보이는 용어로 '초과수익률' 기간)'이 일어나는 시기는 어떠한 요인들 때문일까요? 이러한 초과수익률 기간에는 어떠한 일들이 나타났는지 한번 알아보도록 하겠습니다. 정부는 기본적으로 주택가격이 인플레이션 상승률만큼 안정적으로 상승 유지되기를 바랍니다. 과열되거나 하락이 과도해서 국가 경제에 악영향을 미치는 것을 극도로 경계합니다. 이러한 이유로 정부 입장에서는 주택가격이 평균 상승률보다 초과해서 과열될 때 주택 시장에 규제 정책을 실시합니다. 반대로 평균 상승률보다 심하게 하락할 때는 주택 시장에 부양 정책을 펼쳐서 인플레이션 상승률과 주택가격 상승률을 맞추려고 합니다. 따라서 정부에서 규제 정책을 실시했다는 것은 당시의 주택 시장이 매우 과열되었다는 증거라고 볼 수 있습니다.

문헌상으로 부동산 가격의 1차 상승기는 1964년에서 1971년까지입니다. 이 당시에는 경부고속도로의 건설과 서울 강남개발계획 등과 같은 수요를 유발할 수 있는 요인들이 발생했습니다. 1961년에 우리나라 군사정부에 서독이 차관(국가 간에 이루어지는 자금 조달)을 해준 것을 시작으로, 이러한 외국자본 도입은 제1차 경제개발 5개년 계획의 재원으로 충당이 되고, 전화 교환기 설비, 화력발전소, 시멘트 공장, 원자로 도입 등

굵직한 사업에 투입되었습니다. 이렇듯 외국자본이 우리나라에 물밀듯이 들어오면서 국토개발과 장치산업의 개발은 시중에 풍부한 통화량을 공급되는 계기가 됩니다. 경제개발을 위해 필수적으로 토지는 사용이 되어야 하고, 시중의 흘러넘치는 유동성은 자연스럽게 토지 투기를 불러일으키게 됩니다. 이에 따라 우리나라 최초로 1967년 11월 29일에 '부동산 투기 억제에 관한 특별조치법'을 시행했습니다. 당시 제3한강교(현 한남대교) 건설로 촉발된 강남 말죽거리(현 양재역 부근)의 토지 투기 열풍은 1966년 초 평당 200~400원 하던 토지가격을 1968년에 평당 6,000원까지 끌어 올렸습니다. 이에 따라 정부에서는 '부동산 투기 억제에 관한 특별조치법'을 시행해 서울과 부산에서는 부동산 매매로 벌어들인 시세차익에서 무조건 50%를 양도소득세로 납부하게 만들었습니다.

아울러 1964년부터 1973년까지는 베트남 전쟁이 있었으며, 베트남 전쟁에 우리 군인들이 참전해 벌어들인 외화가 막대했습니다. 1966년부터 1972년까지 6년간 베트남에 주둔한 한국군과 연관된 국내 송금액은 8억 7,250만 달러에 달했습니다. 이 중 수출·군납·건설·용역·기술자가 송금한 돈이 6억 9,427만 달러였고, 우리나라 군인이 송금한 돈이 1억 7,830만 달러였습니다. 베트남 전쟁이 한창이던 1969년에 베트남으로 송출한 인력이 1만 5,500명이었고, 진출 기업도 79개 업체에 달했습니다. 당시 현대건설·한진상사·대우실업·금성전자를 비롯한 국내 기업들이 군수물자 납품과 용역사업을 통해 베트남 전쟁에서 달러를 많이 벌어들였습니다. 이에 따른 결과로 1964년에는 수출 1억 달러 달성, 1970년에는 수출 10억 달러를 달성했는데, 이는 베트남 전쟁 파병 특수가 큰 역할을 한 것입니다. 베트남 전쟁에서 벌어들인 외화도 이 당시 시중의 풍부한 유동성 공급에 일조하게 됩니다. 물론 1960년대에는 지금의 아파트와 같은 아파트가 제대로 건축되지 않은 시기여서 아파트에 대한 가격 상승에 대한 자료는 없으나 토지든, 아파트든 부동산 시장 상승기에는 동시에 오르는 특성이 있으므로 달리 생각할 필요는 없습니다. 우리나라 부동산의 1차 급등기의 원인은 국토개발과 경제개발을 위한 외국자본의 도입으로 인한 풍부한 시중의 통화량에 의한 유동성입니다. 따라서 필자가 주장하는 4가지 요인 중 '국내외 경제 상황'에 해당한다고 볼 수 있으며, 엄밀하게는 '국내적 경제 상황'으로 정리됩니다.

2차 상승기는 1976년부터 1978년으로 볼 수 있습니다. 이 기간은 정확하게 1차 부동산 하락기와 2차 부동산 하락기 사이에 존재합니다. 1차 석유파동과 2차 석유파동 사이인데, 1차 석유파동 영향이 회복된 1976년부터 2차 석유파동이 발생하기 전인 1978년까지입니다. 1973년 1차 석유파동으로 우리나라 경제는 한 달 만에 4배 이상 오른 원유 가격으로 위기를 맞았고, 앞서 언급한 바와 같이 1차 부동산 하락기의 충격을 받았습니다. 반면 산유국들은 고유가에 힘입어 오일머니가 쌓이게 되자 그 돈을 경제개발에 쏟아붓습니다. 도로, 항만, 공항 등 사회간접자본 투자에 열을 올립니다. 정부는 원유 대금으로 지급하기 위해 중동으로 빠져나간 달러를 건설 시장에 진출해 되찾아 오는 방법을 택합니다. 중동 진출 첫해인 1974년 수주액은 2억 6,000만 달러였으나 다음 해에는 그 3배인 7억 5,000만 달러, 1980년에는 다시 10배 이상으로 늘어 82억 달러가 되었습니다. 1975~1980년 사이에 우리나라 외화 수입액의 85.3%가 중동 건설에서 번 달러였습니다.

해외 건설은 수입 유발 효과가 거의 없으므로 외화 가득률이 매우 높습니다. 한마디로 원가가 없다는 이야기입니다. 당시에는 우리나라 인건비기 국제적으로 낮은 축이어서 한국인 근로자를 많이 고용했기 때문에, 시공 관리 수익뿐만 아니라 노무 인건비도 고스란히 국내에 유입되었습니다. 중동에서 벌어온 오일머니 덕분에 석유파동으로 위축되었던 우리나라 경제는 다시 활력을 찾게 되고, 수출입국(輸出立國)을 국가적 목표로 추진해온 우리나라는 1977년에는 수출 100억 달러를 돌파하고, 경상수지 흑자까지 기록하게 됩니다. 이렇게 벌어들인 외화가 우리나라 경제 성장의 밑거름이 되었지만, 이로 인한 유동성은 이 기간에 연평균 30.6%, 특히 1978년에는 49%의 경이로운 토지가격 상승을 만들어냅니다. 독자 여러분께서도 중동 건설자로 파견 나가서 벌어온 돈으로 집을 샀다는 이야기를 많이들 들으셨을 것입니다. 정리해보면 우리나라 부동산의 2차 상승기는 중동 특수를 통한 막대한 외화소득이 국내 시중의 유동성을 공급했기 때문입니다. 1차 상승기와 마찬가지로 시중의 통화량 증가가 원인인데, 4가지 요인 중 '국내외 경제 상황'에 해당합니다. 아이러니하게 1차 석유파동의 악재를 중동 특수를 통해 위기극복을 하면서 부동산 가격도 급등하게 됩니다.

3차 상승기는 1979년 2차 석유파동의 여파로 주택가격이 하락하고 있을 즈음 전두환이 1980년 9월 1일 제11대 대통령으로 취임하며, 침체기에 있던 주택 시장에 부양 정책을 실시합니다. 1981년 6월 26일 투기특정지역을 해제하고, 양도세 탄력세율 적용으로 양도소득세 부담을 줄여줍니다. 1982년 5월 18일에는 세법을 개정해 1년 6개월 이내 신축 주택의 아파트 최초 입주자에게는 양도소득세를 5% 정률 적용하기로 하고, 6월 28일에는 금리를 4% 내립니다. 그야말로 주택가격을 올리기 위한 핵심 부양 정책인 양도소득세를 정부에서 안 받겠다고 한 것입니다. 이에 따라 1981년부터 1983년까지 3년간 주택가격이 40.6% 상승합니다. 급기야 1983년 4월 18일에 1가구 1주택은 1년 이상 거주하거나 3년 이상 보유해야 양도소득세를 면제하기로 하고, 양도소득세 탄력세율 적용을 폐지합니다. 그리고 부동산 규제 정책을 다시 시행합니다. 이에 따라 1984년부터 주택가격 안정세를 보이다가 1987년부터 주택 부족 현상과 물가 상승으로 임대료가 급등하게 됩니다. 임대료가 급등하면서 1987년부터 1990년까지 당시 서울의 아파트 가격은 1988년 18.47%, 1989년 18.82%, 1990년에는 37.62% 상승했습니다. 특히 1990년 37.62%의 상승률은 주택가격 통계가 작성되기 시작한 1986년 이후부터 현재까지도 깨지지 않는 상승률 기록입니다. 경제학자들은 이러한 3차 상승기 결과를 두고 3저 호황의 시대였기 때문이라고 설명합니다. 3가지 숫자가 낮아 호황을 누린 시기, 전두환 정부 임기 후반인 1986년부터 노태우 정부 임기 초인 1989년까지 나타난 경제 흐름으로, 3저는 '저금리, 저유가, 저달러'를 뜻합니다.

2차 세계대전 이후 황폐화된 상태에서 한국 전쟁과 미국의 지원 등으로 피눈물을 쏟고, 뼈를 깎는 노력을 하는 과정에서 산업화와 고도성장에 성공한 일본은 엔화 저평가에 의한 가격 경쟁력으로 세계 시장을 장악하고 있었습니다. 특히 미국은 일본에 대한 무역적자가 막대했는데, 일본 기업들의 독주를 경계하던 미국은 독일의 마르크화와 일본의 엔화의 가치를 대폭 높이고(1달러 250엔 → 150엔), 달러화의 가치를 상대적으로 낮추는(저달러) 내용의 플라자 합의를 체결하게 됩니다. 그 결과 엔고로 일본 제품은 가격 경쟁력이 크게 떨어지면서 수출이 어려워지게 되었으며, 반대로 우리나라 원화는 상대적으로 저평가 받게 되어 일본 제품에 비해 높은 가격 경쟁력을 바탕으로 수출을 크게 늘리는 반사이익을 얻게 되었습니다. 또한 1979년대 발생한 2차 석유파동으로 국제유가가 40달러까지 폭등하면서 우리나라 경제는 1980년에 물가 상승률이 28.7%까지 치솟고, 마이너스 성장인 -1.6%를 기록했습니다. 이에 따라 정리해고가 급속히 늘고, 불황에 접어들면서 스태그플레이션에 시달렸습니다.

두 번의 석유파동은 비단 우리나라뿐만 아니라 전 세계적인 경제 침체를 불러오게 되었으므로, 세계 각국은 중동산 석유 의존도를 낮추기 위해 원유 개발사업을 적극적으로 시작하게 됩니다. 이에 따라 중동 산유국들은 시장의 주도권을 유지하기 위해 원유 생산량을 대폭 늘려 유가 하락을 주도했고, 이는 1980년대 중반부터 20달러 이하로 유가가 떨어지는 저유가로 이어졌습니다. 기름 한 방울 나지 않는 우리나라에서 이러한 저유가 기조는 원자재 수입 비용 경감 및 제품의 가격 경쟁력을 높이는 데 매우 큰 도움이 되었습니다. 그리고 앞서 2차 하락기의 원인으로도 설명했지만, 미국의 중앙은행인 연방준비제도는 2차 석유파동 당시 인플레이션을 잡고, 급작스럽게 불어난 달러를 미국 은행으로 회수하기 위해 폴 볼커 총재의 주도하에 금리를 무려 연 21.5%까지 인상했습니다. 특히 미국에 진 빚이 많았던 우리나라는 빚이 폭발적으로 증가하는 상황을 맞았고, 경제가 크게 휘청거리게 됩니다. 하지만 1980년대 중반에 이르러 오일 쇼크의 여파가 어느 정도 정리되고 경기 부양을 할 필요성이 제기되며, 연 20%가 넘었던 국제금리가 연 10%대로 하락하게 됩니다. 이에 따라 이자 부담이 경감되고, 경제가 활성화되는 저금리가 나타나게 됩니다. 사실 현재 시점에서 보면 연 10% 금리가 저금리인지는 필자 역시도 헷갈리기는 하지만, 당시 국제금리가 연 20%가 넘었다고 하니 절반 이하로 금리가 떨어진 것만으로도 저금리 시절이었다고 할 수 있었을 것 같습니다.

이렇게 저금리, 저유가, 저달러라는 더할 나위 없이 좋은 조건이 나타나면서 우리나라 경제는 1986~1988년까지 연평균 12.1% 성장하고, 통계 작성이 시작된 1960년대 이후 처음으로 국제수지가 흑자를 기록하며, 실업률도 4.0%에서 2.5%로 떨어지는 호황을 누리게 됩니다. 우리나라뿐만 아니라 태국, 대만 등의 동아시아 국가들도 수출이 급증해 이 기간에 연 10% 이상의 고도성장을 이루게 됩니다. 경상수지 흑자와 환율하락(896원 → 667원)에 힘입어 1985년에는 GDP의 59.3%를 차지해 '외채망국론'마저 불러일으켰던 외채가 1989년에는 GDP의 18.1% 수준으로 급락하게 되기도 합니다. 게다가 1987년 노동자 대투쟁 이후 임금 상승이 이루어지면서 구매력을 갖춘 중산층이 두껍게 형성되고, 불과 20여 년 전까지만 해도 보릿고개에 시달리던 사람들이 이제 먹고 사는 문제에서 완전히 벗어나 생활 수준이 급격하게 상승하게 됩니다. 자동차가 크게 보급되면서 '마이카 시대'가 열리는 등 내수 시장도 폭발적으로 확대되었고, 이것이 다시 경제 성장에 크게 기여합니다. 이에 1988년 올림픽 특수도 가세하고, 주식 시장도 활황을 보여 종합주가지수가 1985년 130포인트에서 1989년 3월 1,000포인트로 7배 넘게 상승했습니다. 1990년에 서울 아파트 가격이 37.62%나 상승한 것을 보고 필자 역시 처음에는 매우 놀랐는데, 당시의 시대 상황을 공부하고 보니 그럴 수도 있겠다 싶습니다. 3차 상승기 역시 3저 호황에 따른 우리나라의 비약적인 경제 발전으로 시중의 유동성(통화량)이 풍부해진 결과입니다. '국내외 경제 상황'이 부동산 가격 급등의 요인이며, 이 시기에는 개인 소득이 높아지면서 많은 사람이 내 집 마련을 바랐지만, 1990년 주택보급률은 전국이 72.4%, 서울은 더욱 심각해서 56.8%에 불과했습니다(건설교통부통계편람 1997, 주택공사주택통계편람 1999 참조). 따라서 1990년 서울 주택가격이 37.62% 상승한 사실은 어쩌면 당연한 결과라고 하겠습니다. '공급과 수요'의 심각한 불일치가 3차 상승기의 또 하나의 요인입니다.

4차 상승기는 4차 하락기를 회복하는 과정에서 나타났습니다. IMF 외환 위기가 시작되자 예산 절감에 따른 재정사업의 축소, 구조조정으로 인한 실업의 증대, 유동성 위기에 의한 고금리 정책 등 개인 및 가계의 구매력이 급속히 감소함에 따라 주택구매 수요가 급격하게 위축되었습니다. 이는 주택건설업체의 자금난을 악화시켰고, 주택공급은 이루어지지 못합니다. 기업이나 개인 모두 유동성 확보를 위한 보유 주택을 매물로 내어놓아 주택가격이 하락하고, 전세가격도 동반 하락하는 상황이 되었습니다. 전세가격의 하락은 집주인으로 하여금 전세 보증금 반환을 어렵게 하고, 이동수요의 마비 및 거주이전의 제약을 초래했습니다. 아울러 주택 수요의 감소로 인해 신규주택의 분양 시장 또한 어려움에 직면하게 됩니다. 이러한 당시 주택 분야의 어려움을 수치로 보면, IMF 외환 위기였던 1998년 당시 전국의 주택가격은 -12.4% 하락, 서울은 -14.6%가 하락하고, 전국의 토지가격은 -13.6% 하락했습니다. 한마디로 외환 위기 때문에 주택 시장은 초토화됩니다. 이는 단순히 주택 분야의 침체가 아니었기 때문에 우리나라 경제의 전반적인 불황을 타개하기 위해서 김대중 정부는 특단의 조치가 필요한 상황에 이르게 됩니다. 이에 국내 산업경기의 가장 기본이 되는 주택경기 침체를 벗어나기 위한 대책으로, 유동성 증대 및 주택 수요 진작에 부동산 정책의 포커스를 맞추게 됩니다.

1998년 5월 22일 주택경기 활성화 방안을 시작으로 한 달 만인 1998년 6월 22일 주택경기 활성화를 위한 자금지원 방안, 1998년 9월 25일 주택경기 활성화 방안, 1998년 12월 12일 건설 및 부동산 경기 활성화 대책을 쏟아냅니다. 주택 시장의 활성화를 위해 이 당시 시행한 세부 정책을 보면 분양권 전매 허용, 양도소득세 면제, 분양가 자율화, 토지 거래 허가폐지, 양도소득세 감면 범위 확대, 중도금 추가 지원, 재건축 시행사 가구당 2,000만 원 자금 지원, 민영 청약자격 완화, 재당첨 제한 폐지, 서민주택자금 지원 규모 3조 원으로 확대, 비수도권 신축 주택 양도소득세 면제, 주택채권 감면, 취등록세 감면 등 정부에서 동원할 수 있는 모든 부양 정책을 사용하게 됩니다. 이러한 부양책에 따라서 서울 아파트 가격은 1998년 12월부터 상승을 시작해 1999년 12.5%, 2000년 4.18%, 2001년 19.33%, 2002년 30.79%, 2003년 10.18%로 급등하게 됩니다. 정리하면 4차 상승기는 김대중 정부에서 외환 위기로 초토화된 부동산 시장을 살리기 위해서 부양 정책을 총동원했던 결과라고 볼 수 있습니다. 외환 위기 동안 건설회사의 자금난으로 인한 파산은 주택 공급 부족을 불러왔고, 그러한 공급 부족은 주택가격 상승에 일조하게 됩니다. 4차 하락기의 원인이 '국내외적 경제 상황'이 요인이었다면, 4차 상승기는 '정부의 부동산 정책'과 '공급과 수요'가 원인입니다.

다음은 4.5차 상승기입니다. 4차면 4차고, 5차면 5차지 웬 4.5차이냐고요? 사실 데이터 평균치로만 본다면 4차 상승기가 시작된 1999년부터 5차 하락기가 시작된 2010년 바로 직전인 2009년까지 10여 년간의 기간을 전부 4차 상승기로 봐야 합니다. 그런데 그 기간 중 단 한 차례 2004년 서울 아파트 가격이 -1.02% 하락을 기록합니다. 그렇다면 2004년에는 무슨 일이 있었던 것일까요? 4차 상승기는 1999년부터 시작되어 급기야 2002년 서울 아파트 가격은 30.79%라는 역대급 상승률을 기록하게 됩니다. 이러한 상황에서 2003년 2월 25일 노무현 정부가 출범하게 되고, 노무현 대통령은 취임하자마자 부동산 가격 안정에 정권의 명운을 걸겠다고 하며 부동산 정책을 내어놓습니다. 취임 3개월도 되지 않아서 2003년 5월 23일 주택가격 안정 대책을 시작으로, 2003년 9월 5일 부동산 시장 안정 대책, 2003년 10월 29일 주택 시장 안정 종합 대책, 부동산 대책 등을 연달아 발표합니다. 주요 내용을 보면, 미성년자 포함 투기혐의자 자금출처, 금융조사, 떴다방을 경제사범으로 분류 사법처리 강화, 부동산 보유자 중 상위그룹 보유세 중과, 수도권 투기과열지구 지정, 분양권 전매 전면금지, 종합부동산세 신설 발표, 5개 신도시 거주요건 강화, 재건축조합설립인가 후 조합원 지위 양도 금지, 주택거래신고제 도입, 1가구 3주택 양도소득세 최고 82.5% 부과 및 투기지역 2주택도 최고 51% 부과, 투기지역 주택담보대출 비율 축소 등의 부동산 정책을 시행하거나 시행하겠다고 발표합니다. 이렇게 정부가 주택 시장 규제 정책을 연달아 내어놓음에도 불구하고, 2003년 서울 아파트 가격은 10.18% 상승률을 기록합니다. 하지만 2002년 30.79% 상승률에 비해서는 상승률이 확 꺾이게 됩니다.

2004년에 집어들어서는 2003년에 발표한 부동산 규제 대책들에 대한 시행에 박차를 가하게 되는데, 강력한 규제 수단으로 일컬어지는 세금 중과 체계를 완성하게 됩니다. 종합부동산세와 양도소득세의 중과를 시행하겠다며 추진했는데, 이러한 종합부동산세와 양도소득세의 중과는 다주택자를 목표로 하고 있었음을 간파할 수 있습니다. 종합부동산세는 다주택자의 보유주택을 합산과세하고, 과표현실화와 누진세율을 도입하면서 보유 개수가 많으면 세금이 더욱 많아지는 구조입니다. 양도소득세 중과 역시 3주택 이상 소유자의 경우 투기지역이면 최고 82.5%의 세율을 적용하게 되었습니다. 이러한 다주택자의 양도소득세 중과는 2003년까지 이미 3주택이 된 다주택자의 경우 중과 조치가 1년간 유예가 되었지만, 이 유예기간 안에 처분하지 못하고 기한을 넘기게 되면 팔아도 차익을 양도소득세로 모두 뺏겨야 할 상황이니 다주택자들은 마음이 급해지기 시작했습니다. 당연히 너도나도 팔아야 하는 상황이고, 한꺼번에 매도 물량이 시장에 쏟아지면 가격 하락은 피할 수 없습니다. 정부에서 매수하는 사람에게는 자금출처를 요구하고 금융조사를 하겠다고 하며 매수 수요를 막았고, 이미 주택을 여러 채 보유한 다주택자에게는 1년 기한을 주고 팔지 않으면 양도소득세로 차익을 모두 뺏어 가겠다고 하니 다주택자는 물건을 팔아야 할 처지가 되었습니다. 이에 따라 아파트 가격은 2004년 6월부터 하락해서 12월에는 전년도 대비 -1.02% 하락하게 됩니다. 2004년 5월까지는 서울 아파트 가격이 상승했는데, 그 상승분을 6월부터 12월까지 모두 반납하고 하락으로 마감했습니다. 전국 아파트 가격은 -2.1% 하락했으며, 미분양은 6만 9,133가구가 늘어났습니다. 이는 2003년 대비 80.7% 늘어난 수치였습니다. 정부가 살벌하게(?) 규제 정책을 시행하니 주택 시장이 차갑게 얼어붙은 것은 어쩌면 당연한 결과였습니다.

그런데 자본주의 시장의 시장 참여자들은 매우 스마트하고, 합리적으로 움직이는 특성이 있습니다. 필자가 볼 때 2003~2004년 노무현 정부 초기의 부동산 정책은 규제 정책인 것은 맞는데, 이제까지의 규제 정책과는 달리 다주택자에게 포커스를 맞추고 규제를 강화했다는 생각이 듭니다. 그러다 보니 시장 참여자들 중에서 다주택자의 경우, 여러 개 보유한 주택에서 입지가 떨어지고 보유 가치가 상대적으로 떨어지는 물건부터 처분하려고 했고, 갈아타기 수요는 더 입지 좋은 상급지로 옮기려고 했습니다. 그야말로 '똘똘한 한 채'의 트렌드가 확산됩니다. '어차피 세금 정책으로 봤을 때 주택을 많이 보유해봐야 어차피 세금으로 다 뺏기는데 그렇다고 길바닥에서 생활할 수는 없는 것이고, 가족들이 생활할 공간은 어디에라도 있기는 있어야 하니 기왕이면 입지가 좋고, 개별 상품성이 좋은 아파트 한 채만 가지고 가자'라는 생각을 사람들이 하게 됩니다. 2005년 5월 19일에는 도시 및 주거환경정비법 개정이 되었는데, 수도권 재건축 아파트는 연면적 50% 이상을 34평형 이하로, 가구수의 60% 이상을 34평형 이하로 지어야 했습니다. 도정법상 재건축은 보통 입지가 좋은 공동주택 단지에서 이루어지는데, 이렇게 되면 34평형 이하의 주택 개수가 많아지게 되고, 중대형 평형의 아파트가 상대적으로 희소성이 높아지게 되는 결과가 됩니다. 결국 시장 참여자가 생각하는 '똘똘한 한 채'는 입지 좋은 중대형 평형 아파트가 됩니다.

아울러 주택에 부과된 세금이나 부담금은 결국 다음 소비자에게 전가된다는 사실은 독자님들께서도 많이 들어보셨을 것입니다. 2005년 8월 31일 부동산 대책에서는 2주택자에게도 양도소득세 50% 중과와 종합부동산세 6억 원 초과로 확대했습니다. 2006년 5월 24일에는 8·31조치 후속대책으로 재건축에 최고 50%까지 재건초과이익을 환수하는 '재건축초과이익 환수에 관한 법률'을 제정하게 되었습니다. 또한 판교신도시 2차 34평형 초과하는 아파트에 채권입찰제(아파트 분양가격이 주변 시세보다 저렴해 시세차익이 클 것으로 예상되는 경우 주택 청약자에게 국민주택채권을 매입하도록 하는 제도로, 보통 채권은 매입하는 즉시 바로 되팔기 때문에 이자 손실이 발생합니다. 이것이 채권손실액입니다)가 시행되어 채권손실액까지 포함하게 되면서 분양가격이 치솟는 결과가 되었습니다. 이는 다른 아파트들의 분양가격과 기존 신축들의 시세를 끌어 올리는 기폭제가 되어버렸습니다. 이에 따라서 시장의 참여자들은 입지가 좋은 지역의 34평형을 초과하는 중대형 평형으로 몰리게 됩니다. 서울 아파트 가격은 2005년 9.08%, 2006년 24.11%로 급격하게 상승했습니다. 5차 하락기의 발단이 되는 미국발 금융 위기가 터질 때까지 가격은 지속해서 오르게 됩니다. 노무현 정부의 다주택자를 겨냥한 세금 정책과 서민을 위한다는 명분인 소형 아파트 확대는 중대형 아파트의 희소성을 높이게 되고, 개발행위에 대한 개발부담금, 재건축이익에 대한 부담금, 채권입찰제는 아파트의 가격을 더 끌어 올렸습니다. 정부의 부동산 정책이 시장 참여자들에게 엄포(?)를 줄 때는 잠시 가격이 하락하기도 합니다. 하지만 정부가 걷어가는 세금과 부담금은 소비자들에게 전가되고, 시장 참여자들의 합리적인 반응인 '똑똑한 한 채'는 결국 아파트 가격을 폭등시키게 됩니다. 4.5차 상승기의 상승요인은 '정부의 부동산 정책', '공급과 수요', '사람들의 투자 심리가 복합적으로 움직인 결과입니다.

5차 상승기는 2014년부터 시작이 되어 2021년에 정점을 찍게 됩니다. 상승기가 8년간 지속되었는데, 앞서 설명한 '6차 하락의 시작 이유? 돈이 사라지고 있다'에서 말씀드린 대로 2020년, 2021년의 우리나라 아파트 가격 상승은 코로나19 바이러스 전염으로 촉발된 통화량 팽창이라고 정리해드렸습니다. 그렇다면 2014년부터 2019년의 상승의 원인에 대해서 알아보도록 하겠습니다. 5차 하락기가 시작된 2010년부터 2013년까지 미국발 금융 위기의 여파와 이명박 정부의 보금자리주택의 영향으로 서울의 아파트 가격은 2010년 -2.19%, 2011년 -0.44%, 2012년 -4.48%, 2013년 -1.84%의 하락이 이어지고 있었던 시기였습니다. 2012년 12월 26일자 <매일경제> 사설에는 다음과 같은 내용이 실려 있습니다.

은행에서 1억 5,000만 원을 대출받아 수도권 소형 아파트를 장만했던 30대 가장이 집값 하락과 이자부담을 이기지 못해 가족을 죽이고 자신도 죽으려 한 사건이 발생했다. 하우스푸어 문제가 '살인'까지 부를 뻔한 것이다. 하우스푸어들은 집값이 천정부지로 오르던 2005~2006년

급한 마음에 대출을 끼고 무리해서 내 집을 마련했던 사람들이다. 하우스푸어의 주된 계층은 30·40대 수도권 아파트를 가진 중산층들로 투기와는 거리가 멀다. 우리나라의 경우 달랑 집 한 채가 전체 가계 자산의 70% 이상을 차지하고 있으니 부동산을 빼고 민생을 얘기하기 어렵다. *(중략)* 하우스푸어 문제로 일가족 자살과 같은 사회문제가 턱밑까지 쳐들어왔는데 정작 정부나 박근혜 대통령 당선인 캠프에선 이 문제에 대해 손을 놓고 있는 것 같다. *(중략)* 하우스푸어의 90% 이상은 거래만 되면 집을 팔아서 대출을 상환하겠다고 한다. 주택거래 활성화가 문제해결의 요체라는 얘기다. 그러자면 국회는 취득세 감면 연장, 분양가 상한제 폐지 등 주택거래 활성화 관련 법을 조속히 처리해야 한다. 박 당선인의 핵심 공약인 중산층 70% 회복의 전제조건은 주택거래 활성화와 크게 연관이 있을 것이다. 곧 발족할 인수위는 하우스푸어 대책 마련과 신속한 추진을 최우선으로 삼아야 할 것이다.

내용은 이렇습니다. 주택가격이 내려서 대출받아 집을 샀던 30대 가장이 가족도 죽이고 자신도 죽으려고 한 사건이 벌어졌는데, 이는 '하우스푸어' 문제 때문이고, 정부와 박근혜 당선인은 이러한 하우스푸어 문제에 대해서 조속하게 대책을 마련해야 한다는 기사입니다. 박근혜 대통령은 2013년 2월 25일에 취임하게 되고, 이러한 부동산 시장의 대책으로 부동산 부양 정책을 펼치기 시작합니다. 2013년 4월 1일 서민 주거 안정을 위한 주택 시장 종합 대책, 2013년 8월 28일에는 서민 중산층 주거 안정을 위한 전월세 대책 마련, 2014년 9월 1일 규제 합리화를 통한 주택 시장 활력 회복 및 서민 주거 안정 강화 방안, 2014년 12월 29일 부동산 3법 입법 등을 발표했습니다. 세부적 추진 정책으로는 생애 최초 주택구입자 취득세 면제, 양도소득세 5년간 면제, 취득세율 영구 인하, 다주택자 양도소득세 중과폐지, 분양가 상한폐지, 재건축초과이익환수 유예, 재건축 조합원 분양 주택 수를 1주택으로 제한하던 것을 3주택까지 분양 허용, 전월세 관련 대출금리 인하 등 대출 문턱도 낮춥니다.

이렇게 주택 시장을 활성화시키기 위해서 부동산 부양 정책을 사용한 결과, 박근혜 대통령 취임 이듬해인 2014년 9월부터 서울 아파트 가격은 상승하기 시작했고, 2014년 1.09%, 2015년 5.56%, 2016년에는 4.22%가 상승하게 됩니다. 이렇게 주택 시장이 활성화되고 가격이 상승하자 2016년부터 다시 박근혜 정부는 규제 정책을 펼치게 됩니다. 2016년 8월 25일에 가계부채 관리방안을 발표하고 집단대출 억제, 가계대출 분할상환 유도 등으로 시중의 유동성을 축소시키기 위한 정책을 시작했습니다. 2016년 11월 3일은 실수요 중심의 시장 형성을 통한 주택 시장의 안정적인 관리방안을 발표하면서 투기과열지구 분양권 전매금지 및 1순위 청약조건 강화, 12월 24일에는 잔금대출 규제 강화, 2017년 1월에는 총부채원리금상환비율(DSR)을 도입하면서 주택 시장의 과열을 잠재우기 위해 노력합니다. 박근혜 대통령은 규제 정책을 시작하기 몇 개월 지나지 않아 효과를 기다릴 시간도 없이 파면되어 대통령직에서 물러나게 됩니다.

2017년 5월 9일에는 문재인 정부가 들어서게 됩니다. 이 당시는 필자의 기억에도 생생히 남아 있습니다. 서울에서 강의하고 수강생들하고 질문과 답변을 주고받는 시간에 한 수강생이 앞으로 시장 전망을 물어봤습니다. 그래서 "문재인 정부가 들어서게 되면 다주택자를 때려잡으려고 할 것이니 보유 주택 개수가 많으면 못난이들 팔고 강남으로 가세요. 다시 똘똘한 한 채를 선호하게 될 것입니다"라고 대답했습니다. 아니나 다를까 문재인 대통령이 취임하자마자 노무현 정부의 부동산 정책 판박이 시즌 2가 진행되었습니다. 노무현 정부에서 부동산 정책에 관여했던 고위직 인사들이 그대로 기용되면서 부동산 정책 또한 노무현 정부와 다르지 않게 그대로 나오게 됩니다. 2017년 6월 19일 부동산 대책에서는 분양권 전매 금지, 재건축 조합원 주택공급수 제한 부활을 담았고, 2017년 8월 2일 부동산 대책에서는 조정대상지역, 투기과열지구 신규 지정, 주택청약 1순위 조건 강화, 총부채상환비율(DTI)과 담보인정비율(LTV) 강화, 재건축초과이익 환수제 부활, 투기과열지구 내 재건축·재개발 조합원 지위 양도 및 입주권 전매금지, 분양권 전매 시 양도소득세율 인상, 분양가 상한제 재시행 및 결정적으로 다주택자에 대한 양도소득세를 중과하게 되어 사실상 노무현 정부와 대부분 같은 정책을 펼치게 됩니다. 부동산 정책 기조가 다주택자를 투기꾼으로 보고, 범죄자 취급하듯 세금을 부과했습니다. 아울러 재건축에 대해서는 안전진단 조건을 강화하고, 재개발에 대해서는 구역 지정을 취소하는 등 공급 물량이 감소하게 됩니다.

이듬해 2018년 9월 13일 부동산 종합 대책에서는 다주택자에 대한 종합부동산세 인상을 골자로 합니다. 이러한 부동산 규제 정책을 펼치면서도 복지비용은 천문학적으로 늘려서 대한민국 역사상 정부 부채의 3분의 1을 문재인 정부에서 만들었고, 복지비용을 뿌려 시중의 유동성을 팽창시켰습니다. 이러한 유동성 증가는 주택 시장에 영향을 주게 되었습니다. 노무현 정부에서 다주택자에 대한 규제 일변도의 부동산 정책은 시장 참여자들이 '똘똘한 한 채'로 몰리는 현상이 발생했는데, 문재인 정부에서도 시장 참여자들은 같은 선택을 하게 됩니다. 입지 좋은 아파트로 몰리는 현상이 재현되고, 서울 아파트 가격은 폭등하게 됩니다. 문재인 대통령 취임 첫해인 2017년의 서울 아파트 가격 상승률은 5.28%, 이듬해 2018년에는 13.56%에 달하는 높은 상승률을 나타내게 됩니다. 2019년에는 2.91% 상승률로 숨 고르기를 하는가 싶었는데, 2020년 코로나19 바이러스 창궐로 인해 앞서 언급한 대로 각종 재난지원금 및 보조금으로 약 40조 원의 예산이 시중에 풀리면서 유동성을 증가시켰습니다. 이러한 통화량 팽창으로 인해 서울 아파트 가격은 2020년 13.06%, 2021년에는 16.40%가 상승했습니다. 요인별로 정리해보면 5차 상승기 초기에는 박근혜 정부의 시쳇말로 '대출받아서 집 사라' 부동산 부양 정책으로 인해 상승했습니다. 문재인 정부에서는 재건축·재개발 공급 감소 및 다주택자 세금 중과 등의 규제로 인한 '똘똘한 한 채' 선호 현상 및 상상을 초월하는 복지비용과 재난지원금 지원으로 인해 결과적으로 시중의 유동성을 증가시킨 것이 원인이라고 하겠습니다. '국내외 경제 상황', '정부의 부동산 정책', '사람들의 투자 심리', '공급과 수요' 등 모든 요인이 복합적으로 작동해 무려 8년이라는 장기 상승을 이루어낸 것입니다.

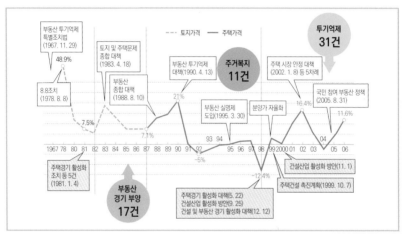

자료 3-9. 연도별 부동산 가격 변동 및 주요 정책 (출처 : 《대한민국 부동산 40년》)

어제는 애국자라 하고 오늘은 범죄자라고 한다

필자의 지극히 주관적인 주장입니다만, 앞서 살펴본 바와 같이 한국전쟁 이후 우리나라 아파트 시장의 상승기와 하락기는 '국내외 경제 상황', '정부의 부동산 정책', '사람들의 투자 심리', '주택의 공급과 수요' 등

4가지 요인의 영향으로 흐름이 만들어져 왔습니다. 상승기는 1차, 2차, 3차, 4차, 4.5차, 5차 등 여섯 차례의 상승기(1차와 2차 상승기는 요즘 이야기하는 아파트가 제대로 없었기에 토지 가격 상승률로 대체)가 있었습니다. 하락기는 1차, 2차, 3차, 4차, 5차, 6차 등 상승기와 마찬가지로 여섯 차례의 하락기를 거쳤고, 6차 하락기의 경우에는 이 책을 집필하는 지금도 현재 진행형으로 진행되고 있습니다. 이 책이 출판되고 시간이 지나 6차 하락기가 끝나고 다시 상승기로 돌아선다면 개정판을 출판해야 할지도 모르겠습니다.

아무튼 국가도 결국은 기업이나 다름없습니다. 경제가 활성화되고 세금을 많이 거두어서 국방, 공공인프라, 교육, 복지 등의 재원으로 사용할 것입니다. 물론 공무원 급여도 지급해야 하고요. 따라서 정부 입장에서는 아파트 가격이 특별하게 상승하거나 하락하기를 원하지 않습니다. 인플레이션 상승률 범위 정도의 상승을 희망하죠. 평균선에서 과하게 오버슈팅을 하거나 심각할 정도로 하락한다면, 정부 입장에서는 평균선에 맞추려고 할 것입니다. 따라서 인플레이션 변동률(역사적으로 몇 차례 빼고는 거의 상승만 보이고 있습니다)은 주택가격의 상승률 입장에서 보면 변하지 않는 상수에 해당합니다. 이러한 상수에 해당하는 변동률 정도로만 아파트 가격이 변동하기를 바라지만, 세상일은 마음먹은 대로 되지 않습니다. 그러다 보니 아파트 시장은 국내외 경제 상황이 급변하면 널뛰기를 하고, 이에 따라 정부의 부동산 정책은 냉탕과 온탕을 오가며 사람들은 이리 몰렸다 저리 몰렸다 합니다. 아파트 공급은 시간이 필요한데 그러다 보니 어느 장관님은 "아파트가 빵이라면 밤을 새워서라도 만들겠다"라는 자조 섞인 말씀도 하셨지요.

베트남 특수와 같이 남의 나라 전쟁이 우리나라 부동산 가격을 올려놓고, 석유파동으로 국가 경제가 비상이 걸렸는데 아이러니하게도 중동 특수에 수출 호황까지 겹쳐 우리나라 부동산 가격을 천정부지로 치솟게 만듭니다. 미국이 일본한테 플라자합의에 사인하게 만들어서 분풀이했는데, 한국은 3저 호황으로 돈이 넘쳐나게 되어 아파트 가격이 폭등합니다. 당장이라도 나라가 망할 것 같았던 IMF 외환 위기를 넘기자마자 아파트 가격은 미친 듯이 오릅니다. 정부가 부양 정책을 펼치고, 아파트를 구매할 돈을 잘 빌려주었기 때문입니다. 이자도 깎아주고 말입니다. 하지만 정부가 다주택자를 범죄자 취급하고 세금 때리고 부담금 매기고 채권입찰제 해서 삥 뜯으니까 분양가격만 올라가고, 스마트한 시장 참여자들은 입지 좋은 똘똘한 한 채로만 몰려갑니다. 1994년에 200만 호 건설 추진 공급 폭탄 여파로, 미분양 주택 수가 10만 가구를 넘어서고, 건설 업체가 파산할 때 정부에서는 다주택자를 '애국자'라고 했습니다. 다주택자는 이렇게 애국자가 되었다가 범죄자가 되기도 합니다.

시중의 통화량이 아파트 가격 흐름을 결정한다

전염병이 창궐하니 전 국민에게 그냥 돈을 뿌립니다. 이자도 싸게 막 빌려줍니다. 갈 곳 없는 돈은 아파트 가격을 폭등시킵니다. 정부는 아파트 시장 상황에 따라 이랬다저랬다 합니다. 그래서 정부의 행동은 상수가 아니라 변수입니다. 국내외 경제 상황도 언제 터질지 모르는 시한폭탄과 같이 항상 변수입니다. 사람들의 투자 심리는 오를 것 같으면 묻지마 투자를 하지만, 가격이 내릴 것 같으면 묻지도 따지지도 않고 사지 않습니다. 이 또한 변수입니다. 흔들리는 사람 마음은 어떻게든 측정할 수 없습니다. 공급과 수요에서 공급은 측정이 되지만, 사람의 마음인 수요가 측정이 되지 않아서 이 또한 정확하지 않습니다. 아무리 공급이 적어도 수요가 발생하지 않으면 이론상으로는 상승이 어렵습니다. 물론 언젠가는 폭등하는 시기가 오기는 할 것입니다. 필자가 공부하면서 느낀 것은 결국 시중의 흘러 다니는 통화의 양입니다. 아파트 가격이 상승할 때는 항상 외국에서 돈을 벌어와서든, 정부에서 국민들에게 아파트를 구매하라고 은행에 돈을 빌려주라고 하거나 전세 보증금을 싸게 대출해주라고 하든, 시중의 유동성 공급이 풍부해야 실물자산 중 하나인 아파트 가격이 오릅니다.

반대로 아파트 가격이 하락할 때는 시중에 현금이 부족한 시기입니다. 석유파동 때는 원유 구매대금으로 국가에 현금이 없었고, IMF 외환위기 때는 외국 빚을 갚을 돈이 없었습니다. 코로나19 바이러스 전염병에 의한 전 세계적인 현금 파티는 파티가 끝나자 썰물처럼 시중에 현금이 없어지고, 현금이 없으니 버티지 못하고 아파트를 헐값에 팔아야 하는 신세가 되었습니다. 결국 아파트 가격을 올리고 내리는 범인은 유동성입니다. 현금이 시중에 풀리거나 사라지는 것에 대한 흐름을 보는 눈을 키운다면, 분명 성공한 투자자가 될 기본적인 지식을 갖추는 것입니다. 따라서 아파트 가격의 상승기와 하락기에 어떠한 원인으로 가격 변화가 발생했는지에 대한 조사는 필자나 여러분과 같이 아파트 투자 공부를 하는 사람들에게는 매우 중요한 일이고, 향후 아파트 투자를 결정할 때 필요한 통찰력을 키워 줄 것입니다. 다 잊어도 하나는 반드시 기억하십시오. 통화량의 팽창과 축소에 따라 아파트 가격은 움직인다는 것을요.

아파트 가격 상승기				아파트 가격 하락기			
차수	기간	주요 원인	요인 분류	차수	기간	주요 원인	요인 분류
1차	1964~1971	외자도입, 베트남 특수, 국토개발	국내외 경제 상황(국내), 유동성 팽창	1차	1973~1975	1차 석유파동	국내외 경제 상황(국외), 유동성 축소
2차	1976~1978	중동 특수, 수출 호황	국내외 경제 상황(국내), 유동성 팽창	2차	1979~1982	2차 석유파동	국내외 경제 상황(국외), 유동성 축소
3차	1981~1983	양도소득세 면제	정부의 부동산 정책	3차	1991~1994	공급 폭탄	공급과 수요
	1987~1990	3저 호황, 올림픽 특수, 수출 호황	국내외 경제 상황(국내), 유동성 팽창				
4차	1999~2003	정부 부동산 부양 정책, 주택공급 부족 (외환 위기 시기에 건설사 줄폐업)	정부 부동산 정책, 공급과 수요	4차	1998	IMF 외환 위기	국내외 경제 상황(국내), 유동성 축소
4.5차	2005~2009	다주택자 규제로 인한 똘똘한 한 채 선호, 각종 세금과 채권입찰제는 분양가격 상승	정부 부동산 정책, 공급과 수요, 사람들의 투자 심리	5차	2010~2013	미국발 글로벌 금융 위기, 보금자리주택	국내외 경제 상황(국외), 사람들의 투자 심리, 유동성 축소
5차	2014~2021	박근혜 정부 부동산 부양 정책, 문재인 정부의 다주택자 규제로 인한 노무현 정부 시즌 2(똘똘한 한 채 선호), 코로나19 바이러스 창궐(무상 재정지원)	국내외 경제 상황, 정부의 부동산 정책, 사람들의 투자 심리, 공급과 수요, 유동성 팽창	6차	2022~?	미국 중앙은행 및 한국은행 통화량 축소, 금리 인상	국내외 경제 상황(국외, 국내 동시), 유동성 축소

자료 3-10. 아파트 가격 상승과 하락기의 차수, 기간, 주요 원인, 요인 분류

PART
4

이런 아파트만 사라.
그래야 두 다리 뻗고
편하게 잘 수 있다

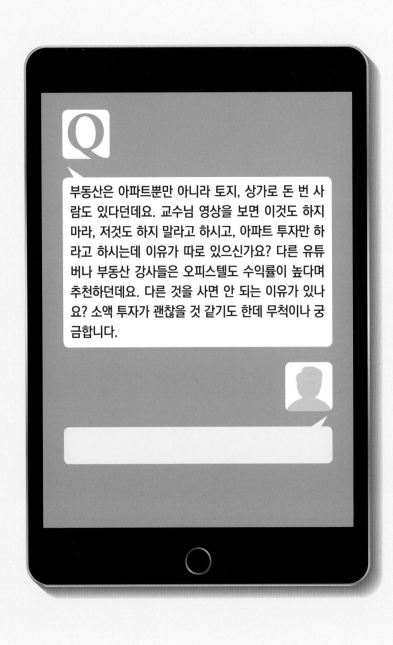

부동산은 아파트뿐만 아니라 토지, 상가로 돈 번 사람도 있다던데요. 교수님 영상을 보면 이것도 하지 마라, 저것도 하지 말라고 하시고, 아파트 투자만 하라고 하시는데 이유가 따로 있으신가요? 다른 유튜버나 부동산 강사들은 오피스텔도 수익률이 높다며 추천하던데요. 다른 것을 사면 안 되는 이유가 있나요? 소액 투자가 괜찮을 것 같기도 한데 무척이나 궁금합니다.

말하지 않을 뿐, 돈 번 사람보다 손해 본 사람이 더 많습니다

부동산은 아니 不(부) 자를 써서 부동산, 즉 움직이지 않는 자산이죠. 부동산이 이제 법적 용어로 가면 토지하고 토지 위에 있는 붙어 있는 건축물, 보통 이렇게 이야기합니다. 관련 질문들도 카톡방에 많이 올라오는데요. 예를 들어 "나는 아파트가 너무 많아서 세금도 많고, 주위에 투기꾼이라는 눈치도 보이고 해서 투자하기가 힘듭니다. 그래서 지식산업센터나 오피스텔, 상가, 분양형 호텔, 생활형 숙박시설이나 토지 쪽으로 투자를 좀 하고 싶은데 어떻게 생각하십니까?"라는 질문이 매우 많습니다. 사실 실제로 그렇게 투자하고 계시는 분들이 있음에도 불구하고, 제가 왜 아파트 투자만 하라고 그럴까요? 그것은 이미 알고 계시는 분들은 아시겠고, 책 프로필에도 보시면 나와 있지만 저는 도시계획기술사입니다. 도시계획기술사는 땅을 다루는 업무를 하고, 제가 그러한 땅을 다루는 직업을 가지고 있는데요. 저 또한 땅에 투자해서 수익을 많이 올린 사람인데도 불구하고, 아파트 투자만 하라고 하는 데는 이유가 있을 것이란 말이죠.

사실 부동산 투자야 뭐 이런 것을 해도 되고, 저런 것을 해도 됩니다. 토지를 투자해서 돈 버는 사람도 있고, 상가를 해서 돈 버는 사람도 있고, 지식산업센터를 투자해서 돈 버는 사람도 있고, 하다못해 지역주택조합에 투자해서도 돈 버는 사람이 있습니다. 그렇게 해서 진짜 돈 버는 사람들도 분명히 있습니다. 그러나 세상에는 공짜가 없고, 돈 벌기 쉬운 방법은 없습니다. 돈 번 사람들은 자신의 무용담을 펼쳐 놓지만, 실제로는 손해를 본 사람들이 더 많습니다. 필자에게 상담하러 오시는 분들만

봐도 그 숫자는 헤아리기 힘듭니다. 예로부터 지피지기 백전백승(본말은 지피지기 백전불태, 知彼知己百戰百勝)이라고 했습니다. 필자가 방송에서 "이것도 하지 마라. 저것도 하지 마라" 한 이유는 모르면 하지 말라는 뜻입니다. 최소한 그 종목들의 특성과 수익 구조가 어떠한 형식으로 이루어지는 것인지, 완벽히 공부해서 알기 전에는 하지 말라는 뜻입니다. 자, 그렇다면 지금부터 하나씩 해부해보도록 하겠습니다.

토지 투자해서 골병든 사람은 하소연할 곳도 없다

우리나라 사람들의 토지에 대한 소유 욕구는 매우 강합니다. 이는 좁은 국토에 비해 인구가 많은 나라 사람들의 전형적인 행동 패턴이기도 하고요. 또한 건물은 화재로 소실되어도 토지는 영원히 그 자리에 남아 있으니 영원불멸이라는 물리적인 특성도 토지 소유욕을 일으키는 원인입니다. 감가상각도 없을뿐더러 주변에서 토지를 많이 보유했던 사람들이 시간이 지날수록 더욱더 부자가 되는 것을 보면, 막연하게 토지를 소유하고 싶어 하는 사람들의 마음을 움직이게 하는 원동력이 됩니다. 한편 경제학적으로도 인플레이션에 따른 통화가치의 하락을 보상해주는 실물자산으로 주식과는 또 다른 편안함을 주고, 이러한 특성으로 인해 사람들에게는 영원한 소유의 대상이자 꿈으로 자리 잡고 있습니다. 그런데 문제는 사람들이 아무 토지를 아무렇게나 사도 모든 토지 가격이 다 오를 것으로 착각을 한다는 것에 있습니다. 필자는 도시계획기술사 자격을 보유하고 있습니다. 도시계획기술사란 토지를 다루는 일에 대한 전문적인 지식과 경험이 있다고 국가에서 보증하고 인정한 자격입니다. 아울러 한국의 부동산 관련 강사 중에서는 필자가 유일하게 부동산학 박사와 도시계획기술사를 보유하고 있기도 합니다. 그 어느 부동산 강사보다 토지에 관한 한 이론적이나 실무적으로 지식과 경험이 많다는 이야기이기도 합니다. 이러한 필자의 프로필 때문에 그간 10년 동안 방송에서 토지 투자와 관련되어 수많은 질문들이 들어왔는데, 그 질문 속에서 많은 사람의 토지 투자 실패 과정을 경험했습니다. 이러한 사례들을 모아서 2020년 《토지 투자, 모르면 하지 마!》라는 책으로 엮어서 출판했습니다.

책 내용에는 수많은 토지 실패 사례들이 나열되어 있습니다. 기획 부동산 회사라고 일컫는 토지 사기 업체에 취직해서 본의 아니게 주변 사람들에게 토지 사기를 치게 됨은 물론, 급기야 본인도 쓸모없는 토지를 사서 괴로움의 세월을 보내는 사례, 친구를 믿고 토지를 샀는데 쓸모없는 토지라는 것을 몇 년 후에 알게 된 사례, 팔고 싶을 때 팔리지 않는 공유지분 토지 투자 사례, 회사의 친한 후배가 추천해서 샀는데 중간에 돈을 착복한 사례, 물건도 안 보고 샀는데 찾아가기도 힘든 산 중턱에 있는 토지를 산 사례, 남북경제협력 관련 토지라고 암보험금을 투자했는데 알고 보니 쓸모없는 토지였던 사례, 개발제한구역이 풀린다고 해서 투자했는데 전혀 풀리기 힘든 지형의 토지를 매입한 토지 투자 사례, 금융기관의 대출을 믿고 그 감정평가를 신뢰해서 투자했으나 실제로는 쓸모없는 토지였던 사례, 개발 호재가 있다고 해서 샀는데 해당 토지가 아니라 주변 토지였던 사례, 무조건 사면 돈벼락 맞는다고 해서 샀는데 아무런 쓸모없는 땅인 것을 나중에 알게 된 사례 등등 헤아릴 수 없을 정도로 많습니다. 수많은 토지 사기 또는 적어도 사기는 아닐지언정 투자 실패로 이어지는 토지 투자를 너무나도 많이 봐왔습니다. 물론 토지 투자를 통해서 수익을 보고 재산을 축적한 사람들도 있을 것입니다. 그러나 필자가 보기에는 전문적인 지식을 가지고 있는 사람들도 확률적으로 수익을 보기 쉽지 않은 토지 투자 분야에서 공부도 하지 않은 일반 사람들이 토지 투자를 쉽게 생각하는 것은 참으로 안타까운 일이 아닐 수 없습니다.

　필자의 경우 실제 계약서 및 등기부등본, 실제 진행 상황과 결과, 수익금액까지 모든 내용을 오픈했던 사례를 강의했습니다. 실투자금 5억 원, 대출금 7억 원 도합 12억 원을 투자해 1년 만에 26억 원을 받았고, 소송을 통해 2년 후 28억 원의 보상금을 받았던 투자 내용이었습니다. 그러나 이 토지 투자도 얼마 지나지 않아서 폐강했는데, 그 이유는 필자가 아무리 생각해봐도 필자 같은 전문지식이나 경험이 있어야만 가능한 투자 사례이지, 일반 사람들이 강의 한두 번 듣고 필자와 같은 토지 투자를 할 수 있을 것이라는 생각이 들지 않았기 때문입니다. 분명 토지 투자를 통해서 수익을 볼 수 있고, 큰 재산을 축적할 수도 있습니다. 하지만 여러분과 같은 일반인이 토지 투자로 성공하기에는 너무나도 장벽이 높습니다. 토지 투자로 성공하기 위해서는 토지에 관한 최소한의 공부를 해야 하는데, 관련 법률에 해박해야 하며 토지의 법률적, 물리적 특성을 모두 파악해야 합니다. 특히나 등기부등본, 토지대장, 임야대장, 토지이용계획확인원 등 토지 관련 공적 서류를 보고 이해할 수 있어야 하며, 국토의 계획 및 이용에 관한 법률, 토지이용규제기본법상의 용도 지역, 지구, 구역을 모두 이해하고 있어야 합니다.

　이뿐만이 아니라 개별적으로 규제하는 법률과 토지의 물리적 특성에도 이해도가 높아야 합니다. 혹자들은 그러한 법령은 토지 투자하는 데 걸림돌만 될 뿐이지 실제로는 도움이 되지 않는다고 하기도 합니다. 그러나 실제 토지 투자를 해본 사람들은 토지규제법령의 중요성을 너무나도 잘 알고 있습니다. 토지 투자로 돈을 번다는 것이 얼마나 어렵고, 처음으로 토지 투자를 결정하기가 말처럼 쉽지 않다는 것을 뼈에 새기고 있습니다. 본인이 토지 투자를 위한 사전 공부를 해본 적 없다거나 부족하다는 생각이 드는 독자분들은 절대 토지에 투자해서는 안 될 것입니다. 아울러 지방은 도시로의 인구 집중이 매해 높아져만 가고 있습니다. 지방의 시골 토지는 특히 광역시나 인구 100만 명 이상의 생활권이 아닌 경우에는 투자를 절대 해서는 안 될 것입니다. 이렇게까지 이야기해도 굳이 토지에 투자하고 싶어 하시는 분들이 있습니다. 이런 분들은 토지에 대한 최소한의 법률적, 물리적 공부를 하시고 그나마 가장 안전한 방법으로 투자를 하셔야 할 것입니다.

첫째, 내가 산 토지를 나중에 누군가 사줄 것이라는 확신이 들어야 합니다. 농사를 짓든, 공장을 짓든, 창고를 짓든, 건축물을 짓든 그에 맞는 사용 용도로 추후 팔 수 있어야 합니다. 그런데 추후 본인이 매입한 가격 이상으로 팔 수 있는지에 대한 고민은 없습니다. 사실 고민을 한다고 해도 뾰족한 방법이 나오지 않습니다. 팔고 싶을 때 팔지 못한다면 그것은 투자가 아니라 언제 팔릴지 모르는 애물단지를 끼고 있는 것이나 다름없습니다. 누가 나중에 내가 보유한 토지를 사줄 것인지에 대한 확신이 들지 않는 토지는 투자해서는 안 됩니다. 그냥 나중에 어떻게 되겠지 하는 근거 없는 믿음은 절대 가져서는 안 됩니다.

둘째, 우리나라는 '국토기본법'에 따른 '국토종합계획'이라는 계획을 수립하고, 그에 따라 국토를 개발하고 보전할 곳을 나누어서 세밀하게 관리합니다. 한국 전쟁 이후 급속한 산업 발전이 있을 시기에는 사실상 국토 개발을 목적으로 이용하는 경우가 많았으나 2000년대 이후부터는 개발보다는 관리에 치중해서 기존에 개발한 곳을 재개발이나 리뉴얼해서 쓰라는 쪽으로 계획이 수립되고, 사실상 관리되고 있습니다. 이러한 현상은 지방에서의 인구가 수도권으로 집중되고, 지방에 개발이 더 이상 되지 않는다는 사실을 반영한 조치입니다. 국토 균형 발전을 위해 혁신도시나 기업도시를 개발했지만, 실제로 국토 균형 발전이 이루어졌는지는 회의적인 시각이 많이 있습니다. 수도권의 사람들을 억지로 지방에 내려보낸다고 해서 지방이 발전하지 않는다는 것은 이미 모두가 알고 있는 사실입니다. 따라서 2000년대 이후의 상황만 보더라도 정부에서 관련 법을 제정해서 공공기관을 지방으로 내려보내는 큰 노력을 기울였음에도 불구하고, 지방의 인구는 줄어들고 수도권으로, 서울로 인구는 계속 집중되고 있습니다. 인구가 모이는 곳에 돈이 모이고, 돈이 모이는 곳에 개발이 이루어집니다. 개발이 이루어지는 곳에 또다시 인구가 모이게 됩니다. 따라서 인구가 모이는 수도권이나 100만 명 이상의 생활권이 아닌 지역에 토지 투자를 해서는 곤란한 상황이 생길 수도 있습니다.

셋째, 수도권이나 광역시, 인구 100만 명 이상의 생활권역이 아닌 곳에 토지 투자를 하지 말라고 하면, 항상 "저는 투자할 돈이 없어서 그런 비싼 토지에는 투자할 수 없습니다. 소액으로 투자할 곳을 찾고 있습니다"라는 말이 나옵니다. 대도시 중심부나 대도시지역의 경계에 위치하는 토지는 가격이 비싼 것이 일반적입니다. 따라서 이해를 못 하는 바는 아니지만, 문제는 그렇다고 해서 수도권, 광역시, 인구 100만 명 이상의 대도시가 아닌 시골의 논, 밭, 임야 등 평당 가격이 저렴한 토지에 투자하는 경우 대부분 실패하게 됩니다. 돈이 없다고, 모자란다고 해서 외곽에 싼 토지를 매입하는 경우는 그냥 '나도 토지를 보유하고 있다'라는 포만감만 가질 뿐 투자에서 성공할 확률은 극히 낮습니다. 돈이 부족하면 그냥 토지 투자는 하지 않는 것이 좋습니다.

넷째, 절대 맹지를 사서는 안 됩니다. 맹지란 '도로에 직접 연결되지 않은 토지'를 말합니다. 맹지는 텃밭이나 농사를 짓는 용도 이외에 아무것도 할 수 없는 쓸모없는 토지입니다. 토지 투자를 권유하는 많은 사람이 '맹지 탈출하는 법'이라고 강의하곤 하는데, 관련 방법들이 전문적인 지식을 가지고 있는 사람들도 쉽사리 할 수 있는 스킬들이 아닙니다. 일반 사람들은 그저 공부를 위한 공부를 하는 뫼비우스의 띠에 갇히게 됩니다. 그러니 아예 처음부터 그냥 맹지가 아닌 도로가 붙어 있는 토지를 매입하면, 그러한 고민을 하실 필요가 없게 됩니다. 아울러 도로 또한 그냥 도로면 괜찮은 것이 아니고, 건축법상 도로여야 합니다. 건축법상 도로는 사람들의 보행과 자동차의 통행이 가능한 너비 4미터 이상의 도로여야 합니다. 이러한 도로가 붙어 있어야 그 토지에 주택이든, 공장이든, 창고든 지을 수 있습니다. 토지는 농지나 임야가 아닌 이상 건축물을 지을 수 있어야 토지 본연의 기능을 할 수 있는 그야말로 '쓸모 있는' 토지가 됩니다. 투자해도 이러한 토지에 투자해야 합니다.

정리하면 수도권이나 광역시, 100만 명 이상이 모여 있는 생활권의 대도시 중심부나 대도시 경계부에 너비 4미터 이상의 도로에 붙어 있는 토지를 투자의 우선 대상으로 고려해야 그나마 안전한 투자가 됩니다. 그런데 이것 말고도 검토해야 할 사항들이 많이 있습니다. 차라리 이렇게 공부를 해야 할 바에는 그냥 투자 안 하시는 게 맞습니다. 토지 투자는 필자 같은 전문가도 하기 어려운 분야입니다.

대박과 쪽박 사이에 있는 꼬마빌딩과 상가 투자

잊을 만하면 신문에 등장하는 기사가 있습니다. '연예인 누구누구가 빌딩을 사서 시세차익이 얼마 났다. 부동산 투자에 뛰어난 재주가 있는 연예인이다' 등 상당한 수익을 봤다는 내용이지요. 연예 활동으로 돈도 잘 버는데 부동산 투자도 전문가 못지않게 잘한다는 소식을 접하면, 누구나 '나도 상가 건물주가 되고 싶다'라는 생각을 하는 것은 당연하다고 하겠습니다. 예전에 필자가 어릴 때만 해도 커서 뭐가 되고 싶냐고 하면 대부분 대통령이나 장군, 선생님, 의사, 판검사 뭐 이 정도였는데, 요즘은 건물주가 되고 싶다는 아이들이 압도적으로 많다는 이야기를 들어보셨을 것입니다. 아마도 이렇게 된 이유는 여러 가지가 있겠지요. 우선 재물을 많이 모은 자산가의 이미지도 그려지지만, 그보다 핵심은 꼬박꼬박 나오는 월세를 받아서 노동(?)하지 않고, 편안한 생활을 하고 싶다는 것입니다. 또한 투자자 입장에서는 아파트 투자를 하려고 해도 다주택자를 범죄시하는 정부 스탠스를 볼 때 개수 늘리는 아파트 투자는 어려운 투자 환경이라는 점도 꼬마빌딩이나 상가 투자에 관심을 돌리게 하는 원인이라고 하겠습니다. 실제 상가로 이루어진 빌딩 건물주라면 사실 왠지 모르게 폼도 날 것 같습니다.

필자가 지금 '꼬마빌딩', '상가', '빌딩 건물주'라는 여러 단어를 써서 살짝 혼란스럽긴 하지만, 규모의 차이만 있다 뿐이지 결국 상가라는 투자 종목을 특징에 따라 현장에서 쓰기 쉬운 대로 혼용해서 부르는 것입니다. 따라서 꼬마빌딩, 빌딩, 상가 건물, 상가라고 하지만, 결론적으로는 우리의 로망인 '꼬마빌딩'으로 정리하고 설명하겠습니다. 아무튼 꼬마빌딩에 투자하려는 이유는 매입 후 보유기간에는 안정적인 월세를 받고, 시간이 흘러 매도할 때는 시세차익도 보기 위해서입니다. 그런데 이렇게 꼬마빌딩을 투자 종목으로 접근하려면 우선 이해해야 할 개념이 '요구수익률'이라는 개념을 반드시 숙지해야 합니다. 요구수익률은 투자자가 투자금을 투입할 때 요구하는 최소한의 수익률입니다. 어느 투자자든 자신의 투자금을 투입할 때는 최소한 이 정도 이상의 수익이 나온다는 확신이 들어야 투자를 실행할 것입니다. 여기서 '이 정도 이상의 수익'이 바로 요구수익률입니다.

예를 들어 여러분이 꼬마빌딩에 투자한다고 가정을 한다면, 그 꼬마빌딩을 매입하는 데 몇십억 원이 투입될 수도 있을 것이며, 규모가 큰 건물이라면 100억, 200억 원도 투입될 수 있을 것입니다. 어떠한 상황이든 자신들이 꼬마빌딩을 매입하기 위해서 돈을 투자하기로 결정할 때는 반드시 '내가 이 돈을 투자한다면 한 달에 월세는 얼마가 나와야 한다'라는 기준이 있게 마련입니다. 꼬마빌딩은 월세를 받는 것이 목적이기 때문입니다. 그런데 이러한 요구수익률은 기본직으로 사람마다 다를 수 있습니다만, 보통의 경우에는 가능하다면 투자금 대비 더 많은 월세를 받고 싶어 할 것입니다. 그러나 세상일이 그렇게 한쪽에 일방적으로 유리하게 흘러가지는 않습니다. 꼬마빌딩을 매매할 때 팔려고 하는 사람이나 사려고 하는 사람 중에 어느 한쪽이 일방적으로 유리하거나 불리하게 되면 그 거래는 성사되지 않습니다. 그래서 거래가 성사되려면 적당한 수준의 매매가격이 되어야 합의점을 찾을 수 있을 것입니다. 그렇다면 어느 한쪽이 유리하거나 불리하지 않게 적당한 가격 수준이 분명히 존재할 것인데요. 그것이 바로 매입하는 사람이 생각하는 최소한의 요구수익률입니다. 요구수익률은 매수자가 마음속에 품고 있는 최소한의 기준이고, 이 기준보다 유리한 조건이면 꼬마빌딩을 사려고 할 것이고, 이 기준에 미치지 못한다면 사려고 하지 않을 것입니다. 반대로 파는 사람 입장에서는 무조건 가격을 많이 받으려고 할 것인데, 이렇게 매수인의 요구수익률을 무시하고 매매가격을 높이게 되면 팔리지 않을 것입니다. 결국에는 적정 가격을 찾게 되는데, 이 적정한 수준의 가격이 바로 매수인이 가슴속에 품고 있는 요구수익률에 부합하게 됩니다. 그렇게 되면 계약으로 이어지게 되고, 꼬마빌딩의 주인은 바뀌게 되는 것입니다.

그렇다면 이러한 꼬마빌딩 거래에 필요한 적정가격, 요구수익률은 무엇이 기준이 될까요? '상가 빌딩이 예쁘니까 비쌀 거야, 요즘 건축비용이 높다던데 신축이라서 비쌀 거야, 땅이 넓고 땅값이 비싸니 비쌀 거야' 등 이렇게 어떠한 기준 없이 생각만으로는 그 적정가격인 요구수익률을 산출할 수 없습니다. 요구수익률을 산정하는 방법은 이렇습니다. 매수자의 꼬마빌딩 매입 목적은 월세를 받기 위함이기 때문에 투입하는 돈을 은행에 넣어 두었을 때 받는 이자보다는 적어도 2배 이상의 수입이 되어야 투자를 결정할 것입니다. 독자님들도 입장을 바꿔서 생각해보면 쉽습니다. 만약에 10억 원이라는 돈을 가지고 꼬마빌딩을 사려고 하는 사람이 은행에 10억 원을 정기예금하면 연 5% 이자를 준다고 할 때 1년에 세금을 제외하고 5,000만 원의 이자수익이 발생할 것입니다. 따라서 예금과 같은 수익이라면 은행에 정기예금을 할 것입니다. 은행에 정기예금을 넣는다는 것은 리스크가 전혀 없는 무위험 투자입니다. 그러나 이에 반해서 꼬마빌딩을 매입하면 공실로 인해 예상한 월세를 받지 못할 수도 있고, 상권의 변화로 월세가 낮아질 수도 있으며, 건축물이다 보니 시간이 흐름에 따라 감가상각이 발생할 수 있어서 수리와 관리에도 큰 비용이 투입되고, 무엇보다 임차인 관리에 감정적 소모도 많이 일어나게 됩니다. 또 요즈음에는 온라인 판매가 워낙 활성화되다 보니 전반적으로 상권의 개념이 약화되고 있다는 점은 주지의 사실입니다.

어쨌든 꼬마빌딩에 투자하려는 투자자 입장에서는 10억 원을 투자하기로 결정하기 위한 최소한의 요구수익률을 생각할 수밖에 없습니다. 최소한 은행에 무위험으로 투자했을 때 1년에 벌어들일 이자 5,000만 원보다 적어도 2배 이상인 1억 원 이상의 월세 수입이 발생한다는 확신이 들어야 투자를 감행할 것입니다. 세금은 어차피 많이 벌면 많이 나가는 것이고, 은행에서 이자를 받아도 꼬마빌딩을 사서 월세를 받아도 각자의 수입에서 세금을 내야 하는 것이니 동일한 상황입니다. 따라서 여기서는 세금에 관해서는 다루지 않도록 하겠습니다. 아무튼 다시 본론으로 돌아가서 꼬마빌딩의 가치를 가격으로 환산할 때 사용하는 방법은 그 꼬마빌딩에서 얼마의 월세 수입이 있는가에 따라서 그 월세 수입을 매매가격으로 환산하는 방법을 일반적으로 씁니다. 이러한 환산 방법을 감정평가방식에서는 '수익환원법'이라고 합니다. 수익환원법은 대상 부동산에서 현재 또는 미래에 발생되는 순수익을 현재의 가치로 환산해서 가격을 매기는 방법입니다. 이러한 방법으로 꼬마빌딩의 가격을 매기게 되기 때문에 꼬마빌딩을 사려고 하는 사람 입장에서는 꼬마빌딩에서 나오는 1년 월세 수입을 은행 이자와 비교해서 은행의 이자보다 2배 이상 나온다는 확신이 들면, 해당 꼬마빌딩에 투자하려고 결정할 것입니다.

그렇다면 지금부터 실제로 계산해보도록 하겠습니다. 현재 이 글을 읽고 계시는 독자님들께 질문을 해보겠습니다. 만약 현재 은행에 정기예금을 하면 연 5%의 이자를 준다고 가정하고, 독자님들께서 상가에 투자하려고 생각하고 계신다면(응? 나 돈 없는데 하지 마시고, 공부니까 가정해서 생각하세요), 이러한 요구수익률을 몇 %로 생각하시는지요? 연 3%, 5%, 7%, 10%, 15%, 20%, 어디에 해당하시나요? 누구는 5%, 누구는 20% 각자 다를 것입니다. 혹시 연 5% 월세 수입만 되면 꼬마빌딩을 사겠다고 생각하는 분이 계실까요? 그렇다면 실수하시는 것입니다. 그냥 은행에 투자 자금을 정기예금으로 넣어 놓아도 연 5%의 이자가 나온다면, 공실 위험과 감가상각 및 세입자 관리를 위해서 무한한 에너지 소비를 하면서 꼬마빌딩에 투자할 필요가 없는 것이죠. 반대로 연 20% 수익을 바라신다면 해당 꼬마빌딩을 팔려고 하는 사람은 팔지 않을 것입니다. 은행 이자의 4배 수익이 발생하는 꼬마빌딩을 팔 이유가 전혀 없는 것입니다. 그래서 거래가 성사되지 않을 것이며, 실제 현실에서도 나타날 수 없는 상황입니다. 앞에서 가정했듯이 만약 현재 은행이 연 5% 이자를 주는 상황에서 실제 거래가 이루어지려면, 요구수익률이 최소한 은행 이자의 2배는 되어야 거래가 가능할 것입니다. 정리하면 만약 누군가 10억 원을 투자해서 꼬마빌딩을 사려고 할 때 그 당시 은행의 무위험 수익률이 연 5%, 금액으로는 5,000만 원이라면 해당 꼬마빌딩에서 연 10%, 금액으로는 1억 원 이상의 수익이 발생한다는 확신이 생겨야 매매가 이루어진다는 결론이 됩니다.

한국은행의 기준금리 추이를 보면 2018년에는 5%가 넘었다가 지속해서 하락해 급기야 2020년에는 0.5%까지 떨어지고, 2021년에 다시 오르기 시작해서 2023년 3.5%에 이르게 됩니다. 한국은행의 기준금리는 말 그대로 한국은행과 시중은행 간 거래의 기준금리일 뿐이고, 실제 국민들이 시중은행과 대출을 받을 때는 이러한 기준금리에 가산금리가 더해져서 거래가 이루어집니다. 따라서 기준금리가 오르면 대출금리도 오르고 예금금리도 오릅니다. 반대로 기준금리가 내려가면 시중은행의 대출금리도 내리고 예금금리도 내려가게 됩니다. 은행의 수입은 예금을 받아서 대출해주면서 그 차이인 예대마진(적은 예금이자를 주고 많은 대출이자를 받아서 그 차익을 이익으로 취하는 것)을 목적으로 하므로 대출금리와 예금금리는 시간차는 있지만 방향성은 같습니다. 이러한 예대마진은 평균 연 2%가 보통입니다. 예를 들어 한국은행의 기준금리가 5%라면, 시중은행은 여기에 가산금리를 보탠 대출금리로 일반인에게 대출해주고, 이러한 대출금리보다 평균 연 2% 정도 낮은 예금금리를 예금한 사람에게 이자로 준다는 이야기입니다. 1금융권인지 2금융권인지에 따라 다르고, 시기에 따라 달라서 정확하지는 않지만, 계산의 편의성을 위해서 예대마진은 2%로 설정하겠습니다. 이렇게 기본적인 금리 메커니즘을 이해한 후에 꼬마빌딩 월세 수입과의 상관관계를 지금부터 따져보도록 하겠습니다.

우선 이 책을 읽고 계시는 독자님들과 시간여행을 떠나 보겠습니다. 타임머신을 타고 2008년으로 떠나 보겠습니다. 2008년 8월경 한국은행 기준금리가 연 5.25%였습니다. 그렇다면 시중금리는 개략적으로 가산금리를 포함해서 대출금리는 연 8% 정도 되었을 것입니다. 사람들이 은행에 정기예금을 하면 이자로 주는 예금금리는 앞서 언급한 은행의 예대마진 연 2%를 빼면 연 6% 정도 되었다고 가정할 수 있습니다. 그렇다면 이 당시 합리적인 꼬마빌딩 투자자라면 보유한 돈 10억 원을 은행에 예금을 하게 되면 연 6,000만 원의 이자를 받을 수 있기 때문에 꼬마빌딩에 투자하려면 월세가 은행 이자의 2배인 연 1억 2,000만 원이 되어야만 꼬마빌딩 투자를 할 것입니다. 그런데 부동산 시장에 매물로 나온 꼬마빌딩을 찾아보니 월세 1,000만 원씩 나오는 조그만 상가 건물이 있어서 수익률을 따져보기로 합니다. 만약에 그 꼬마빌딩 매매가격이 10억 원(계산의 편의상 세금 등 취득비용은 제외합니다)이라면, '월세 1,000만 원×12개월=연 1억 2,000만 원'의 월세 수익이 되어서 연 12%의 요구수익률에 충족하기 때문에 매매계약이 체결될 가능성이 큽니다. 그런데 만약 그 꼬마빌딩의 매매가격이 20억 원이라면 '(월세 1,000만 원×12

개월) / 6%=20억 원'이라는 계산식이 성립됩니다. 만약 꼬마빌딩을 사려고 했던 사람이 20억 원을 보유하고 있다면 그냥 은행에 넣어서 6%의 무위험 수익을 볼 수 있기 때문에 20억 원의 매매가격은 시세에 부합하지 않아서 매매되지 않습니다. 물론 월세가 나오지 않아도 입지가 좋은 토지를 확보하기 위해서 매매가 되는 경우도 있기는 합니다만, 기본적으로 꼬마빌딩이나 상가는 철저하게 월세 수익에 비례해서 가격이 정해집니다.

그런데 2008년부터 계속해서 한국은행 기준금리는 이러저러한 이유로 지속해서 떨어지게 됩니다. 중간에 오르고 내리기를 거듭하면서 급기야 코로나19 바이러스가 창궐한 2020년 5월 28일부터 2021년 8월 25일까지 약 15개월 정도는 무려 연 0.5%까지 떨어지게 됩니다. 다시 독자님들과 타임머신을 타고 2020년 5월경으로 돌아가보기로 하겠습니다. 앞서 계산한 방식과 마찬가지로 정확하지는 않지만, 계산을 한번 해보기로 하겠습니다. 기준금리가 연 0.5%이니 가산금리 2.5%를 적용하면 은행에서 대출해줄 때는 연 3%의 금리로 해주며, 현금 보유자가 은행에 정기예금을 하게 되면 마찬가지로 예대마진 연 2%를 빼고 연 1%의 예금이자를 지급하게 됩니다. 만약 앞서 2008년에 봤던 월 1,000만 원 나오는 꼬마빌딩을 10억 원에 샀던 투자자가 다시 부동산 시장에 내어놓는다면, 수익환원법으로 그 꼬마빌딩의 매매가격을 계산해보면 다음과 같습니다. 매입하고자 하는 투자자의 최소 요구수익률은 은행이자의 2배이기 때문에 연 2%가 됩니다. 따라서 '(월세 1,000만 원×12개월) / 2%=60억 원'이라는 계산식이 성립됩니다. 2008년부터 계속해서 기준금리가 하락했기 때문에 예금금리도 하락했고, 그와 연관된 매수자의 요구수익률도 계속해서 떨어지게 되어 2008년에 10억 원의 가격으로 매매가 되었던 그 꼬마빌딩이 2020년에는 60억 원으로 6배의 가격 상승이 일어나게 된 것입니다. 그렇습니다. 기준금리가 떨어지게 되면 요구수익률도 떨어지기 때문에 같은 월세를 받는 꼬마빌딩의 가격이 지속적으로 오르는 결과가 됩니다.

하지만 2021년 8월 26일 역사적인 저금리 행진을 끝내고, 한국은행 기준금리는 오르기 시작했습니다. 원고를 쓰고 있는 2023년 12월 13일 현재, 한국은행 기준금리는 슬금슬금 올라서 연 3.5%에 이르고 있습니다. 시간여행을 마치고 독자님들과 필자는 다시 현재로 돌아왔습니다. 이제 그 꼬마빌딩의 건물가격을 수익환원법으로 다시 계산해보도록 하겠습니다. 한국은행 기준금리가 연 3.5%이기 때문에 은행의 대출금리는 가산금리 2.5%를 포함해 연 6%가 됩니다. 반면에 예금금리는 예대마진 2%를 빼면 연 4%가 될 것이고, 이렇게 되면 꼬마빌딩 매수를 희망하는 사람의 최소 요구수익률은 연 8%가 될 것입니다. 같은 월세 수익을 기준으로 요구수익률을 반영해 꼬마빌딩의 가격을 계산해보면 '(월세 1,000만 원×12개월) / 8%=15억 원'이 됩니다. 사려는 사람의 요구수익률에 따라 건물의 가격이 변하게 되는데, 이렇게 요구수익률이 변하게 되는 근본 이유는 한국은행의 기준금리 변화에 따른 예금금리의 변화가 그 원인입니다. 정리하면 이 챕터에서 예로 든 꼬마빌딩을 누가 팔거나 사려고 할 때 매매가 될 수 있는 가격의 기준은 사고자 하는 사람의 마음속에 있는 요구수익률에 따라 결정이 됩니다. 그러한 최소한의 요구수익률은 그 당시의 한국은행 기준금리에 따른 은행의 예금금리에 따라 달라지고, 매수인은 최소한 은행에 넣어서 받는 이자보다 2배 정도의 월세 수익이 발생해야 그 꼬마빌딩을 매입할 것입니다.

그런데 앞에서 보신 바와 같이 같은 월세 1,000만 원 나오는 꼬마빌딩에 대해서 수익환원법으로 계산해본 바 2008년에 10억 원의 가치를 지닌 물건이 2020년에는 60억 원까지 가치가 올랐고, 다시 2023년에는 15억 원까지 가치가 떨어졌습니다. 물론 정확한 계산은 아니지만, 필자는 독자님들께 꼬마빌딩의 가격은 이러한 메커니즘으로 움직인다는 설명을 한 것이고, 맥락을 이해하신다면 꼬마빌딩의 가격은 한국은행 기준금리에 막대한 영향을 받는다는 사실을 아시게 될 것입니다. 꼬마빌딩에 투자해야 한다, 말아야 한다는 의견은 사람마다 다를 수 있습니다. 건물주가 폼나니까 건물주를 하려는 분(?)도 있겠지만, 꼬마빌딩은 결국 월세 수익을 목적으로 투자를 하는 것이기 때문에 이러한 건물 가격을 책정시키는 기준을 이해한다면, 좀 더 향후 움직이는 기준금리의 향방에 눈과 귀를 기울이게 될 것입니다. 결국 꼬마빌딩의 가격이 올라가려면 한국은행 기준금리가 내려가거나 월세가 올라가야 합니다. 한국은행의 기준금리가 올라가는 시기에는 꼬마빌딩에 투자하는 것은 매우 위험한 행동이 될 것이며, 반대로 한국은행의 기준금리가 내려가는 시기 또는 내려갈 것으로 예상되는 기준금리 고점에서는 투자하는 것이 좋은 투자 시기입니다. 또한 상권이 변화해서 월세를 올려 받을 수 있다면, 그 또한 좋은 투자 물건이 될 것입니다. 그러나 상권의 변화를 예측하면서 월세를 올려 받을 수 있는 건물을 찾는다는 것은 쉬운 방법은 아니며, 한국은행 기준금리의 변화를 예측하면서 투자를 하는 것 또한 쉬운 방법은 아닐 것입니다. 하지만 이렇게 가격 결정 메커니즘을 충분하게 이해하신다면 꼬마빌딩과 같은 수익형 부동산에 투자하실 때 최소한 속아서 물건을 매입하는 사례는 없을 것입니다.

내 돈으로 월세 받는 오피스텔과 아파텔

우선 오피스텔과 아파텔의 정의가 무엇인지, 어떠한 물리적, 경제학적 특성이 있는지, 주택과는 어떠한 면에서 구분이 되는지를 정확하게 인식할 필요가 있습니다. 오피스텔(Officetel)은 오피스와 호텔을 합친 형태의 건축물이며, 업무도 하면서 거주도 할 수 있게 만든 공간입니다. 아파텔(Apartel)은 업무와 거주를 동시에 할 수 있는 공간인 오피스텔에 비해 3~4인의 가족이 업무보다는 거주에 적합하도록 침실 2~3개와 화장실 2개를 갖추면서도 바닥난방이 가능한 오피스텔을 칭하는 신조어입니다. 간단하게 이야기하면 오피스텔과 아파텔은 같은 구조의 건축물을 명칭만 달리할 뿐입니다. 오피스텔을 법령상으로 보면, 주택법 제 2조 4항에 '준주택이란 주택 외의 건축물과 그 부속 토지로서 주거시설로 이용 가능한 시설 등을 말하며 그 범위와 종류는 대통령령으로 정한다'라고 되어 있습니다. 관련된 대통령령에 건축법 시행령 별표 1 업무시설 중 일반업무시설 2에서 오피스텔은 '업무를 주로 하며 분양하거나 임대하는 구획 중 일부 구획에서 숙식을 할 수 있도록 한 건축물로서 국토교통부 장관이 고시하는 기준에 적합한 것을 말한다'라고 규정하고 있습니다. 반면 주택법에서는 '주택이란 세대의 구성원이 장기간 독립된 주거생활을 할 수 있는 구조로 된 건축물의 전부 또는 일부 및 그 부속 토지를 말하며 단독주택과 공동주택으로 구분한다'라고 정의합니다. 단독주택과 공동주택을 주택으로 규정하고, 오피스텔을 준주택으로 분류해서 법령상으로 오피스텔은 주택과 달리 취급하고 있다는 사실을 알 수 있습니다.

그렇습니다. 오피스텔을 주택으로 생각하고 있는 사람들이 많은데, 사실은 '주택이 아니다'라는 사실을 먼저 확실하게 인지하실 필요가 있습니다. 그렇다면 왜 이렇게 준주택이라는 명칭을 사용해서 오피스텔을 주택과 구분시켜 놓았을까요? 굳이 구분시킬 필요가 없다면 그냥 오피스텔을 주택으로 포함시켜서 동일하게 취급하면 되는 것인데, 주택으로 취급하지 못하는 그 무엇인가 밝혀지면 안 되는(?) 이유가 있는 것은 아닐까요? 오피스텔은 건축할 때부터 애초에 주택과는 적용되는 법령이 아예 다릅니다. 오피스텔은 건축법을 적용하고, 주택은 주택법을 적용해서 건축합니다. 기본적으로 정부 입장에서 오피스텔은 근본이 업무시설이기 때문에 건축에 대한 자율성(?)과 효율성에 방점이 찍혀 있습니다. 반면 주택은 정부 입장에서 국민들의 쾌적하고 편안한 주거

생활을 위한 공간으로 인식하고 있기 때문에 오피스텔과 달리 건축할 때부터 면적 규정 및 입주민 커뮤니티 시설의 강제 설치 등 상대적으로 까다롭지만, 입주민에게는 유리한 규정을 두어 국민들의 삶의 질을 높이는 데 방점이 찍혀 있습니다. 이러한 정부가 바라보는 오피스텔과 주택의 시각 차이는 결과적으로 물리적인 차이로 이어지게 됩니다.

우선 면적 규정에서부터 차이가 큽니다. 오피스텔이든, 주택(이하, '아파트'로 칭합니다. 주택은 단독주택과 공동주택인 아파트로 구분하는데, 지금부터는 오피스텔과 비교 대상인 공동주택, 즉 아파트로 설명하겠습니다)이든 분양받거나 매매할 때 분양 담당자나 공인중개사로부터 흔히 "몇 평짜리 물건(오피스텔 또는 아파트)인데, 가격은 얼마이고, 평당으로 따지면 얼마가 됩니다"라고 설명을 듣습니다. 요즘은 면적을 제곱미터(㎡)로 환산해 거래하기 때문에 예전에 비해서 평(坪)이라는 말을 쓰는 것이 줄어들기는 했지만, 그래도 현장에서는 아직 통용이 많이 되고 있고, 면적을 이야기할 때 제곱미터와 평을 혼용합니다. 어쨌든 이렇게 거래를 하기 위해서 면적이나 가격을 특정해야 하는데, 오피스텔과 아파트 거래 면적 평형은 24평형, 34평형, 45평형으로 같은 기준으로 거래하지만, 실제로 입주민이 사용할 수 있는 실사용면적은 매우 큰 차이가 있습니다. 입주민이 실제 현관문을 열고 들어가서 자신들만이 사용할 수 있는 공간을 '주거전용면적'이라고 하는데 방, 거실, 주방, 화장실 등의 면적합계입니다. 그리고 입주민들이 공동으로 사용하는 공간을 '주거공용면적'이라고 하는데 공동현관, 계단, 복도, 엘리베이터 등의 면적합계입니다. 입주민들이 공동으로 소유한 여가시설을 '기타공용면적'이라고 하는데 주차장, 기계실, 피트니스센터, 골프연습장, 수영장, 독서실, 어린이집, 관리사무소 등의 면적합계입니다.

그런데 오피스텔의 분양면적은 주거전용면적과 주거공용면적, 기타공용면적을 모두 포함해서 적용하는데 이것을 '계약면적'이라고 합니다. 반면 아파트의 분양면적은 주거전용면적과 주거공용면적만으로 합산합니다. 따라서 오피스텔은 주차장이나 기계실, 관리사무소의 면적이 포함된 평형이지만, 아파트는 주차장, 기계실, 피트니스센터, 골프연습장, 수영장, 독서실, 어린이집, 관리사무소 등의 면적이 포함되지 않은 평형입니다. 따라서 거래할 때 같은 평형이라고 할지라도 실제 거주하는 입주민 입장에서는 엄청난 면적의 차이를 보이게 됩니다. 오피스텔은 45평형이라고 해도 실제 사용하는 주거전용면적은 아파트 34평형에 비해서 크지 않게 느껴지는 이유가 이러한 분양면적 산정 기준 때문입니다. 같은 평당 가격으로 산다면 오피스텔의 경우 45평형 가격을 주고, 아파트 34평형 면적에서 살게 되는 불리한 조건이 되는 것입니다.

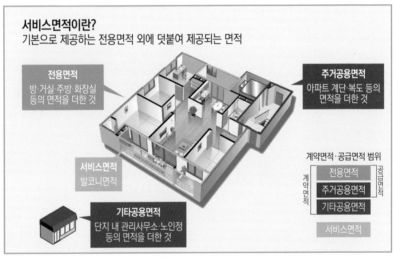

자료 4-1. 전용면적, 주거공용면적, 기타공용면적, 서비스면적 표시도 (출처 : 네이버)

아울러 아파트의 경우 흔히 시공할 때부터 발코니를 확장해서 넓게 사용을 하는 것이 대부분입니다. 그런데 오피스텔은 건축법에서 업무시설로 규정하기 때문에 발코니 설치는 불법입니다. 이에 반해서 아파트는 주택법을 적용받아서 발코니 설치 및 확장은 합법이며, 이로 인해 더욱 넓은 주거전용면적을 사용할 수 있습니다. 이것을 조금 정리해서 바꾸어 말해보겠습니다. 같은 45평형의 오피스텔과 아파트를 같은 가격을 주고 샀다고 비교해봅시다. 오피스텔은 가족들만 사용하는 주거전용공간과 입주민이 같이 사용하는 주거공용공간뿐만 아니라 건물의 관리나 주민의 여가생활에 필요한 주차장, 기계실, 피트니스센터, 골프연습장, 수영장, 독서실, 어린이집, 관리사무소 등의 면적이 포함된 공간이므로 매우 불리합니다. 아파트는 주거전용공간과 주거공용공간만 합친 면적이기 때문에 상대적으로 넓은 공간을 사용할 수 있는 차이가 있고, 이에 더해 발코니까지 서비스면적으로 포함되기 때문에 오피스텔에 비해서 매우 넓은 전용면적공간을 사용할 수 있다는 장점이 있습니다. 이러한 사항을 수치로 보면, 분양면적에 대비해서 주거전용면적이 얼마나 되는지를 나타내는 비율을 '주거전용비율'이라고 하는데, 오피스텔은 약 50% 정도 되며 아파트의 경우 약 75%가 일반적입니다. 그렇다면 오피스텔은 아파트에 비해서 실사용면적이 약 25% 작으므로 같은 가격을 주고 샀다면, 분양받을 때부터 25% 손해를 보고 샀다는 결과가 나옵니다. 이러한 이유로 특별하게 조망이 좋거나 입지가 매우 뛰어난 오피스텔이 아닌 경우에는 가격이 오르지 못하는 것이 일반적입니다.

사람들이 처음 오피스텔을 분양받을 때는 이러한 사항들을 직접적으로 확인하지 못하기 때문에 면적의 차이를 눈으로 직접 느끼지 못합니다. 그러다 입주해서 살다 보면 아파트에 비해서 턱없이 면적이 작은 것을 체험하고, 다음에는 아파트로 이사해야겠다고 생각합니다. 그러나 팔고 나서 아파트로 옮겨야 하는데, 문제는 팔 때 오피스텔을 사러 온 사람이 해당 오피스텔을 둘러보고, 같은 평형 대비해서 실사용면적이 아파트에 비해서 작은 것을 눈으로 실감하게 됩니다. 그러면 그 오피스텔을 보러 왔던 사람들은 다른 아파트로 관심을 돌리게 되고, 오피스텔이 아닌 아파트를 매수하게 됩니다. 해당 오피스텔은 매매가격을 낮추지 않으면 안 되는 상황이 되며, 심지어는 오피스텔의 태생적 한계 때문에 가격을 낮추어도 팔리지 않는 상태가 되어 전세나 월세를 계속 주어야 하는 상황이 되는 경우도 비일비재합니다.

필자가 방송이나 카톡방에서 질문을 받다 보면 "오피스텔을 사서 월세를 주면 꼬박꼬박 월세가 들어오니 좋을 것 같습니다. 오피스텔 투자가 괜찮을 것 같은데 교수님은 어떻게 생각하십니까?"라고 물어보시는 분들이 상당수 계십니다. 그러면 필자는 이렇게 이야기합니다. "월세를 꼬박꼬박 받는 것은 좋습니다만, 통상적으로 오피스텔은 가격이 오르지 않습니다(앞서 설명한 이유 때문에). 만약에 나중에 팔 때 가격이 내리면, 월세를 받아도 결과적으로 질문자 님이 살 때 준 매매대금 중에서 월세를 받은 결과가 되어 결국 내가 준 돈으로 월세를 받은 것이 됩니다. 그래도 월세를 꼬박꼬박 받는 것이 좋을까요?"라고 답변을 드립니다. 물론 서두에 언급했듯이 조망이 좋거나 입지가 아주 빼어난 오피스텔은 다를 수 있지만, 대부분의 오피스텔이 상업지역 자투리 공간에 건축한 경우가 많아서 조망이나 입지가 좋은 오피스텔은 매우 제한적입니다. 확률적으로 볼 때 오피스텔의 가격이 오르는 경우는 아파트에 비해서 매우 낮습니다.

아울러 오피스텔은 상업지역이나 준주거지역의 좁은 면적에 용적률을 높게 짓습니다. 안락한 주거생활에 가장 필요한 쾌적함은 원천적으로 어려운 환경이며, 이러한 지역은 초등학교나 중학교 등이 주변에 없는 경우가 대부분입니다. 어린 자녀가 공부하기에 적합한 환경이 아니어서 학령기 자녀를 둔 부모들의 선택지에서 제외가 됩니다. 오피스텔은 애초에 업무시설로 만들어졌기 때문에 상업지의 소음과 주변환경도 아파트와는 비교할 수 없습니다. 이러저러한 이유로 아파트와 주거공간으로 경쟁이 안 됩니다. 설령 신축 때는 주변에 출퇴근하는 직장인에게 그나마 좀 선호되다가 몇 년이 지난 후 바로 인근에 신축 오피스텔이 들어서면, 전월세 세입자들은 신축 오피스텔로 이사하는 경우도 많습니다. 이러한 현상은 오피스텔이 좁은 자투리 공간에 들어서기 때문에 월세 수익이 조금 나온다는 소문이 나면, 바로 옆에 개발업자들이 신축 오피스텔을 건축해버리기 때문에 벌어집니다. 기존 오피스텔은 경쟁력이 떨어지고, 관리비 부담에 따른 관리 소홀로 인해 감가상각이 급속도로 이루어지는 현상도 나타나게 됩니다.

더불어 앞에서도 언급했지만, 부동산은 매입 후 보유하고 처분하는 과정 중에서 수익이 어떠한 형태로 발생하는지에 따라서 수익형 부동산과 차익형 부동산으로 분류합니다. 수익형 부동산은 보유 중에 월세 등 현금흐름이 발생하는 부동산을 의미하며, 대표적으로 꼬마빌딩 등 상업시설이 있습니다. 오피스텔, 아파텔 및 원룸, 도시형 생활주택, 지식산업센터 등도 수익형 부동산으로 분류합니다. 차익형 부동산은 보유 중에는 현금흐름이 발생하지 않지만, 매도할 때 시세차익을 통해 수익을 추구하는 부동산으로 주택이나 토지가 대표적입니다. 이 챕터에서 이야기하는 오피스텔 및 아파텔은 월세를 목적으로 하는 수익형 부동산에 해당이 됩니다. 물론 아파트의 대체재로 아파텔을 선택하는 사람들도 있으나 아파텔의 근본 유전자가 업무시설이기 때문에 월세를 받을 목적으로 취득하는 경우가 많아서 수익형 부동산에 속합니다.

그런데 앞에 꼬마빌딩 챕터에서도 언급했지만, 꼬마빌딩이라는 수익형 부동산을 거래하기 위해서 해당 꼬마빌딩의 거래 가능한 가격을 산정하는 기준은 당시의 한국은행 기준금리에 따라서 불문율처럼 정해지는 매수인의 최소 요구수익률 이상이 되어야 한다고 말씀드렸습니다. 따라서 한국은행 기준금리가 오르면 은행의 정기예금금리도 오르게 되고, 매수인의 최소 요구수익률도 올라서 같은 월세를 받는 경우 해당 수익형 부동산의 매매가격은 하락하게 됩니다. 반대로 한국은행 기준금리가 내려가게 되면 은행의 정기예금금리가 내려가게 되므로 매수인의 최소 요구수익률도 같이 내려가면서 월세의 변동이 없더라도 해당 수익형 부동산의 매매가격은 오르게 됩니다. 그러나 앞에서 언급한 바와 같이 조망이나 입지가 뛰어난 오피스텔이나 아파텔이 아니라면, 주변에 경쟁적으로 신축 오피스텔이 생기게 됩니다. 기존의 오피스텔은 옆에 새롭게 생긴 신축 오피스텔에 경쟁력이 밀려서 월세는 낮아질 수밖에 없고, 낮아진 월세에 매수인의 최소 요구수익률이 높아진다면 구축 오피스텔의 매매가격 하락은 피할 수 없습니다.

마지막으로 오피스텔과 아파텔은 상업지역이나 준주거지역에 높은 용적률을 최대한 적용 받아서 건축하기 때문에 대지지분이 적어서 향후 재건축은 불가능합니다. 사실 오피스텔에 생활하는 사람들은 현재는 자금이 부족해서 좋은 아파트로 옮겨 갈 수 없는 입장이라 언젠가 여유 자금이 생기게 되면, 언제든지 오피스텔을 팔고 아파트로 옮겨 가려는 아파트의 잠재수요입니다. 아파텔 역시 조망이 좋거나 입지가 좋은 아파텔을 제외하고, 대부분의 아파텔 거주자들 역시 쾌적한 주거지역에 건축한 대단지 아파트로 옮겨갈 아파트의 잠재적 수요자들입니다. 이러한 여러 가지 요소를 고려해봤을 때는 아파트에 비해서 투자 매력도가 현저히 떨어지는 것을 알 수 있습니다.

자동차를 짊어지고 살아야 하는 도시형 생활주택

필자가 원고를 쓰고 있는 2024년 현재, 서울에 있는 어느 법무법인의 블로그에 이런 제목의 글이 있었습니다. '서울 강남구 논현동 도시형 생활주택 마이너스 분양권 계약해제.' 아울러 본문 내용에는 다음과 같은 내용도 적혀 있었습니다. '2~3년 전 무조건 돈이 될 수 있다, 입주 시기 프리미엄만 받고 팔면 된다는 말만 듣고, 몇 채씩 투자했다가 현재에는 좋지 않은 부동산 침체기를 맞이해 이익은커녕 손해를 보며 정리해야 하는 분들이 많다는 말입니다. (중략) 정말 상황이 어려운 분이라면, 저희(법무법인)와 함께 계약금 포기의 선에서 모든 것을 정리하고, 법적 문제에서 자유로워질 수 있는 길을 선택하시기 바랍니다.' 홍보용 글인데 살짝 정리해보면, '도시형 생활주택을 여러 개 샀다가 입주 시기가 되었는데, 시세는 마이너스가 되고 잔금을 못 내게 되면 신용불량 나락으로 떨어지니 계약금을 잃는 선에서 탈출하는 게 어떠신가요? 저희 법무 법인에서 도와 드리겠습니다' 정도로 해석이 됩니다. 최근 부동산 시장 침체기라고 해도 2~3년 전에 서울에서 아파트 분양을 받은 사람은 입지 좋은 곳은 프리미엄도 붙어 있는데, 도시형 생활주택을 분양받은 사람은 왜 이렇게 처참하게 폭망했을까요? 그 원인을 한번 찾아보도록 하겠습니다.

도시형 생활주택은 2009년에 도입된 제도인데, 국토의 계획 및 이용에 관한 법률상의 용도지역인 도시지역 중에서 상업지역과 준주거지역에만 건설할 수 있는 공동주택의 일종입니다. 전용면적 85㎡ 이하, 300가구 미만 공동주택을 말하며, 세부적으로는 소형주택(원룸형 도시형 생활주택이 2022년부터 '소형주택'으로 명칭이 개정되었습니다. 한마디로 우리가 이야기하는 원룸입니다), 단지형 다세대주택, 단지형 연립주택으로 구분합니다. 소형주택(구 원룸)은 면적이 60㎡ 이하, 단지형 다세대주택과 단지형 연립주택은 85㎡ 이하로 건축하도록 되어 있습니다. 그리고 이러한 도시형 생활주택의 가장 큰 특징은 일반 공동주택에 비해서 갖추어야 할 기준들이 완화되어 까다롭지 않게 건축할 수 있다는 것입니다. 제도 도입의 취지는 1~2인 가구가 증가하는 현실에 발맞추어서 기존의 공동주택 건설기준, 부대시설 설치기준을 많이 완화하거나 배제함으로써 주택 보급을 늘리겠다는 의도입니다. 그렇다면 주택 보급 확충을 유도하기 위해서 도시형 생활주택 건축 시에는 일반 공동주택에 비해서 건축기준을 완화했다는 것입니다.

그 완화된 내용을 살펴보면 가장 큰 영향을 주는 것이 주차장 설치의 완화입니다. 사실 개발사업자 입장에서는 건물을 신축할 때 주차장 설치 규정은 해당 개발사업의 수익성에 막대한 영향을 줍니다. 특히 소형 건물의 경우에는 좁은 대지면적 때문에 주차장이 1층에 위치할 수밖에 없는 구조입니다. 그런데 1층에 주차대수가 많아지면 많아질수록 건축물이 자리할 공간이 줄어들게 되어 건축물의 평면 공간이 좁아지게 됩니다. 그렇게 건축물의 평면 공간이 좁아지게 되면, 당연히 사용 공간이 줄어들게 되어 주택의 경우는 같은 평형 대비 세대수가 줄어들거나 평형이 작아질 수밖에 없습니다. 그렇다고 해서 주차장을 지하에 설치하게 되면 높은 공사비용으로 사업성이 줄어들게 됩니다. 따라서 이러한 이유로 개발사업자 입장에서는 1층 공간에서 주차장 면적이 줄어들면 줄어들수록 사업성에 도움이 됩니다. 그런데 이렇게 개발사업성에 막대한 영향을 주는 주차장 설치기준에 대해서 주택 확충이라는 취지 때문에 완화된 기준을 적용하도록 했습니다. 도시형 생활주택은 어쨌든 공동주택이기 때문에 주차 관련 규정은 '주차장법'이 아닌, '주택 건설기준 등에 관한 규정'을 따르도록 되어 있습니다. 일반 공동주택의 주차장 설치기준은 60㎡ 이하는 세대당 0.8대를 설치해야 하는 것에 비해 도시형 생활주택은 60㎡ 이하는 세대당 0.4대만 설치해도 됩니다.

독자님들께서 만약에 개발사업을 한다고 가정해보도록 하겠습니다. 60㎡ 이하의 일반 공동주택 29세대를 건축할 경우, '29세대×0.8=23.2대'가 주차할 수 있는 주차장을 설치해야 하는데, 소수점은 반올림해야 하므로 24대의 주차장을 설치해야 합니다. 그러나 도시형 생활주택을 건축할 경우, '29세대×0.4=11.6대', 소수점을 반올림을 해도 12대가 주차할 수 있는 주차장만 건설하면 됩니다. 일반 공동주택에 비해 무려 50% 정도의 주차장만 설치하면 되는 것이니 엄청난 혜택이 아닐 수 없습니다. 1층의 공간 활용이 넓어짐에 따라서 건축바닥면적은 넓어지게 되고, 같은 면적의 같은 세대수를 건축할 때 층수가 낮아지니 건축비용은 낮아지고, 공사기간도 짧아져서 개발사업성이 높아지게 됩니다. 개발사업자 입장에서는 누구나 좋아할 것이고, 주택 건설에 박차를 가할 것입니다. 돈을 벌 수 있으니까요. 그러나 햇볕이 있으면 그늘이 있는

법입니다. 이렇게 주차장을 적게 만들게 되니 큰 문제점이 발생하게 됩니다. 다음은 <경인일보> 2023년 9월 26일자 기사입니다.

　인천시가 도시형 생활주택 중 소형주택(구 원룸형)을 대상으로 심의 기준을 강화하기로 했다. 26일 인천시에 따르면 소형주택에 대한 건축 심의 기준 중 부설주차장에 대한 기준을 강화할 방침이다. 앞으로 소형주택을 지을 경우 기계식 주차장 설치는 허용되지 않을 전망이다. 도시형 생활주택 중 소형주택은 세대별 주거전용면적이 60㎡ 이하로, 상업용지에 지을 수 있다. 인천시는 소형주택에 기계식 주차 건립이 허용됨에 따라 다양한 문제가 발생하고 있다고 봤다. 소형주택에 있는 기계식 주차장은 관리인이 없는 데다 보수·보강이 제대로 이뤄지지 않는다. 또 출·퇴근 시간대에 차를 빼는 데에만 5분 이상의 시간이 걸리는 등 이용 불편으로 이용률이 20~30%에 불과하다. 도시형 생활주택(소형주택) 주민들이 이면 도로에 불법주차하면서 주민 갈등이 발생하고, 사고의 위험성도 높인다는 것이 인천시의 판단이다.

　인천시가 도시형 생활주택에 대한 주차장 기준을 강화한다는 내용입니다. 애초에 주차장 면적도 부족했지만, 기계식 주차장으로 출퇴근 시간에 차를 빼는 불편함이 있고, 이로 인해 건물 인근 이면 도로에 불법 주차를 해서 사고의 위험성을 높인다는 내용입니다. 이는 비단 인천광역시만의 문제는 아니며, 다른 도시의 도시형 생활주택도 대부분 겪고 있는 문제입니다. 개발사업자에게 사업성을 높여주는 당근책을 제시해서 주택 확충을 유도했지만, 결과적으로 물리적인 주택 수가 증가하면서 해당 주택 입주민의 삶의 질은 떨어지게 되었습니다. 물론 자동차가 없는 사람들이야 주차 문제로 스트레스 받을 일이 없겠지만, 자동차가 있는 사람은 어쩌란 말인가요? 결국 자동차가 있는 사람은 도시형 생활주택을 꺼릴 수밖에 없습니다.

이에 더해 사실 도시형 생활주택의 건축기준 완화는 주차장 문제 이외에도 여러 가지 문제가 존재합니다. 일조권이나 조망권의 침해 문제도 있습니다. 건축물은 일조권이나 조망권 및 바람의 통풍 등의 이유로 건축물 사이의 간격을 띄우게 되어 있는데, 도시형 생활주택은 원래 기준의 절반 정도의 기준만 맞추면 됩니다. 이렇게 되면 다닥다닥 붙은 건축물 형태가 됩니다. 아울러 분양가상한제가 적용되지 않기 때문에 적용되는 일반 아파트에 비해 상대적으로 비싸게 분양될 수밖에 없습니다. 서울 세운지구 모 단지는 한 건물에 도시형 생활주택과 아파트가 동시에 건축이 되었는데, 같은 면적인데 일반 아파트보다 도시형 생활주택이 2억 원가량 비싸게 판매되었습니다. 또한 상업지역이나 준주거지역의 좁은 자투리땅에 건축하니 조경이나 커뮤니티 시설을 아예 설치할 공간이 없습니다.

개발사업자들은 부동산 시장의 상승기에는 '이때다. 물 들어올 때 노를 저어라!'라는 생각으로 우후죽순으로 분양하고, 초보 투자자들은 도시형 생활주택의 단점을 이해하지 못하고 분위기에 휩쓸려 묻지 마 투자를 감행합니다. 그러나 이러한 투자는 부동산 시장의 침체기에 고통으로 다가오게 됩니다. 분양이 아니더라도 이미 건축된 도시형 생활주택 역시 매입하려는 사람들은 이러한 단점을 파악할 수 있어야 합니다. 투자란 내가 산 가격보다 높은 가격으로 다시 사주는 사람이 있어야 수익을 볼 수 있습니다. 그런데 도시형 생활주택은 주차난 등 여러 가지 단점들로 인해서 실사용자들의 외면을 받기 때문에 매수자들이 매수를 선호하지 않고, 이미 보유하고 있는 사람들조차 팔리기만 한다면 팔고 빠져나가려고 하는 건축물인 것입니다. 앞에서 말씀드린 법무법인 블로그 내용에는 다음과 같은 글도 있습니다. '도시형 생활주택이나 오피스텔의 경우 서울이라고 해도 분양권 계약해제를 원하는 경우가 많습니다'라는 내용입니다. 이 책을 읽고 계시는 여러분은 애초부터 저 법무법인의 도움을 받으시는 일이 생기지 않으시길 바랍니다.

공짜 좋아하다 망하는 지식산업센터

2022년 10월 30일에 필자의 업무를 도와주고 있는 매니지먼트 회사 조선희 대표로부터 전화가 왔습니다.

"스터디 카톡방 회원분은 아니신데 교수님께 상담받고 싶어 합니다."
"카톡방 회원 아니면 상담하지 않는 것을 아시면서 갑자기 무슨 말씀입니까?"
"네, 당연히 상담은 불가하다고 했습니다. 그런데 상담 요청 내용을 보니 심상치 않아서요…."

그래서 필자 역시 내용이 궁금해서 상담 요청 내용이 무엇인지 알려달라고 했습니다. 핵심 요지는 이렇습니다.

"어느 부동산 강사에게 500만 원짜리 부동산 투자 관련 수업을 듣고, 그 수업 중에서 강사가 추천한 제일 좋은 최고의 물건을 대출받아서 매입했다. 그 추천 물건을 매입 후에 그 강사의 유튜브 방송과 수업에서도 광고할 만큼 성공적으로 투자했다고 칭찬받았다. 그런데 1년 4개월 정도 시간이 지난 지금, 당시 매입했던 물건들은 가격이 많이 내렸다. 손해를 봐서 팔고 싶은데 팔리지도 않고, 그보다 당장 급한 것은 대출금 때문이다. 총 3개의 물건을 샀는데 첫 번째 물건은 오피스텔이고, 12억 5,000만 원에 샀는데 대출이 7억 9,000만 원이다. 두 번째 물건도 오피스텔이고, 10억 원에 샀는데 대출이 6억 6,000만 원이다. 세 번째 물건은 지식산업센터이고, 15억 원에 샀는데 12억 원이 대출이다. 현재 너무 힘들고 잠도 잘 수 없다. 추천해주었던 그 부동산 강사에게 힘들다고 하면서 해결 방안이 없겠냐고 했더니 투자의 책임은 물건을 산 사람 본

인이 져야 한다고 했다. 너무 화가 나고 억울하다. 어떤 해결책이 있으면 찾고 싶다."

여러분들은 지금 이 상담 요청 내용을 보고 어떠한 생각이 드시나요? 저렇게 한 사람을 나락으로 보낸 강사는 아직도 수십만 명의 구독자를 보유하면서 유튜브 방송 활동을 하고 있습니다. 아이러니하죠? 진실은 당사자들을 참석시켜서 유튜브 라이브 방송을 한번 해보는 것이 가장 좋겠습니다만, 현실로 이어질지는 모르겠습니다. 저 부동산 강사가 왜 오피스텔과 지식산업센터를 부동산 투자 물건으로 추천했을까요? MGM(Members Get Members Marketing : 고객을 유치해서 해당 상품을 팔게 해주면 일정 수수료를 주는 등의 판매촉진 방식) 때문일 것이라는 합리적 의심이 듭니다. 어쨌거나 오피스텔은 오피스텔 챕터에서 다루었으니 이 챕터에서는 지식산업센터만 다루어 보도록 하겠습니다. 2018~2019년쯤 지식산업센터에 대한 부동산 투자 열풍이 있었습니다. 당시 지식산업센터 투자를 강의하고 추천하며 책까지 출판하는 등 왕성한 활동을 한 사람들이 꽤 있었는데요. 지금은 흔적도 없이 사라졌습니다. 그 이유는 뒤에 설명하기로 하고, 일단 지식산업센터가 무엇인지부터 알아보겠습니다.

지식산업센터는 법령상으로 '동일 건축물에 제조업, 지식산업 및 정보통신산업을 영위하는 자와 지원시설이 복합적으로 입주할 수 있는 다층형 집합건물'로 정의하며, 기존의 도시지역이나 신시가지에 공장과 사무실이 입주할 수 있는 건물을 말합니다. 1세대 지식산업센터는 '아파트형 공장'으로 불리었으며, 2009년 법률 개정으로 '지식산업센터'로 명칭이 바뀌었습니다. 보통 업무시설 빌딩들은 내부에 생산시설이 입점할 수 없지만, 지식산업센터는 제조업에 필요한 생산시설을 설치할 수 있습니다. 생산시설은 생산활동에 필요한 필수 자원이기도 하고, 국민과 기업의 생산활동에 필요하다면 첨단산업의 육성, 일자리 창출 등 국가 경제 발전을 위해서라도 정부에서 이러한 지식산업센터에

각종 지원이 따르는 것은 자연스러운 현상이라고 하겠습니다.

지식산업센터 조성을 위해서 정부의 지원정책 중 가장 큰 비중을 차지하는 것은 대출정책입니다. 아파트 등 주택에는 강력하게 규제하지만, 지식산업센터에는 매우 완화된 정책을 쓰고 있습니다. 지식산업센터의 경우 매입금액의 70~80% 정도의 대출을 해주는 것은 강력한 주택 담보 대출 규제를 하는 환경 속에서 앞뒤를 모르는 초보 투자자들이 지식산업센터 분양사무실로 몰려가게 만드는 최고의 유인책이었습니다. 따라서 지식산업센터 개발사업자들은 이러한 혜택을 발판 삼아 우후죽순 격으로 지식산업센터를 개발하면서 투자자들에게 홍보했습니다. 이 과정에서 부동산 강사들은 투자자들에게 "아파트 투자는 대출해주지 않고 세금도 많이 거두어들이면서 투기꾼으로 범죄인 취급한다. 그러니 정부에서 권장하고 대출도 팍팍 해주는 지식산업센터에 투자해라. 매매금액의 80%를 대출받아서 투자하면 월세 받아서 은행에 이자를 주더라도 수익이 된다. 아파트는 여러 개 사면 투기꾼 취급받지만, 지식산업센터는 여러 개를 사도 전혀 규제받지 않는다"라고 유혹했습니다. 이러한 유혹에 넘어간 투자자들은 실제 많은 분양을 받았고, 앞서 언급한 필자에게 다급히 상담 요청을 한 사람도 이 중의 한 명이 되겠습니다. 15억 원짜리 지식산업센터를 무려 12억 원을 대출받아서 사버린 것입니다.

하지만 앞 챕터에서 수익형 부동산을 투자할 때는 한국은행 기준금리 방향을 잘 파악한 후에 투자 결정을 해야 한다고 이야기했습니다. 지식산업센터 역시 입주업체에 공간을 임대해주고, 임대료를 받아서 수익을 만드는 건축물이기 때문에 결과적으로 수익형 부동산입니다. 필자에게 상담을 요청한 사람이 지식산업센터를 보유한 기간에는 한국은행 기준금리가 오르고, 그에 따라 가산금리를 포함한 대출금리가 올랐지만, 그동안 지식산업센터는 엄청난 분양 물량이 쏟아졌습니다. 지식산업센터의 많은 입주 물량은 계속해서 사람들이 창업하지 않는 한, 제한된 숫자의 입주 업체에서 받을 수 있는 월세는 오른 대출 금리만큼 따라가지 못합니다. 더욱이 아파트형 공장이라는 이름에서 볼 수 있듯이 초기에는 공장, 즉 제조업이 입주를 할 수 있었는데 지식산업센터로 이름이 바뀌면서 2009년 이후에 지어진 지식산업센터는 일반제조업의 입점이 불가능하게 되었습니다. 제조업이 지식산업센터로 들어가려면 업무지원시설로 들어가야 하는데, 이렇게 업무지원시설로 인정을 받으려면 해당 지식산업센터에 해당 제조품을 납품할 수 있는 회사가 입주해 있어야 지원시설로 인정받을 수 있습니다. 첨단산업이나 지식산업 이외에 제조과정에 기름이 묻어나거나 연기가 발생하고 폐수가 배출되는 일반제조업은 입점할 수 없게 되었습니다.

애초에 지식산업센터는 아파트형 공장인데 정작 제조업 공장이 입주를 못 합니다. 그런데 이러한 부분에 대해서 개발사업자나 추천하는 강사, 분양사무실에서는 함구하고 있습니다. 한마디로 깨끗한 업종만 입점이 가능하다는 이야기인데, 이렇게 되면 쏟아지는 지식산업센터 물량에 비해서 입점할 수 있는 업종은 매우 축소가 됩니다. 준공 후 입주 시기가 한참 지났음에도 공실로 비어 있는 이유가 바로 이런 비하인드 스토리 때문입니다. 아파트 투자 규제 때문에 아파트 투자를 하기 힘들었던 사람들에게 '지식산업센터는 대출을 많이 해주니 레버리지 효과로 수익률이 높아서 은행 돈으로 투자하고 월세 받아서 이자를 충당하면 그야말로 공짜로 돈을 번다'라는 달콤한 유혹을 합니다. 그 유혹에 혹하고 넘어간 사람들은 공짜로 돈을 벌 수 있다는 기대감에 웃었지만, 지금은 입주 업체가 없어 월세는 받지 못하고 관리비만 나가고 있으며, 높은 비율의 대출 이자는 감당하지 못할 정도로 상승했습니다.

마지막으로 지식산업센터와 관련된 기사 제목들을 한번 보시겠습니다. '가산디지털 초역세권 절반이 미분양. 올해 입주한 곳은 공실률 60%', '10만 평 랜드마크도 공실률 70%. 지식산업센터 폭탄 맞은 남양주', '3곳 중 1곳은 공실, 프리미엄 1억 불타던 송도의 몰락, 금리 직격

탄 후 들어올 사람 없어요', '지식산업센터만 무려 1만 개 물량 폭탄 대체 뭘 믿고 이렇게 많이 지은 거야?', '이 와중에도 지식산업센터 10곳 더 짓는대요. 지식산업센터, 오피스텔, 마이너스 프리미엄 쏟아지는 향동지구', '공실률 60% 계약금도 포기, 1만 평 때려 짓더니 박살 난 구리 갈매 지식산업센터', '삼성 하나 믿고 물량 퍼부었다가 … 마이너스 프리미엄 쏟아지는 동탄 지식산업센터', '분양가보다 낮은데도 안 팔린다니까. 잠실 야구장 10배 크기 하남 지식산업센터 충격 실상.' 이 외에도 정말 수도 없이 많은 기사가 있습니다. 독자 여러분, 세상에 공짜로 돈 버는 방법은 절대 없습니다.

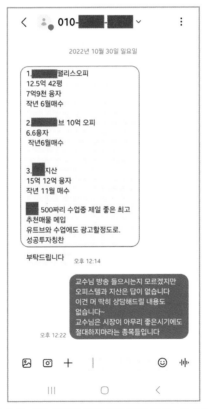

자료 4-2. 상담 요청한 분의 문자 캡처 (출처 : 필자 작성)

필자는 2015년쯤 중고등학교 교사님들을 대상으로 방학을 이용해서 '특수분야 직무연수 과정' 강의에 참여했던 적이 있습니다. 경제를 대주제로 한 커리큘럼이었는데, 필자는 '부동산 투자 시장의 분석'이라는 소주제로 강의했습니다. 당시 책상에 앉아서 강의를 들으시는 분들은 나이 젊은 선생님들은 거의 없었고, 대부분 정년을 앞두고 계시는 연세가 지긋하신 선생님들이었습니다. 몇 번의 방학 기간에 여러 차례 강의하고, 뒤풀이 식사도 같이하며 질문도 받고 답변하는 과정에서 그간 선생님들의 부동산 투자 상황도 자연스럽게 알게 되었습니다. 그런데 당시에 필자가 속으로 놀랐던 부분은 생각보다 많은 선생님이 부동산 투자에 관심이 있지만, 직업이 직업인 만큼 겉으로는 드러내어 이야기하지 못하고, 어디 물어볼 곳도 없다는 것에 답답해하신다는 것이었습니다. 그러다 보니 투자하기는 해야겠는데 어디 전문가에게 상담해볼 곳도 없다 보니 그냥 주변의 권유로 투자했다고 하시는 것이었습니다. 아무래도 학교라는 폐쇄적인 공간에서 근무하고, 부동산 투자에 관한 이야기는 금기시되는 분위기이기 때문에 그럴 수도 있겠다고 생각되었습니다.

그런데 필자가 적잖이 놀랐던 것은 선생님들이 투자해놓으신 부동산 종목들이 필자가 그렇게 하지 말라는 토지 투자가 많았다는 사실입니다. 더군다나 그 토지들의 대부분이 기획 부동산 회사에 속아서 산 토지라는 것이었습니다. 또한 퇴직을 앞두고 계셔서 그런지 모르겠지만 퇴직 후에도 일정한 현금흐름을 만들기 위해서 월세 받을 수 있는 부동산에 투자를 많이 하셨다는 것을 알게 되었습니다. 그런데 그 월세를 받으려고 투자한 물건들이 분양형 호텔이 많았습니다. 물론 멀쩡한 아파트에 투자하신 분들도 계셨는데, 그런 분들은 앞으로 부동산 시장이 어떻게 흘러갈까에 대한 관심은 있으셨지만, 초조해하거나 걱정스러운 눈빛은 아니었습니다. 그러나 토지나 분양형 호텔에 투자하신 분들은 이런 물건들을 보유해야 하는지, 처분해야 하는지에 관한 질문이 참으로 많았습니다. 사실 기획 부동산 회사에 속아서 투자한 토지는 애초부터 쓸모없는 토지였기 때문에 기획 부동산 회사가 선생님들에게 속여서 판 것처럼 다른 사람들을 속여서 팔지 않으면 팔 방법은 없습니다. 분양형 호텔의 경우에는 당시에 분양형 호텔을 분양받은 상태에서 준공을 기다리고 계시는 분들은 "분양형 호텔이 준공되면 분양 사무실에서 브리핑한 대로 월세가 잘 들어올지와 몇 년 보유했다가 팔면 시세차익을 볼 수 있겠느냐?"가 관심사였습니다. 이미 분양형 호텔을 분양받아서 소유권 이전등기까지 마치신 분들은 "분양 사무실에서 약속한 월세(엄밀하게 말하면 수익에 대한 배당금)가 제대로 안 들어오는데 처분할 방법이 없겠느냐?"가 질문의 핵심 요지였습니다.

선생님들께서는 분양형 호텔 분양사무실에서 월세가 꼬박꼬박 나온다는 이야기를 믿고, 퇴직 후 월세를 받을 목적으로 분양받은 죄(?)밖에 없는데, 그분들에게는 걱정거리, 애물단지가 되고 말았습니다. 참으로 안타까운 일이 아닐 수 없습니다. 그런데 이게 벌써 꽤 오래전 있었던 일이고, 그동안 부동산 시장에서는 분양형 호텔에 대한 홍보나 분양이 크게 부각되지 않아서 이슈가 되지는 않고 있었습니다. 그런데 이번에 이 원고를 쓰면서 인터넷으로 검색해보니 아직도 분양형 호텔을 권하는 홍보 글이 있는 것을 보고, 당시만큼은 아니지만 여전히 분양형 호텔을 권유하는 사람들이 있다는 것이 놀라웠습니다. 사실 분양형 호텔은 그동안 분양 물량이 축소되고 사람들 뇌리에서 점차 잊혔지만, 생활형 숙박시설(레지던스)이 분양형 호텔의 변형된 투자 형태로 그 자리를 차지하고 있습니다. 분양형 호텔이든, 생활형 숙박시설이든 어쨌거나 호텔이나 숙박시설이라는 명칭을 가지고 있는 만큼 한 개인이나 법인에 장기적으로 월세 계약해서 월세를 받는 오피스텔이나 아파텔과는 그 결이 다름을 인식해야 합니다. 그렇다면 분양형 호텔이나 생활형 숙박시설에서 나온다는 월세는 도대체 무엇일까요? 분양형 호텔에서 꼬박꼬박 나온다는 월세는 사실 월세가 아닙니다. 분양형 호텔은 투자자들이 분양받을 때는 건물의 용도가 호텔 용도인 건축물 중 개별 단위 호실을 한 호실 또는 여러 호실을 분양받는 것과 동시에 준공 후 호텔 위탁 운영계약을 체결합니다. 이 호텔 위탁 운영 계약서를 월세 계약서로 오인하는 분들도 많으신데, 호텔 위탁 운영 계약서는 흔히들 생각하시는 월세 계약서가 아닙니다. 투자자가 분양받은 각 호실을 전문관리업체에 호텔로 위탁 운영해 발생하는 수익금을 관리비용을 공제하고 지급하는 수익배분금입니다.

이러한 시스템의 문제점을 살펴보면 첫째, 사실상 투자자 개인이 호텔 영업을 할 수 없습니다. 30호실 이상 또는 영업면적 3분의 1 이상을 소유해야 숙박업이 가능한데, 위탁업체에 맡기지 않고서는 영업할 수 없다는 이야기입니다. 개인이 운영한다면 대부분 불법입니다. 둘째, 오피스텔처럼 시간이 지나면 월세가 자연스럽게 발생하지 않고, 호텔 운영 수익이 발생해야 수익배분금이 발생합니다. 셋째, 수익이 관리비용보다 많이 발생해야 수익배분금이 발생하는데, 호텔로서 입지가 매우 뛰어나서 숙박 인원이 많고 객실 가동률이 높아야 순수익이 높아져서 수익배분금이 발생합니다. 넷째, 관리비용의 적정성에 대해서 검토할 수 없으며, 위탁 운영을 하는 이상 개입할 수도 없습니다. 관리를 잘하는지 못하는지, 월급을 많이 주는지 적게 주는지, 비용을 많이 썼는지, 과다 지출은 없는지 알 수가 없고 관여하기도 쉽지 않습니다. 아울러 일정 금액을 매월 지급히는 조건으로 위탁계약을 했나면, 초과된 영업이익에 대해서는 수익을 청구할 수 없습니다. 다섯째, 매월 수익금에 대한 확정 지급을 하기로 했다고 하더라도 지급하지 않으면 받을 방법이 사실상 없습니다. 일반적인 월세 계약은 일정 금액의 보증금이 있어서 월세를 지급하지 않을 경우, 계약 해지와 함께 밀린 월세는 전체보증금에서 공제하고 나머지 보증금만 반환하면 됩니다. 하지만 호텔 위탁 운영 계약은 보통 보증금이 없는 경우가 대부분입니다. 그야말로 내 재산을 그냥 아무런 담보 없이 맡기는 것과 같습니다.

우리가 주식에 투자할 때도 투자하고자 하는 회사의 수익이 어디에서 나오는지를 판단하고, 그 판단 결과에 따라서 투자 여부를 결정합니다. 원자재를 팔아서인지, 가공생산제품을 팔아서인지, 용역서비스를 제공해서인지, 먹거리를 팔아서인지, 아무튼 매출이 어떻게 되는지, 영업에 투입되는 비용은 얼마인지를 재무제표를 보고 판단합니다. 그래서 수익이 향후 증가할 것으로 예상이 되는 회사의 주식에 투자를 결정하는 것이 정석입니다. 마찬가지로 부동산 투자도 이와 다를 바 없습니다. 그 부동산에서는 어떻게 수익이 발생하는지를 파악하고, 그 수익이 안정적으로 발생하고, 향후 증가 가능성이 있는지를 판단해야 추후 매도 시에 시세차익도 기대할 수 있는 것입니다. 이미 앞 챕터에서 여러 차례 언급했지만, 수익형 부동산은 이유 여하를 막론하고 수익이 발생하는 만큼 해당 물건의 매매가격도 상승한다고 했습니다. 그런데 분양형 호텔이나 생활형 숙박시설은 수익이 도대체 어떻게 나올 것인지에 대해서 알 수도 없고, 설령 안다고 하더라도 수익배분금을 주지 않으면 공제할 수 있는 보증금도 없습니다. 위탁업체가 배 째라 하고 파산 신청 하면 수익이 있었어도 수익배분금을 받을 길이 없습니다. 수익 발생의 메커니즘을 애초에 구조적으로 알 수 없는 분양형 호텔이나 생활형 숙박시설에서 수익배분금을 받으려고 하는 투자는 애당초 하지 않는 것이 좋습니다.

다음은 2020년 10월 23일, KBS 뉴스 '분양형 호텔 투자자 피해 속출…노후 날렸다'라는 기사 내용입니다.

평택항 근처의 한 글로벌 브랜드 호텔. 6개월째 운영이 중단된 상태입니다. 천장에는 곰팡이가 피어 있고, 전기마저 끊겼습니다. ["전기요금 7,000만 원을 미납해놓고 *(운영사가)* 도망을 간 거예요."] 개인이 객실을 분양받고 운영 수익의 일부를 배당받는 분양형 호텔. 최고 8% 수익률을 안겨준다던 운영사는 영업난을 이유로 파산해버렸습니다. [김○○/분양형 호텔 피해자 : "계약서를 믿고 다들 힘든데 투자를 했단 말이에요. 그런데 딱 10개월 돈을 주더니 *(수익금)* 못 줘."] 바다가 시원스레 펼쳐진 호텔 분양 광고, 현실에는 없었습니다. 1미터 거리 바로 앞 건물에 시야가 막혀 있습니다. 경영이 어렵다며 수익금은 2년째 주지 않고 있습니다. 또 다른 호텔은 소송 때문에 계약한 방에 들어가 보지도 못합니다. ["바퀴벌레 나오고, 곰팡이 피었다고 해서 진짜인지 보러 온 거예요. 그건*(호텔은)* 제 거고요."] 2012년 정부는 외국인 관광 수요에 대비하겠다며 '호텔 특별법'을 만들어 각종 규제를 풀어줬습니다. 당시 신문 광고 등에 자주 등장하면서, 안정적인 노후를 기대한 노년층에게 인기를 끌었습니다. [안○○/분양형 호텔 피해자/음성변조 : "7% *(수익률이)* 나온다고 하니까 노후에는 전혀 문제가 없을 것이라고 믿었습니다."] 규제 완화로 호텔이 넘쳐나자 여기저기서 파산이 잇따랐고, 약속한 돈은 지급되지 않았습니다. 2018년 기준, 전국 분양형 호텔 가운데 단 1곳을 뺀 나머지 모두가 소송을 벌일 정도입니다.

2018년 기준 분양형 호텔 가운데 단 1곳만 빼고, 나머지는 전부 이러한 이유로 소송 중이라고 합니다. 그리고 생활형 숙박시설이 아파트 대체재로 한때 인기를 끌었지만, 아파트도 되지 못하고 아파트 대체재도 되지 못하고 있습니다. 필자는 생활형 숙박시설도 숙박시설이라는 굴레를 벗어나지 못하는 한 분양형 호텔과 같은 길을 갈 것으로 보고 있습니다.

유튜브 라이브 방송을 하면 "다세대주택(빌라)을 사도 되느냐?"라는 질문을 참으로 많이 받습니다. 특히나 부동산 상승기에 아파트 가격이 하루하루 급등할 때 차마 아파트 사기는 사정상 어려운데, 다세대주택은 아직 가격이 많이 오른 것 같지 않아 보입니다. 원래부터 매매가격이 상대적으로 저렴하다 보니 부동산 상승 분위기에 따라 설령 가격이 올랐다고 해도 아파트만큼 부담스러운 가격이 아니기에 아파트 대체재로 다세대주택(빌라)을 매입해볼까 생각하시는 분들이 많습니다. 사실 주거 공용면적이 아파트에 비해서 작다 보니 실사용 전용면적은 오히려 아파트보다 넓은 경우가 많아서 가족 인원이 좀 되시는 분들은 선호할 수도 있습니다. 여유 자금이 부족한 신혼부부나 인원이 많은 대가족은 다세대주택(빌라)을 매입하는 사례가 많이 있습니다. "돈이 원수지 돈만 있으면 아파트 갈 거야"라며 스스로 위안하고 매입합니다.

필자 역시 생애 최초 내 집 마련을 했던 주택이 바로 다세대주택(빌라)이었습니다. 그러나 열심히 본업 삽질(?)을 해서 저축하고, 그 저축한 돈과 살고 있는 다세대주택(빌라)을 팔아서 아파트로 이사 가고 싶었습니다. 그런데 다세대주택(빌라)을 팔려고 보니 쉽사리 팔리지 않았습니다. 당시에는 이해할 수 없었습니다. 다세대주택(빌라)도 사람이 생활하는 집이고, 집을 당연히 팔고 싶을 때 팔 수 있을 것으로 생각하고 있었는데 현실은 전혀 그렇지 않았습니다. 세월이 지나고 나중에 부동산에 관한 공부를 하고 나서야 왜 그렇게 집이 팔리지 않았는지를 알게 되었습니다. 다세대주택(빌라)은 기본적으로 아파트와 달리 대규모가 아니라 주택으로 사용하는 1개 동의 연면적이 660㎡ 이하이고, 층수도 4층까지만 있기 때문에 대부분 좁은 토지에 소규모로 지어지는 경우가 많습니다. 또한 다세대주택(빌라)이 있는 지역은 개발업자에 의해서 순차적으로 지속적으로 지어지다 보니 나중에 보면 옹기종기 집단적으로 건축되어 있는 형태가 많습니다. 한마디로 다세대주택(빌라)이 있는 동네는 좁은 길을 사이에 두고, 집단으로 다세대주택(빌라)이 건축되어 있다는 이야기입니다. 이리 봐도 다세대주택(빌라), 저리 봐도 다세대주택(빌라)만 건축되어 있습니다.

우리나라에서는 다세대주택을 통칭해서 '빌라'로 부르지만, 사실 영어권의 진정한 빌라는 서울 반포 서래마을이나 한남동 UN빌리지에 있는 다세대주택들입니다. 여기야말로 진짜 '고급 빌라'로 칭할 수 있으며, 이러한 고급 빌라는 아파트보다 가격이 더 높습니다. 부자들 사이에 '그들만의 리그'로 매매 시장이 형성되고 거래가 됩니다. 이 챕터에서 다루는 다세대주택(빌라)은 이러한 고급 빌라와는 다른, 주변에서 흔히 볼 수 있는 보통의(?) 다세대주택(빌라)을 기준으로 설명하고 있습니다. 이러한 보통의 다세대주택(빌라)은 좁은 도로를 사이에 두고 집단으로 건축되어 있어서 도로, 공원, 주차장 등 기반 시설이 제대로 확보되지 않은 상태에서 다세대주택만 연속해서 건축하게 됩니다. 도로, 주차장이 부족하니 차량의 진출입이나 주차 문제가 열악해서 주변인들과의 분쟁이 끊이지 않습니다. 다세대주택(빌라)만 연접해서 건축하다 보니 공원과 같은 휴식 공간도 존재하지 않습니다. 학교도 제대로 갖추어진 곳이 드물고, 다세대주택(빌라)만 다닥다닥 붙어 있고, 좁은 길만 있다 보니 보안이 취약해서 밤길 나들이도 어렵습니다. 공동현관이 개방된 곳이 많다 보니 아무나 들어와서 집 앞에 어슬렁거리는 모습도 많아 불안하기 짝이 없습니다. 다세대주택(빌라)은 별도의 관리사무소나 경비실도 없으니 가중 범죄의 노출 공간으로 취급받기도 합니다.

이렇게 사람들의 삶을 윤택하게 해주는 기본 인프라가 부족한 지역이다 보니 여유 있는 사람들이 거주하려 찾지 않고, 항상 여유 자금이 부족한 사람들만 어쩔 수 없이 찾아오는 마이너 지역이 됩니다. 또한 전용면적이 아파트에 비해 조금 넓어서 신혼부부나 가족 인원이 많은 가구가 찾을 수도 있지만, 다세대주택(빌라)은 통상적으로 영세한 건설사들이 건축하기 때문에 시공 능력 자체가 떨어집니다. 또한 원가절감을 하면서 건축하다 보니 겉은 번지르르한데, 실제 거주하다 보면 문제가 생기는 경우도 많습니다. 누수나 결로 현상으로 인해 곰팡이가 발생해도 영세한 건설사들이 건축하다 보니 하자보수를 제대로 받지 못하는 경우도 비일비재합니다. 아울러 단열이 제대로 되지 않아 여름에는 무지하게 덥고, 겨울에는 몹시 추운 경우도 많습니다. 외형상으로는 파악하기 힘들기 때문에 모르고 덥석 매입했다가 하자로 몸서리치는 사례도 많습니다. 또한 필자가 생애 첫 내 집 마련으로 매입했던 다세대주택(빌라)은 일조권 사선제한으로 깎여 나간 곳에 양철지붕으로 공간이 만들어져 있었는데(예전에는 다 그랬습니다), 비만 왔다 하면 양철 지붕에 빗물 떨어지는 소리가 시끄러워 잠을 자지 못할 정도였습니다. 또한 다세대주택(빌라)은 가난한 사람들이 살고 있다는 인식이 있어 다세대주택(빌라)에서 사는 거지라고 해서 '빌거지'라고 조롱하기도 하고, 고층 아파트에서만 살아온 사람들에게는 정상적인 사람이 살 수 없는 주택으로 은근히 박대당합니다.

아파트에 비해서 여러 가지 불리한 조건의 건축물이다 보니 현재 다세대주택(빌라)에 살고 있는 사람은 돈만 벌면 아파트로 가겠다는 마음을 먹습니다. 그리고 다세대주택(빌라)을 사서 이사를 들어오겠다고 하는 사람들은 돈이 부족한 사람들이다 보니 거래되는 매매가격이 높아지려야 높아질 수가 없는 것입니다. 물론 입지적으로 좋은 지역의 다세대주택(빌라)들이 몰려 있는 곳이 환골탈태하는 예도 있습니다. 재개발구역으로 지정이 되어 비싼 거래가격이 형성되기도 하는데, 대표적인 사례가 용산구, 마포구의 재개발구역들입니다. 이러한 입지 좋은 재개발구역의 다세대주택(빌라)은 다세대주택(빌라) 자체의 가치가 높아서 가격이 높은 것이 아니라, 재개발되어 신축 아파트가 되었을 때 입주할 수 있는 그 무형의 입주 권리에 대해서 가격이 높게 책정이 되는 것입니다.

따라서 이 챕터에서 이야기하고 있는 보통의(?) 다세대주택(빌라)과는 다른 차원의 이야기입니다.

이러한 이유로 다세대주택(빌라)은 재개발사업이 착착 진행되어가는 구역에만 투자해야 할 것입니다. 그런데 이렇게 재개발이 될 거라면서 신축 다세대주택(빌라)을 팔아먹는 사람들이 있습니다. "여기는 언젠가는 재개발이 되니 지금 미리 사두면 좋습니다", "누구나 좋아하는 최고의 입지인 용산에 점이라도 하나 찍어놔야 하지 않겠습니까?", "서울에 아파트 투자하려면 최소한 10억 원 이상은 있어야 하는데 2~3억 원 적은 돈으로 서울에 집을 사두면 얼마나 좋습니까?"라는 식으로 사람들을 꼬드깁니다. 그러나 이렇게 재개발될 것이라면서 팔아먹는 신축 다세대주택(빌라)은 실제 재개발로 이어지는 경우는 별로 없습니다. 자녀 세대에나 가서 될 수도 있겠지만, 그것은 시간 낭비, 기회비용의 손실이 됩니다.

아울러 적은 돈으로 투자를 할 수 있다고 이야기하지만, 다세대주택(빌라)은 일반 아파트와 같이 비교적 객관적인 시세를 알 수 없으므로 실제보다 과하게 전세 보증금을 책정해서 받은 후에 매매금액을 책정합니다. 예를 들어 3억 5,000만 원의 객관적 가치가 있는 다세대주택(빌라)을 보증금 4억 원을 받아서 7억 원의 매매가격을 책정하고 판매를 시도합니다. 신축 다세대주택(빌라)이다 보니 나름 깨끗해서 월세가 아까운 세입자는 '전세 보증금은 전세 기간이 만료되면 돌려받을 수 있는 돈'이라 생각하고는 정확한 시세 파악 없이 전세 보증금 4억 원을 주고 입주합니다. 그리고 나서 서울에 투자하고 싶어 하는 사람에게 투자금 3억 원만 있으면 투자힐 수 있나고 하면서 이런 신축 다세대주택(빌라)을 소개해서 팔아먹습니다. 투자자 입장에서는 3억 원으로 재개발이 진행되는 다세대주택(빌라)을 샀다고 좋아하지만, 실상은 그렇지 않습니다. 앞에서 언급했다시피 최소한 재개발구역으로 지정이 되어 실제 진행이 되는 곳이 아니고, 그냥 언젠가는 될 거라는 말 속임에 불과하며, 실제로는 진행되지 않는 경우가 대부분입니다. 설령 진행이 된다고 할지라도 정말 오랜 시간이 걸립니다. 또한 객관적인 가치는 3억 5,000만 원인데 7억 원을 주고 샀으니 사실은 3억 5,000만 원 더 비싸게 매입한 결과가 됩니다.

네이버 검색창에 '용산 재개발 신축빌라'로 검색해보시면 앞에 든 사례와 금액이 일치하지 않으나 비슷한 맥락으로 많은 홍보용 글을 보실수 있을 것입니다. 전세 보증금은 어차피 돌려줘야 하는 빚에 불과합니다. 이러한 신축 다세대주택(빌라)을 사는 것보다는 정상적으로 진행되고 있는 재개발구역에 프리미엄을 주고 사는 것이 올바른 투자 방식입니다. 다시 한번 이야기하지만, 재개발구역이 지정되고 순조롭게 진행이 되는 곳이어야 합니다. 재개발될 것이라는 근거 없는 판매자 또는 소개업자의 주장이나 꾐에 빠져서 신축 다세대주택(빌라)을 투자해서는 절대 안 됩니다. 다시 본론으로 돌아가서 보통의 다세대주택(빌라)은 주변의 인프라 부족으로 인해 가격 상승이 매우 더딘 것이 일반적입니다. 다음은 10년 만에 눈물의 매도에 성공한 어느 블로그 이야기를 각색 요약한 내용입니다.

'친정 모친이 4,000만 원짜리 다세대주택(빌라) 사줌 → 엄마가 집을 사주시다니 완전 감사함. 그래서 졸지에 1주택자가 됨 → 처음에는 부동산에 관심 없었으나 나이 들면서 관심이 생김. 그런데 1주택자라 주택청약 계속 못함 → 결혼해서 아파트를 샀는데 부부 공동 명의 못했음. 이유는 생애 최초 취득세 감면을 본인은 1주택자라서 받지 못해 해당되는 남편 명의로 단독으로 소유권 넘김 → 정확히 10년 보유하고 매도했음 → 매도가격은 6,000만 원 → 10년 수익 2,000만 원 → 그나마 안 팔리던 것이 개집도 오른다는 상승기여서 팔림 → 그 10년 동안 다른 아파트 가격 3배 오름 → 양도세 신고하려 하니 양도소득세 국세청 직원이 거의 안 나온다고 함. 아마도 장기보유특별공제 때문인 것 같음 →

양도소득세 안 나온다고 해서 빵 터짐 → 얼마나 오래 들고 있었고, 양도소득 차액이 적었으면 직원이 보자마자 세금이 없다고 하시겠음?

양도소득세를 내면 정말 갈비뼈를 1개 내어 주는 기분인데, 양도소득세를 내지 않는 기분은 과연 어떤 기분일까요? 다세대주택(빌라)은 양도소득세를 안 내는 기분을 느껴볼 수 있는 투자입니다. 여러분도 한번 도전해보시겠습니까?

살인자와 전쟁 영웅의 갈림길에 있는 지역주택조합

'원수에게 추천하는 지역주택조합'이라는 말이 있습니다. 유튜브 검색창에 지역주택조합을 검색하면 나오는 말입니다. '원수'란 원한이 맺힐 정도로 본인에게 해를 끼친 사람이라는 뜻인데, 이러한 원수에게 추천하라는 정도면 지역주택조합이 얼마나 피해자가 많이 나오는 부동산 종목인지 짐작을 할 수 있습니다. 이렇게 피해자가 많이 나오니 조심하라고 많은 매체에서 이야기하고 있지만, 정작 피해자는 계속해서 양산되고 있습니다. 이러한 이유는 지역주택조합에 당하는 사람들이 정작 지역주택조합이 무엇인지 모르고, 분양 사무실에 직원들 말만 믿고 계약서를 쓰기 때문입니다. 그렇다면 사람들은 왜 지역주택조합 분양 사무실 직원들의 홍보하는 말만 듣고 계약서에 도장을 찍을까요? 참으로 이상한 일이 아닐 수 없습니다. 그것은 일반 아파트 개발 및 분양 방식과 지역주택조합 아파트 개발 및 분양 방식을 동일하다고 생각해서 나타나는 현상입니다. 즉 일반 아파트와 지역주택조합 아파트를 구분할 줄 몰라서 벌어지는 일입니다. 따라서 일반 아파트와 지역주택조합 아파트 개발 방식을 구분할 줄 알면 지역주택조합 아파트 피해를 당할 일이 없어집니다. 무조건 버리게 되어 있기 때문이죠. 그러나 대부분 사람은 이와 관련해서 별도로 공부할 일도 없고, 가르쳐 주는 사람도 없으므로 피해자가 계속해서 나오고 있는 현실입니다. 여러분들은 이번 기회에 구분하시는 방법을 공부하셔서 지역주택조합 아파트로 피해 보시는 일이 없으면 좋겠습니다.

우선 지역주택조합 아파트를 구분하기 위해서는 지역주택조합 아파트가 무엇인지 알아볼 필요가 있습니다. 지역주택조합 아파트의 유래를 찾아보면, 사실 1970년대 후반 아파트 개발이 시작된 서울 강남 택지개발 시절까지 거슬러 올라가야 합니다. 이 당시에는 건설사들이 토지 주인들에게 토지를 매입하기 위한 계약금만 주고, 토지사용승낙서를 받아서 아파트를 건축하기 위한 건축허가와도 같은 사업계획승인을 받을 수 있었습니다. 상식적으로 생각해보면 건설사가 아파트를 건축할 토지를 완전히 매입한 후에 아파트 공사를 시작하는 것이 맞는데, 이 당시에는 지금과 같은 시스템이 아니었기에 토지를 계약금만 주고 아파트 건축허가를 받을 수 있었습니다. 여러분도 아시다시피 아파트는 건설회사가 분양받을 사람들에게 아파트를 지어서 주겠다는 약속만 하고, 먼저 계약금부터 받는 선분양 제도입니다. 그 당시는 투자자들이 많이 몰려서 분양만 한다고 하면 완판되는 시절이었습니다. 건설회사는 토지 주인들에게 계약금만 주고 건축허가를 받은 뒤 일반 투자자들의 계약금을 받고 중도금을 받아서 그 돈으로 토지 대금을 주고, 건축비로 사용해서 아파트를 완공했습니다. 당시 건설회사는 봉이 김선달이 대동강 물 팔아먹듯이 기가 막히게 사업 수완을 발휘해서 막대한 수익을 거두었습니다. 이러한 방식으로 계속 강남 토지를 개발하다 보니 더 이상 앞에서 말한 거의 공짜로 아파트를 지을 토지가 사라지게 됩니다. 토지 소유자들 역시 아파트 개발이 막대한 수익을 가져온다는 사실을 알게 되고, 더 이상 건설회사의 희생양(?)이 되기를 거부합니다.

아파트를 지을 토지가 넘쳐나던 시절이 끝나고, 1980년대 후반부터는 토지 소유자와 건설회사가 공동으로 아파트 개발사업을 추진하게 됩니다. 1970년대보다는 토지 소유자의 이익이 많아지는 상황이 되었습니다. 점차 아파트를 지을 토지가 부족해지다 보니 이때부터는 아예 아파트를 지을 토지만 전문적으로 매입 작업(지주 작업)을 하는 회사도 생겨납니다. 아무튼 이렇게 토지 소유자의 권한(?)이 높아지고, 그에 따라 건설회사와 토지 소유자가 공동으로 아파트 개발사업을 하는 사례가 많아지게 됩니다. 이러한 건설회사와 토지 소유자의 공동 개발사업은 지역주택조합과 직장주택조합의 아파트 개발 방식으로 진화하게 됩니다. 지금 우리가 알고 있는 정비사업 중 재건축조합 방식의 아파트 개발 방식은 2003년 도시 및 주거환경정비법으로 편입되면서 주택법으로 개발하는 지역주택조합 아파트 개발 방식과는 사업 성격이 완전히 달라지게 됩니다. 문제는 그때부터인데, 일반적으로 보통의 사람들은 도시 및 주거환경정비법상 재건축조합의 아파트 개발사업과 주택법상 지역주택조합의 아파트 개발사업을 같은 방식이라고 생각하는 경우가 많습니다. 하지만 여기서부터 지역주택조합 아파트의 문제가 발생하게 됩니다. 필자의 생각에는 재건축조합과 지역주택조합은 이렇게 '조합'이라는 같은 단어를 사용하기 때문에 나타나는 현상이라 보고 있는데, 그냥 해프닝으로 돌리기에는 혼동의 결과가 너무나도 심각하다는 것입니다. 재건축조합의 조합원들은 아파트 개발에 대한 책임이 각 조합원에게 있다는 사실을 잘 알고 있지만, 지역주택조합 조합원들은 그 사실을 인지하지 못하고 그냥 일반 아파트를 청약해서 분양받는 것으로 오인하는 것이 오늘날 지역주택조합 아파트 분제의 가장 큰 핵심 요인입니다.

도시 및 주거환경정비법상 재건축조합 아파트 개발 방식은 조합원들이 보유하고 있던 공동주택이나 단독주택, 그리고 그 주택에 딸린 토지를 현물출자해서 신축할 아파트의 부지로 사용하는 반면, 주택법상 지역주택조합 아파트 개발 방식의 조합원들은 현물출자를 할 토지가 없으므로 각 조합원이 돈을 내어 아파트 지을 토지를 매입해야 합니다. 또한 재건축조합의 조합원들은 재건축을 하기로 예정한 구역의 건축물과 토지를 소유한 사람들이 조합원이 됩니다. 이러한 조합원들은 공동으로 아파트 개발사업을 해서 손해가 나면 지분대로 손해를 보고, 수익이 나면 지분대로 수익이 난다는 사실을 확실하게 압니다. 또 재건축 사업을 원활하게 진행하기 위해서 조합원 중에서 투표를 통해 조합원을 대표하는 조합장 및 임원을 선출해 사업을 진행합니다. 따라서 재건축조합과 조합원들은 같은 입장에서 조합원의 자산 증식과 이익을 극대화하기 위해서 노력합니다. 그러나 지역주택조합 아파트 개발 방식은 전혀 다르게 작동합니다. 조합원의 자격이 지역주택조합의 조합원은 건축물과 토지의 소유자가 아니어도 신청해서 일정한 계약금만 내면 조합원이 될 수 있습니다. 재건축조합과 같은 현물출자는 애초에 이루어지지 않습니다. 이 때문에 해당 지역주택조합 아파트를 건축하기 위해서는 토지를 매입하는 절차를 거쳐야 합니다. 재건축조합 아파트 개발 방식은 아파트를 지을 토지를 확보한 후에 사업을 시작하는 것(마찬가지로 재개발조합, 일반 아파트 개발 방식은 토지 확보 후 사업 시작함)과 달리 지역주택조합 아파트 개발 방식은 아파트를 건축할 토지를 확보하지 않은 상태에서 사업을 시작하는 것이 가장 큰 차이점입니다. 그런데 이러한 차이점을 지역주택조합 아파트 조합원들은 전혀 모르는 것이 대부분입니다. 재건축조합이나 재개발조합, 그리고 청약을 통해서 입주할 수 있는 일반 아파트와 동일하게 생각한다는 것입니다. 단순히 분양계약서를 썼다는 사실만으로 시간이 지나면 신축 아파트에 입주할 수 있다고 생각합니다. '조합'이라는 명칭을 사용하는 관계로, 사람들은 도시 및 주거환경정비법상의 재건축조합이나 재개발조합과 동일한 방식으로 아파트 개발이 이루어진다고 오해해서 낭패를 보는 사례가 많습니다.

그러면 지금부터 지역주택조합원의 피해사례를 보면서 재건축조합원(또는 재개발조합원, 일반청약 아파트 당첨자)과 어떻게 다른지 체크해보겠습니다. 가장 흔하면서도 대표적이고, 핵심적인 토지 확보가 되지 않는 상황에서 거짓으로 조합원 가입을 유도하는 것입니다. 사례를 보면 A씨는 2020년 ○○역 근처에 있는 B지역 주택조합 홍보관에서 조합원 가입 계약을 체결했습니다. 계약 당시 A씨와 상담을 진행했던 직원은 다음과 같이 설명했습니다.

"토지확보율이 80% 이상이고, 이미 법적인 요건을 다 갖추었기 때문에 사업 진행이 빠릅니다. 2년 뒤 착공해서 2026년에 입주 가능합니다. 지금 가입하면 추가 분담금이 없습니다. 몇 달 뒤에는 금액을 올려서 분양할 예정이니 서둘러 계약해야 저렴합니다."

A씨는 직원의 설명을 믿고 계약했으나 아직도 공사는커녕 관할 인허가 관청에 지역주택조합 설립인가 신청조차도 하지 못하고 있습니다. 이러한 이유는 토지 확보율이 사실과 다르고, 토지 매입이 지연되고 있기 때문입니다. A씨는 언제 공사가 진행되어 완공될지 모르는 상태에서 금융비용만 지출되고 있습니다. 이렇게 지역주택조합 아파트 개발 방식은 해당 아파트를 건축해야 할 토지를 매입해야 하는 절차를 거쳐야 하지만, 다른 아파트 개발 방식(재건축, 재개발, 일반청약 아파트)은 이미 토지를 확보한 후에 사업을 시작한다는 차이점이 있습니다. 만약 A씨가 지역주택조합 아파트 조합원이 아닌, 재건축조합원이나 재개발조합원 또는 일반청약 아파트를 선택했다면 이러한 낭패를 당하지는 않았을 것입니다. 아울러 이렇게 지역주택조합이 아파드를 지을 토지를 매입한다는 사실이 알려지는 순간, 해당 토지의 소유자들은 토지를 싸게 팔려고 하지 않을 것이고 팔더라도 가격을 매우 높게 부를 것입니다. 또한 실제 있었던 일이기도 합니다만, 사업관계자들 중에서 미리 사놓고 알박기를 하는 사람도 있습니다. 이렇게 되면 토지 매입가격은 초기 책정

해둔 예산보다 많은 매입비용이 필요할 것이고, 사업기간은 기약 없이 지연될 것입니다. 이렇게 되면 사업비용이 눈덩이처럼 불어나고, 그 사업비용은 조합원들에게 막대한 추가부담금으로 돌아옵니다. 추가부담금의 크기는 가늠할 수가 없습니다. 피해를 봤을 A씨가 소송을 통하더라도 피해를 구제받을 수 있는 사례는 거의 없습니다. 소송에 승소한다고 하더라도 피해 금액을 돌려받을 돈이 없기 때문입니다.

이와 같은 토지 확보와 관련된 피해사례가 대표적이긴 하지만, 이 외에도 지역주택조합의 업무를 대행하는 업무대행사의 비리, 조합집행부와 업무대행사의 유착, 조합원들에게 받은 조합자금을 횡령하는 행위, 조합원 모집과정에서의 우선 동호수 지정의 변경, 사업추진 기간의 불확실, 조합탈퇴 및 분담금 환불의 어려움, 분담금 환불 소송에서 승소해도 반환받을 자금이 없다는 것 등 지역주택조합 아파트 개발사업은 모든 과정이 불확실하고 투명하지 못합니다. 그런데 이러한 사실을 모른 채 분양 홍보관 직원의 말만 믿고 계약을 체결하는 것이 현실이며, 이렇게 계속해서 피해자가 발생하고 있습니다. 사실 지역주택조합이 활기를 띠는 시기는 보통 부동산 상승기에 아파트 가격은 오르는데, 일반 아파트 청약을 해도 당첨은 되지 않고 계속 떨어져서 마음이 급할 때입니다. 그 시기에 지역주택조합 홍보관 직원의 "아파트를 시세보다 저렴하게 받을 수 있다"라는 말에 앞뒤 없이 계약부터 하기 때문입니다. 유혹도 유혹이지만 지역주택조합이 무엇인지도 모르는 사람들이니까 계약을 하는 것입니다. 당연히 지역주택조합의 문제를 알았다면 그분들은 계약하지 않았을 것입니다. 그렇다면 이렇게 문제점이 많은 지역주택조합 아파트 개발 방식은 없애야 하지 않을까요?

필자는 오래전 KBS 방송과의 인터뷰에서 "지역주택조합은 문제가 너무 많아서 1~2가지 법령 개정으로 문제를 원천적으로 해결하기 힘들다. 따라서 관련 법령을 아예 폐지하는 것이 답이다"라고 지적한 적이 있습니다. 2016년에는 서울과 부산 등 광역지자체 8곳이 국토교통부에 지역주택조합 제도 폐지를 건의한 적도 있습니다. 오죽하면 광역지 자체에서 국토교통부에 폐지하라고 하겠습니까? 지역주택조합의 문제 는 제도의 취지는 좋으나 실제 운용과정에서 관련된 사람들이 너무나 도 이기적으로 행동하기 때문에 나타나는 현상들입니다. 인간은 원래 이기적인 동물이고, 이러한 본래의 인간성에서 나오는 문제들이니 인 간성을 고치지 않으면 이 문제도 해결되지 않습니다. 그런데 애초에 인 간 본연의 이기적인 성향은 고쳐지지 않습니다. 그러니 지역주택조합 의 문제는 어떠한 법령을 들이대더라도 고쳐지지 않습니다. 시쳇말로 내 땅에 아파트 개발이 된다는데, 여러분 같으면 싸게 파시겠습니까? 필자라도 비싸게 팔 것 같습니다. 애초에 토지를 확보하지 않은 상태에 서 사업을 시작하는 것은 성공 가능성이 매우 낮은 사업 방식입니다. 물 론 성공하는 케이스가 전혀 없는 것은 아니지만, 다른 사업(재건축, 재개발, 일반청약 아파트)에 비해서 성공률이 형편없습니다. 제도가 아무리 좋아도 쓰는 사람이 제대로 쓰지 못하면 없는 것보다 못한 결과가 됩니다. 총이 좋은 도구이지만 범죄에 사용하면 살인자가 되고, 나라를 구하는 전쟁 에 사용하면 영웅이 됩니다.

남녀노소, 매매 전세 월세, 원하든 원하지 않든 국민 모두 참여하는 아파트 시장

그런데 왜 필자는 아파트 투자만 하라고 할까요? 제가 이것도 해보고 저것도 투자해보니까 결론 난 게 뭐냐면 시장 참여자들이 아파트가 가 장 많았습니다. 왜 시장 참여자들이 아파트에 가장 많으냐면 우리가 일 생을 사는 동안에 예를 들면 매매해서 아파트를 팔든지 사든지 아니면 전세를 살든지 월세를 살든지, 더군다나 60대든지 50대든지 40대든지 갓난아기든지 초등학생이든 상관없이 남자든 여자든 노소를 불문하고 아파트 시장에 참여하고 있습니다. 본인의 의지도 있지만 본인의 의지와 상관없이 참여를 강제당하고(?) 있습니다. 예를 들어서 부동산 아파트 시장에 참여한다는 것은 꼭 매매해서 사고팔고 해야 시장 참여라고 생각하지만, 전혀 그렇지 않습니다. 본인이 아파트를 사고팔고 하지 않더라도 본인이 전세를 살든지, 월세를 살든지 무조건 살아야 합니다. 아파트 가격이 비싸다고 해서 길바닥에서 가족을 부양할 수는 없죠. 본인이 사회적인 능력이 아직 없다고 하더라도, 학생임에도 불구하고, 어찌되었든 월세방을 구하든 반전세를 구하든 생활해야 한다는 것입니다. 또 어린아이들도 본인들의 의지 없이 엄마, 아빠가 거기에서 살기 때문에 살아야 하는 거죠. 남녀노소 모든 사람이 매매든 전세든 월세든 무조건 모두 다 아파트 시장에 참여를 합니다. 정확하게 이야기하면 아파트 시장이라기보다는 주택 시장입니다. 무조건 참여를 합니다. 이러한 이유로 가장 핵심적인 것은 시중의 돈이 가장 많이 그 시장에 모입니다. 부동산 중에서 주택 시장에 가장 많은 돈의 흐름이 이어지고 몰립니다. 이러한 상황이다 보니 아파트 이외의 부동산 투자를 잘하는 사람도 있고, 못하는 사람도 있고, 전혀 생각하지 않는 사람도 있고, 여러 다양한 포지션의 사람들이 있지만, 결과적으로 알게 모르게 주택 시장에는 모두가 참여한다는 사실입니다. 부동산 시장의 상황은 가격이 오를 수도 내릴 수도 이럴 수도 저럴 수도 있지만 부동산 시장 중에서 주택 시장, 그 주택 시장 중에서도 아파트 시장에 가장 많은 돈이 몰립니다.

물론 주택도 여러 가지가 있죠. 단독주택도 있고, 다세대주택(흔히 이야기하는 빌라)도 있고, 업무용이지만 사람이 주거하는 오피스텔도 있고, 생활형 숙박시설(현재는 법령상 주거가 금지되어 있지만 주거로 사용하는 경우가 많이 있습니다)도 있고, 여러 가지 형태의 주택이 있다는 말이죠. 그럼에도 불구하고 왜 아파트일까요? 아파트는 우리가 알다시피 가장 커뮤니티 시설이 잘되어 있고, 아기들 키우기 좋고, 규모의 경제에 의해서 세대수가 많을수록 관리비도 적게 나오고, 보안도 잘되어 있고, 생활이 편리하니까 기왕이면 아파트로 주거공간이 집중되는 것입니다. 여윳돈이 부족하니까 오피스텔에서도 살고, 단독주택에서도 살고, 다세대주택에서도 살지만, 본인이 돈만 있다면 돈만 벌면 아파트에서 매매든 전세든 월세든 살고 싶은 게 사람들의 공통된 심리거든요. 이렇게 전 국민이 남녀노소를 불문하고 아파트 시장에 참여하고 있는 거죠. 잠재적으로 본인이 지금 돈이 없어서 아파트를 구매하지 못하지만, 본인이 돈만 벌면 하다못해 정말 극단적인 사례로 로또 당첨(실제 구만수 교수 스터디 카톡방에 로또 당첨이 되어서 강남 아파트를 구매하신 분이 계십니다)만 되더라도 아파트를 구매하겠다는 사람이 많습니다. 극단적으로 돈만 생긴다면 아파트 시장으로 달려가는 게 현재 대한민국 국민들의 정서입니다.

그런데 이에 비해서 토지 시장은 어떠할까요? 토지 시장은 정말 자금의 여유가 있는 사람들, 직접 공장과 창고를 지어서 운영하시는 분들, 농업이나 임업에 종사하시는 분들, 대규모 토지 개발사업을 하는 분들 또는 중규모라고 할지라도 직접 개발해서 사용하거나 분양하시는 분들 등이 토지에 관심을 많이 가지게 됩니다. 그러면 국민 10명 중에서 토지 시장에 참여하는 사람은 1명, 진짜 많아야 2명도 될까 말까입니다. 또 상가도 한번 볼까요? 상가도 마찬가지입니다. 상가도 예로부터 부모님에게 상속받았다던가 아니면 금리가 상당히 높았던 1990년대, 2000년대부터 상가를 보유하고 있었던 사람들은 괜찮습니다. 이 또한 제대로 된 상가는 그 금액이 만만치 않습니다. 더욱이 2021년 말까지는 계속 금리가 떨어져서 요구 수익률이 낮아졌기 때문에 오래전부터 보유하신 분들은 상당한 시세 상승을 봤습니다. 그러나 요즘은 어떠한가요? 상가에 대한 메리트가 예전에 비해서 많이 달라졌습니다. 신도시 상가들은 분양만 받고 임대를 주지 못해서 관리비와 대출이자를 감당하지 못해서 경매로 넘어가는 상가들이 부지기수입니다. 유튜브 검색을 조금만

해봐도 상가 투자 폭망에 대한 경고 콘텐츠로 넘쳐납니다. 일단 그러한 점을 떠나서 상가를 구매하려고 하는 사람들 자체가 적습니다. 앞서 말씀드린 토지 투자자가 10명 중 1~2명만 참여하듯이 상가 시장도 마찬가지입니다. 10명 중에 극소수만 관심을 가진다는 것이죠. 다른 지식산업센터나 오피스텔, 생활형 숙박시설, 분양형 호텔, 공장, 창고, 임야, 농지 등 이러한 부동산들은 말할 것도 없이 시장 참여자 숫자가 매우 적습니다. 시장 참여자 숫자가 적다는 것은 그 시장에 몰리는 돈이 적다는 뜻이고요. 자금의 회전율이 매우 낮다는 이야기가 됩니다. 잘못 판단해서 본인이 그런 부동산에 한번 투자해서 돈을 집어넣으면 회수할 수 있는 확률이 매우 낮다는 이야기와 상통합니다. 쉽게 이야기하면 빠져나올 수가 없습니다. 빠져나올 때는 엄청난 고통이 뒤따릅니다. 물론 100%는 아니지만 확률적으로 그렇다는 이야기입니다.

하지만 이에 비해서 아파트 시장은 앞서 언급한 바와 같이 남녀노소 본인이 매매를 하든 전세를 살든 월세를 살든 어쨌든 간에 그 시장에 우리는 참여해야 합니다. 이러한 전 국민의 참여(?)로 인해서 아파트 가격이 상승할 때는 여타 다른 부동산에 비해서 급격하게 상승합니다. 누구에게나 필요한 필수 재화이니까요. 반대로 하락할 때는 물론 가끔 하락하는 시기가 있지만, 모든 국민들이 시장 참여자가 되어서 전세든 월세든 생활해야 하므로 그러한 하락 시기가 오래가지 않습니다. 특히나 다른 재화와 달리 아파트는 필요 없으면 안 써도 되는 그런 물건이 아니기 때문입니다. 입지가 좋은 아파트가 하방 경직(가격이 내리지 않으려는 성질)이 나타나는 것은 주지의 사실입니다. 설령 떨어졌다고 하더라도 그 시기가 지나고 상승기에는 제일 먼저 상승합니다. 단기간에 가격이 내리는 게 무서워서 구매를 포기하더라도 무주택자는 전세든 월세든 강제로 참여해야 합니다. 이러한 방식으로 아파트 시장에는 모든 국민이 항상 머물러 있고, 내가 투자금을 회수하고 싶을 때는 상대적으로 언제든지 빠져나올 수 있는 상당히 높은 환금성을 가지고 있습니다.

제가 항상 하는 이야기이지만 부동산 투자는 평생을 해야 할 게임입니다. 평생을 해야 할 게임이기 때문에 무엇보다도 확률적으로 높은 승률에 투자해야 하고, 단 1%라도 승률이 높은 쪽으로 우리가 베팅해야 하고, 시장에 참여해야 한다는 것이죠. 이러한 입장에서 봤을 때 부동산 종목이 여러 가지가 있지만, 그 부동산 중에서 아파트만큼 투자 종목으로서 확률적으로 승률이 높은 것이 없다는 결론이 나오게 됩니다. 그렇기 때문에 부동산 투자를 한다면 아파트 투자를 하라는 것입니다. 이것을 이해하는 것은 매우 중요합니다. 서두에 이야기했듯이 "아파트가 너무 많아서 세금이나 투기꾼 소리를 듣기 싫어서 어쩔 수 없이 상가나 토지 쪽으로 생각해보면 안 될까요?" 하시는 분들은 다른 종목으로 투자하셔도 되겠습니다. 다만 아파트 투자 공부보다는 상당히 많은 노력이 필요할 것입니다. 따라서 초보 투자자들은 그냥 아파트에 투자하시는 게 가장 좋습니다. 아무튼 이와 같은 이유로 초보 투자자들은 아파트만 투자하시라는 이야기입니다.

교수님 아파트에 투자할 때 호재, 시간, 입지 중 제일 중요하게 고려하는 것은 뭔가요? 3가지가 모두 중요한 것 같지만 연관 관계를 말씀 부탁드립니다.

필자의 경험상 일단 호재는 그렇게 관계가 없다고 보고 있습니다. 호재는 기왕이면 다홍치마라는 말 아시죠? 호재는 그래서 없는 것보다는 있는 게 좋지만, 호재가 딱히 투자와 직접적인 연관성이 있다고 보기는 사실 힘듭니다. 부동산 시장의 상승기에는 조그만 호재에도 시장이 들썩이고 가격이 치솟습니다. 하지만 하락기나 침체기에는 '그게 과연 되겠어?' 하는 의문을 표시하면서 아무도 믿지 않으려고 합니다. 아무리 좋은 호재라도 하락기나 침체기에는 반응이 없고, 상승기에는 언제 될지도 모르는 사사로운 개발 호재로 유혹합니다.

오랫동안 방송에서나 카톡방에서 질문을 받아 보면 입지가 좋지 않은 아파트를 보유하고 있는 분이 팔고 싶은데 안 팔린다면서 하시는 말씀이 "앞에 지하철이 들어오기로 했는데", "대형 쇼핑몰이 들어오기로 했는데", "공원이 들어오기로 했는데", "바로 옆에 대단지 아파트가 들어오기로 했는데", "인터체인지가 들어서기로 했는데"입니다. 그러면서 왜 팔리지 않는지 이해가 안 된다고 합니다. 아마 그 질문자 본인은 그러한 호재를 믿고 해당 아파트를 샀을 것입니다. 그런데 정작 팔고 싶을 때 팔리지 않습니다. 보통의 사람들은 호재를 보고 아파트를 사는 것이 아니라 주변에 누가 아파트로 돈을 벌었다고 해야 그제야 삽니다. 이것이 보통의 사람들이 투자하는 방식입니다. 부동산 시장이 하락기나 침체기에 빠지면 아무리 큰 호재가 있어도 도움이 되지 않습니다. 현재의 부동산 시장이 상승기냐, 하락기냐가 더 중요한 요소이지 호재는 그냥 말로만 하는 신기루에 불과합니다. 따라서 호재는 있으면 좋고, 없더라도 상관이 없는 존재로 인식하시는 것이 좋습니다. 호재를 따라 투자를 하면 한두 번 성공할지는 몰라도 반드시 낭패를 보는 시간이 옵니다.

시간을 지배하는 자가 투자에도 성공한다

시간은 어떤 시간을 말씀하시는지 모르겠습니다만, 질문자께서 주신 의미는 시간이 아니라 타이밍, 즉 시기를 말씀하시는 것으로 생각이 됩니다. 부동산 시장의 상승기와 하락기 그리고 침체기를 예측할 수 있다면, 상승기 초입에 투자하고 하락기 초입에 팔고 나온다면 최대의 수익을 얻을 수 있을 것입니다. 사실 투자할 시기는 필자가 항상 이야기하지만, 남들이 "집값이 내려간다", "집이 안 팔린다", "이렇게 부동산 시장이 좋지 않아서 어떡하나?", "부동산 투자로 돈을 버는 시기는 이제 다시는 오지 않을 것이다" 등 모든 사람이 부정적인 말을 할 때, 이러한 부동산 침체기가 지루하게 횡보하고 있을 때, 나중에 지나고 보면 역사적으로 바닥이었을 경우가 참으로 많습니다. 사실 이러한 시기에 시장에 뛰어드는 용기가 필요합니다.

필자가 우리나라 부동산 역사에 관련된 영상을 유튜브에 몇 개 올려 놓았는데요. 조선시대 때부터 시작해서 600년 이상의 역사를 보면, 인플레이션은 지속해서 일어났고 그로 인해 장기적으로 보면 계속해서 부동산 가격은 천정부지로 올랐습니다. 이러한 상황은 비단 우리나라에 국한된 문제가 아니라 전 세계적으로 똑같은 상황입니다. 600년 전에 비해서, 60년 전에 비해서, 6년 전에 비해서 가격이 내려간 곳은 잘 없습니다. 거의 없습니다. 다만 단기적으로 몇 년 사이에 가격이 하락할 수도 있고, 침체기를 겪을 수도 있습니다. 본인이 보유하고 있는데 가격이 하락하고 침체기를 겪고 있다면, 단기적으로 꼭대기에 샀거나 입지가 매우 좋지 않은 곳, 사면 안 되는 개별 상품성이 매우 떨어지는 물건에 투자하신 것입니다. 얼마든지 이러한 상황은 우리 주변에서 일어날 수 있습니다. 일어날 수는 있는데 이것은 어디까지나 단기적인 문제일 뿐 중장기적으로 10년 이상 보유했을 때 본인이 매수한 가격보다 내려가는 경우는 거의 없습니다. 특히 아파트의 경우에는 아파트 나름이기는 하지만, 교환가치가 전혀 없는 특수한 경우를 제외하고는 장기 보유는 명목상 손해가 발생하는 경우는 없습니다. 이렇게 이야기하면 사람들은 장기적인 것보다 단기적인 타이밍을 알고 싶어 하므로 고개를 끄덕이면서도 공감은 하지 않습니다. 투자해서 빨리 수익을 보고 싶어 하기 때문입니다.

그렇다면 상대적으로 단기적인 타이밍은 어떤 시기일까요? 충분한 하락기와 침체기를 거쳐서 이제 오를 일만 남은 시기가 그 타이밍이 될 것입니다. 앞에서 언급한 대로 부동산 매수와 매도는 타이밍만큼 중요한 것이 없습니다. 부동산 시장에 참여하는 시기와 빠져나오는 시기를 예측할 수 있고, 그 예측대로 사고판다면 그보다 좋은 방법은 없을 것입니다. 그것도 단기적으로 말입니다. 하지만 보통의 사람들은 그 시기를 예측할 수도 없거니와 기다리지도 못합니다. 당장 급한 마음인데 충분한 하락기와 침체기를 거칠 때까지 참을 수가 없습니다. 그러나 투자를 해야 할 시기는 분명하게 존재합니다. 침체기 시장에 가서 제일 좋은 물건을 깎아서 싸게 사놓고 세월을 보내면 되는 것입니다. 물론 침체기 시장이 무척이나 길게 간다면 기다리는 시간이 답답할 수도 있습니다. 여러분들도 아시다시피 침체기에는 아파트 매수를 하는 사람이 없는 시기입니다. 매수하지 않는다는 의미는 가격이 내려갈까 봐 매입하지 않는다는 이야기입니다. 그러나 그 누구도 거주할 공간은 있어야 하기 때문에 전세나 월세로 살아야만 합니다. 월세는 매달 부담하는 금액 때문에 안전하다는 판단이 들면 전세를 선호하게 되고, 전세 세입자들끼리의 경쟁이 일어납니다. 좋은 입지의 선호되는 아파트 전세 세입자 입장에서는 어차피 이사해봐야 비용만 들고 하니 웬만하면 눌러앉으려고 할 것입니다. 따라서 계약기간이 만료되어 불가피하게 이사를 해야만 하는 사람이나 내 집 마련하지 않고 전세로만 옮기려는 사람들이 서로 전세 보증금을 올려주면서 경쟁하게 됩니다. 이러한 전세 보증금을 올려주는 경쟁이 지속되다 보면 매매가격과 전세가격이 별로 차이가 나지 않는 시기가 오는데, 그때가 대부분 침체기의 막바지라고 보시면 됩니다. 그런데 이렇게 시기를 찾는 방법은 갑자기 찾아오거나 하루아침에 나타나는 것이 아닙니다. 부동산 시장의 흐름을 파악하기 위해서는 지속해서 시장 동향을 살피면서 느껴야 합니다. 시장 동향에 관한 공부도 되어 있어야 합니다.

남편은 배신해도 입지는 배신하지 않는다

그리고 입지에 관한 이야기를 좀 해보면 입지는 매우 중요한 요소입니다. 2020년 전 세계가 코로나 감염으로 인해 경제가 어려워지고, 이를 극복하고자 많은 통화량이 뿌려졌습니다. 우리나라도 예외는 아니었고, 각종 경제 지원금이나 대출의 형태로 통화량이 늘어났습니다. 이렇게 팽창한 통화량은 실물자산으로 흘러 들어가서 부동산 가격이 하루가 다르게 치솟았습니다. 특정한 어느 입지의 어떤 아파트가 오른 것이 아니라 모든 아파트가 올랐습니다. 무엇을 사야 하는 고민을 하기보다 벽에 지도를 붙여 놓고 다트를 던져서 꽂히는 아무 아파트를 사도 가격이 올랐습니다. 전문가도 필요 없고, 그냥 아무거나(?) 사면 되는 시기였습니다. 그러나 2021년에 고점을 찍고 2022년 초부터 하락이 시작되고, 2023년에 단기적으로 하락이 멈추면서 일부 지역은 저점 대비 상당히 회복한 지역들도 적지 않게 있었습니다. 특례보금자리 대출의 제한으로 다시 박스권의 침체기가 이어지고 있습니다만, 2022년 하락이 시작된 후에는 아무 지역, 아무 단지나 사도 오르던 아파트들의 가격이 하락했습니다. 아파트 가격이 하락할 때 가격 하락률의 폭은 입지가 좋고, 나쁘냐에 따라서 많은 차이가 납니다. 절대금액이 아니라 하락률만 놓고 보면, 입지 좋은 아파트 단지가 적게 떨어지고 회복할 때는 빠른 속도로 회복합니다.

이렇게 이야기하면 입지가 좋아서 비쌌던 아파트가 더 많이 떨어졌다고 하시는 분들이 있는데, 그것은 절대금액을 보면 그렇게 느껴지지만 하락비율로 따져보면 그렇지 않습니다. 30억 원짜리 아파트가 5억 원이 떨어지면 약 16%가 하락한 것이지만, 5억 원짜리 아파트가 1억 원 하락하면 20%가 하락한 것입니다. 그보다 더 중요한 것은 5억 원짜리 아파트가 4억 원이 되면 안 팔리지만, 30억 원짜리가 25억 원이 되면 팔린다는 것입니다. 보통의 사람들은 그냥 절대금액만 가지고 호들갑을 떨지만, 하락비율 측면에서 보면 입지가 좋지 않은 아파트 단지들이 더욱 큰 타격을 받게 됩니다. 하락기나 침체기에서는 가격을 깎아서 내어놓아도 안 팔리는 아파트가 많습니다. 특히나 입지가 좋지 못한 아파트들은 아무리 싸게 내어놓아도 팔리지 않습니다. 그러나 입지 좋은 아파트들은 가격을 낮추면 팔리고, 그렇게 판 이후에는 상급지로 갈아타기도 가능하게 됩니다. 보유한 아파트 가격을 낮추어서 팔고, 상급지 아파트를 깎아서 들어가면 되는 것입니다. 하지만 입지가 좋지 못한 아파트들은 팔고 싶어도 팔리지 않기 때문에 상승기 사이클이 다시 돌아오기까지는 견뎌야 합니다. 이렇게 입지 좋은 아파트와 입시가 좋지 못한 아파트의 차이는 상승기에는 크게 못 느껴도 하락기나 침체기에서는 확연하게 차이가 나게 됩니다. 그래서 입지 좋은 물건을 사는 행위는 일종의 헷징이라고 볼 수 있습니다. 헷징은 투자 물건의 가격 변동 위험을 어떤 식으로든 상쇄하는 거래를 말합니다.

보통의 초보 투자자들은 앞에서 언급한 대로 부동산 시장이 정확하게 오르는 타이밍을 잡아서 투자를 할 수 있는 능력이 부족합니다. 하지만 입지가 좋은 아파트에 투자하는 방법은 행여나 투자 타이밍을 잡지 못해서 설령 고점에 샀더라도 시간을 보내면 가장 먼저 회복하게 되고, 운이 좋아서 저점에 샀다면 입지가 좋지 못한 아파트보다 훨씬 높은 수익률을 챙기게 됩니다. 이런 이야기를 하면 또 "나는 돈이 없어요. 돈이 있으면 강남 아파트를 샀을 것입니다. 좋은 줄 몰라서 안 사는 게 아닙니다. 못사는 것입니다"라고 이야기합니다. 사실 이런 분들이 상당히 많으신데요. 이 글을 읽으시는 여러분도 같은 생각을 하시는 분들이 많이 계실 것입니다. 그렇다면 이러한 케이스에 해당하시는 분들은 입지 좋은 아파트를 살 능력이 될 수 있도록 돈을 더 버시든가, 아무것이나 사도 오르는 시기를 기다리셔야 합니다. 아무거나 사면 오를 것이라는 근거 없는 믿음이 손실로 가는 지름길입니다. 돈이 없으면 돈을 더 벌어야 하는 것이 바른 길일 텐데 소액 투자로 수익을 볼 수 있다는 꾐에 빠져서 쌈짓돈을 날려버리는 잘못은 하지 말아야 합니다.

정리하면 호재는 기왕이면 다홍치마 정도로 생각하시길 바랍니다. 호재가 있든 없든 크게 신경 쓰지 마시고, 호재에 따라 투자하는 방식은 생각하지 않으시는 것이 좋습니다. 투자 타이밍은 사실 가장 중요한 요소인데, 공부를 많이 해야 하는 파트입니다. 국내외 경제 상황에 관해 관심을 가지고, 특히 통화량의 변화가 부동산 시장에 어떻게 영향을 주는지에 대해 공부가 필요합니다. 정부의 아파트와 관련된 부동산 정책이 어떻게 시장에 영향을 주는지, 아파트 투자자의 심리, 아파트 수요와 공급에 대해서 통찰력을 발휘해야 합니다. 그러다 보니 아파트 가격의 상승기와 하락기 그리고 침체기를 판단하는 능력은 많은 공부 시간과 경험이 필요합니다. 그런데 입지는 누구나 쉽게 알 수 있습니다. 어디가 좋은 지역인지, 어디가 비싼 아파트인지를 판별하는 능력은 특별한 기술이나 비법이 필요하지 않습니다. 여러분도 다녀 보시면 어디가 좋은 지역인지, 어디가 좋은 아파트인지 판단하는 것이 어렵지 않습니다. 특히나 자신이 거주하고 직장을 다니는 도시라면 더욱더 잘 알고 있습니다. 따라서 좋은 입지의 좋은 아파트 단지의 물건을 사놓으면, 설령 부동산 시장이 하락기나 침체기가 와도 헷징이 가능하고, 상승기에는 다른 아파트 단지에 비해서 더 많이 오릅니다. 나는 돈이 없어서 좋은 입지 아파트를 못 산다고 하시면서 소액 투자가 가능하다는 유튜버들의 이야기를 믿고 오피스텔, 생활형 숙박시설, 빌라(다세대주택), 지역주택조합, 분양형 호텔, 지식산업센터, 구역 지정도 안 된 초기 재개발, 시골에 있는 논밭, 맹지 등 절대 사면 안 되는 물건들을 사는 것은 화약을 들고 불 속으로 들어가는 것과 다름이 없습니다. 2020~2021년 상승기에 소액 투자를 한다고 이상한 물건들을 샀던 사람들이 하락기와 침체기에 접어드니 파산이 줄을 잇고 있습니다. 부동산 투자 공부도 안 하면서, 여유 자금도 충분히 마련하지도 않은 상태에서 소액으로 투자해서 큰 수익을 바라는 것은 도둑 심보와 다를 바 없습니다. 세상이 그렇게 호락호락했으면 모두가 부자가 되었을 것입니다.

지방도 서울만큼 좋은 데가 많다고 생각해요. 모두가 서울로 이사 갈 수도 없다고 봐요. 그런데 교수님 영상이나 말씀하시는 것을 보면 서울을 추천하시는데 이유가 무엇인가요? 그냥 지방에 사는 것도 나쁘지 않다는 생각입니다.

말은 제주도로 보내고 사람은 서울로 보내라고 했습니다

이 문제는 단순하게 서울이 좋다 지방이 나쁘다, 지방도 서울만큼 좋다는 이분법적으로 다룰 문제는 아닙니다. 실거주 측면과 투자 측면으로 나누어서 봐야 합니다. 그러한 연장선상에서 청년세대인지 중년세대인지 노년세대인지에 따라서 공부환경, 취업환경, 직장환경, 사업환경, 은퇴 여부에 따라서도 각 세대의 생각과 스탠스가 많이 다를 것으로 봅니다. 예로부터 말은 제주도로 보내고, 사람은 서울로 보내라고 했습니다. 소셜네트워크의 발달로 차이가 많이 좁혀졌다고 하지만, 문화 트렌드와 비즈니스 환경은 아직도 극복할 수 없을 정도로 많은 차이가 있고, 수도권의 인구 집중은 갈수록 심화되고 있습니다. 복잡한 환경이 적응 안 되는 사람들에게 서울은 생활하기에 고통의 공간으로 인식될 수 있을 것이고, 공간적으로 여유로운 삶을 원하는 사람에게는 유유자적한 지방이 선호될 수 있습니다. 취업과 일자리, 사업 무대로 원하는 사람들에게는 지방에 비해서 서울은 거의 무한대로 활약할 수 있는 공간이 되지만, 그들에게 지방은 뭘 해보려 해도 할 수가 없는 부족한 무대입니다. 각자 입장에 따라 서울은 꿈의 공간이 될 수도 있고, 자유로운 영혼을 빼앗는 치열한 경쟁의 공간이 될 수도 있습니다. 이러한 개인의 입장 차이는 비단 요즘 시대에 특별하게 발생된 이슈는 아니고, 공론화되지 않았을 뿐 이미 예전부터 수많은 사례를 통해 접할 수 있는 아주 보편적인(?) 패턴이라고 하겠습니다. 거슬러 올라가 보면 조선시대에도 서울(한양)을 벗어나려는 사람도 있었고, 반면에 무슨 일이 있어도 한양에 들어가려고 했던 사람도 있었습니다.

퇴계 이황은 수십 차례의 사직서(사직상소)를 올려 선조에게 겨우 허락받아 서울을 떠나게 되었습니다. 퇴계 이황이 왜 벼슬을 버리고 서울을 떠나 자기 고향으로 귀향하려 했는지는 정치적인 면이나 학문적인 측면에서 다른 이유가 있겠지만, 주거공간 측면에서만 바라보면 이렇습니다. 10년의 서울 관직 생활 중에서 퇴계 이황이 머문 지역은 서소문이었는데, 서소문은 광화문과 함께 시체가 나가는 장소였습니다. 서소문 밖에는 사형수를 참수시키는 참수장이 있었으며, 관청의 수레가 모이는 곳이기도 했고, 근처에는 대장간도 많았다고 전해집니다. 아울러 조선의 최대 난전 시장인 칠패 시장도 있었다고 합니다. 필자가 직접 그 당시에 살아 보지는 않았지만, 생각만 해도 어수선하고 주변환경이 열악할 것 같다는 느낌이 듭니다. 조선시대 서울은 도성 사대문 안에서만 살아야 했고, 사대문 밖에 산다는 것은 거의 죽음의 땅으로 여겨졌다고 합니다. 그런데 퇴계 이황은 서울에 거주하는 동안 세입자로 살았고, 세입자로 거주한 지역은 바로 복잡하고 어수선한 지역이었습니다. 학자로서 공부하는 여건이나 관직 업무를 본 후 충전의 시간을 위해 휴식을 취하는 주거공간으로 매우 열악했다는 것은 어렵지 않게 짐작할 수 있습니다. 퇴계 이황이 관직에 물러나겠다는 뜻을 수년간에 걸쳐 20여 차례나 올리고, 기어이 허락받아 본인의 고향으로 돌아간 것은 앞서 언급한 세대별 인식 차이, 공부환경, 은퇴 여부와 복잡하고 열악한 주거환경으로 인해서 서울 생활이 고통의 공간으로 인식되었을 것으로 짐작합니다. 따라서 서울을 벗어나려 하거나 지방에 편한 생활을 하는 사람이 서울로 가지 않으려고 하는 현재와 전혀 다를 바가 없다고 필자는 생각합니다.

죽어도 서울에 들어가려는 사람

다산 정약용은 유학자이며 법학, 의학, 과학에도 출중했고 특히나 지리학에 뛰어난 학자였습니다. 생애 500여 권을 집필한 능력을 본다면, 다산 정약용의 지식의 깊이나 학문에 대한 노력은 말로 설명할 수 없습니다. 그 가운데 필자는 사실 다른 것은 잘 모르겠으나 그가 지리학에 뛰어난 사실에 대해 특히나 관심이 많이 갑니다. 아무튼 다산 정약용은 전남 강진에 유배 갔는데 유배 생활 중에 두 아들에게 편지를 보냈고, 그 내용은 아버지로서 두 아들에게 인생을 살아감에 있어 마땅히 지켜야 할 당부의 글을 적었습니다. 그중에 이런 글이 있습니다.

"혹시나 벼슬에서 물러나더라도 한양 근처에서 살아야 하며 안목을 떨어뜨리지 말아야 한다. 이것이 사대부 집안의 법도다. 내가 지금은 죄인이 되어 너희를 시골에 숨어 살게 했지만, 앞으로 반드시 한양 십 리 안에서 지내게 하겠다. 분노와 고통을 참지 못하고 먼 시골로 가버린다면 어리석고 천한 백성으로 일생을 끝마칠 뿐이다."

이 내용은 사람마다 해석하는 각도나 결과는 다르겠으나 필자가 보는 시각은 이렇게 해석이 됩니다.

"너희들은 절대 도성 사대문 밖으로 나가지 마라. 너희들은 학문을 갈고닦아야 하고, 문화시설을 향유해야 하며, 새로운 트렌드를 실시간으로 접해야 한다. 그래야만 학자로서의 바른 길이고, 그러한 길을 가는 것이 사대부 집안의 법도다. 그런데 사대문을 벗어나는 순간, 그러한 주변환경이 사라져서 어리석고 천한 백성으로 살아가다 죽을 뿐이다. 그러니 사대문 안에서 거주해야 하며, 어쩔 수 없이 사대문 안에 있지 못할 형편이면 최소한 도성 십 리 안에서라도 살아야 한다."

　물론 다산 정약용이 두 아들에게 "야. 부동산으로 돈 벌려면 사람들이 많이 사는 한양 도성 안에 투자해야 된다" 뭐 이런 뜻으로 보낸 글은 아닐 것입니다. 이 글에서 특히 "안목을 떨어뜨리지 말아야 한다"라는 문구가 필자의 눈길을 끄는데요. '안목'이란 무엇일까요? 당시 한양은 수도이자 정치, 경제, 문화의 구심점으로 조선을 이끌어가는 핵심 공간이었습니다. 지금으로 말하자면 행정, 교육, 직장, 창업 및 사업, 문화 향유, 다른 나라의 문물이 직수입되고 실시간으로 대면할 수 있는 공간이었다는 것입니다. 다산 정약용은 마땅히 배우는 사람이면 배우고 보고 느끼는 것에 있어 서울만큼 좋은 공간이 없고, 이러한 공간에서 벗어나게 되면 도태될 것을 우려해 서울에 살아야 한다고 두 아들에게 신신당부한 것으로 봐야 할 것입니다. 정치, 경제, 문화가 모이는 서울은 인구가 집중되고 돈이 모이는 공간이었으며, 인구가 모이고 돈이 모이니 한정된 도성 안의 부동산 가격은 자연스럽게 치솟을 수밖에 없었습니다. 이는 인구 집중과 돈이 모여드는 요인으로 나타나는 결과이지, 사람들이 부동산으로 돈을 벌 욕심으로 투기해서 생기는 현상이 아닙니다. 다산 정약용은 '이 편지가 번화가에 떨어져 나의 원수가 보더라도 내가 죄를 얻지 않을 것인가를 생각하면서 써야 하고, 또 이 편지가 수백 년 후에 전해져서 안목 있는 많은 사람의 눈에 띄더라도 조롱받지 않을 만한 편지인가를 생각해야 한다'라는 말도 남깁니다. 또 '안목 있는 많은 사람'이라는 문구가 나오네요. 여러분은 안목이 있으신가요?

도시에 30년 넘는 아파트가 많아지면 공포가 온다는데, 그게 무슨 뜻인지 감이 잡히지 않습니다. 이미 30년이 넘은 아파트들이 많은 것 같습니다. 어떤 공포일까요?

사람들의 신축에 대한 열망은 매우 높아지고 있고, 갈수록 그러한 니즈는 더욱 강해지고 있습니다. 새 아파트에 살고 싶어 하는 것은 사람들의 기본적인 욕구이니까요. 그런데 서울은 신축 공급을 할 수 있는 방법이 재개발·재건축밖에 없는데, 여러 가지 이해관계로 인해서 공급이 원활하게 되지 못하고 있는 게 현실입니다. 재개발·재건축을 못 하게 하는 동안 노후주택은 굉장히 빠른 속도로 늘어나고 있고, 주거환경은 열악해지고 있습니다. 이렇게 30년이 넘어가는 주택들이 늘어나고, 신축은 지어지지 않는 상태가 지속이 되면 언젠가 임계점에 도달하게 됩니다. 이때는 노후주택 대비 신축의 비율이 급격하게 낮아지게 됩니다. 따라서 초양극화가 발생하게 되면 신축과 노후주택의 가격 차이는 엄청나게 벌어지게 될 것입니다. 문제는 재개발·재건축은 기본계획부터 완공되어 입주까지 통상 10년이 걸리는데요. 정부에서 재개발·재건축을 활성화시켜도 10년이라는 세월이 걸리고, 이러한 10년 동안 공포(수요 대비 공급 부족에 대한 가격 상승)가 이어집니다. 물론 정부에서도 빠른 공급을 위해서 모아주택이나 공공재개발 등을 통해서 속도를 내고 싶어 하지만, 생각처럼 진행이 빨라지고 있다는 현실적 체감은 작습니다. 더 불안하게 만드는 것은 재개발·재건축을 한꺼번에 풀어도 문제는 더욱 심각해집니다. 한꺼번에 이주수요가 몰리기 때문에 전세 난민이 발생하게 되고, 전세를 살더라도 신축에 살고 싶은 게 당연하므로 신축 전세가격은 올라갈 수밖에 없고, 그 때문에 매매가격을 밀어 올리는 부작용이 나타나게 됩니다.

　기본적으로 주택정책은 자연 멸실과 노후화에 따른 인공 멸실(재개발·재건축 포함)을 감안해 지속해서 주택을 매년 공급해야 하는데, 서울의 경우 민주당 시장의 재임 시절에 그것을 모두 막아버렸습니다. 그러한 여파가 지금도 지속되고 있고, 상당 기간 후유증이 발생할 것으로 생각되는데요. 이렇게 재개발·재건축을 막은 결과에 대한 시장의 역습이 시작되는 것입니다. 2023년 기준 서울의 건축물 중에 50% 이상이 준공 후 30년이 지난 것으로 조사되고 있습니다. 서울의 준공 후 30년 이상이 된 건축물은 총 31만 5,830동으로 전체 58만 1,257동의 54.3%를 차지했는데요. 2022년에 비해서 3.9% 정도 높아졌습니다. 특히나 주거용 건축물 중에서 노후 건축물은 2021년 49.7%에서 2022년에는 54.3%로 절반을 넘어섰습니다. 서울의 건축물들이 빠른 속도로 늙어가고 있다는 뜻입니다. 특히나 주거용 건축물의 경우 그 늙어가는 속도가 무서울 정도인데요. 서울의 경우 사람들이 선호하고 살고 싶어 하는 주거공간인 아파트는 재건축이나 재개발을 통하지 않으면 사실상 건축할 토지가 거의 없습니다. 집권하는 세력의 정치 성향에 따라 재건축과 재개발을 막는 경우도 있고, 호의적으로 풀어주는 경우도 있지만 주거공간의 노후가 심해질수록 삶의 질이 더욱 악화된다는 사실을 인지해야 합니다. 노후화가 급속도로 진행되어 주거환경이 열악한 30년 초과 아파트 비중이 높아지면 높아질수록 신축에 대한 사람들의 열망이 신축과 노후주택의 가격 차이를 만들어내고, 신축과 구축의 양극화가 감당할 수 없는 가격 괴리의 공포로 다가올 가능성이 크다는 뜻입니다. 사람들이 요구하는 쾌적한 주거공간이 지속해서 공급되지 않는다면, 그러한 니즈를 충족하는 아파트들의 가격은 감히 상상할 수 없을 정도로 높아질 것입니다.

교수님 말씀처럼 핵심지 좋은 곳은 아는데요. 매우 비싸요. 모아 둔 돈이 없기도 하고 투자는 하고 싶은데, 적은 돈으로 차근차근 올라가는 투자는 없나요? 알려주세요.

아파트 투자는 알고 보면 간단하고 쉽습니다

알고 보면 아파트 투자는 매우 쉽고 간단합니다. 어느 도시, 해당 시기에 죽어 있는 시장에 가서 가장 입지가 좋은 물건을 그 당시 시세대로 매입해놓고 몇 년 기다리면 됩니다. 부동산 시장은 다시 돌아오기 때문에 기다리면 되는 것이죠. 핵심은 해당 도시가 완전히 소멸되지 않은 이상은 언젠가 부동산 시장이 활성화될 것이기 때문에 침체되어 아무도 신경 쓰지 않는 시기에 그 도시 핵심 입지를 시세대로 사서(실제로는 침체되고 거래가 많지 않기 때문에 매수자 우위 시장이 되면 매도인이 부르는 호가보다 많이 깎아서 살 수 있습니다) 세월을 보내면 됩니다. 그동안 자기 일을 열심히 하면서 생활하다 보면, 어느새 가격이 올라 있는 상황이 돌아오게 되어 있습니다. 이러한 현상은 제가 개인적으로 주장하는 것이 아니라, 역사적으로 지속되고 반복되어왔습니다. 어차피 부동산은 주식과 달라서 오늘 사서 내일 팔 것도 아니고, 어차피 한번 매입하면 수년, 수십 년 보유하는 것이 일반적인데 몇 년 기다리는 것이 어렵지는 않을 것입니다. 그럼에도 불구하고 질문하신 것과 같이 핵심지의 좋은 물건은 비쌉니다. 그러니 질문자 님과 같이 돈이 부족하니 적은 돈으로 투자할 수 있는 방법을 알려달라고 하시는 분들이 많습니다. 그런데 필자가 이미 답을 드렸음에도 캐치를 하지 못하시는 분들이 많으시다 보니 같은 질문이 반복됩니다.

우선 필자가 '죽어 있는 시장'이라고 표현했습니다. 부동산 투자를 할 때 무조건 핵심지를 사라는 것이 아니고, 핵심지는 핵심지인데 우선 그 해당 도시의 부동산 시장 상황을 파악해야 해요. 핵심지를 사야 하는 것은 맞는데, 그 도시의 현재 부동산 시장 상황이 아무도 사지 않는 시장이어야 한다는 것입니다. 예를 들어 대전광역시 서구 둔산동에 있는 크로바 아파트 34평형은 2006년부터 2017년까지 매매가격이 4억 원 선에서 변동이 없이 꾸준하게 거래되고 있었습니다. 이에 반해 전세가격의 경우 무수히 많은 거래가 일어나고 있으면서 조금씩 상승하지만 아무도 매수하지 않으면서 10년이라는 시간이 흘러갔습니다. 바로 앞서 언급한 아무도 부동산을 매입하지 않는 시기였다는 것입니다. 크로바 아파트가 있는 서구 둔산동은 대전광역시에 거주하는 사람들이라면 모두가 선호하는 핵심지입니다. 그런데 그 핵심지에 아무도 사지 않는 부동산 시장이 지속되면서 급기야 매매가격과 전세가격의 차이가 거의 없어지는 시기가 도래했습니다. 매매가격은 변동이 없는데 전세가격은 지속해서 오르다 보니 매매가격과 전세가격이 붙어버리는 현상이 나타난 시기가 오게 된 것입니다. 이 당시에는 매매 잔금을 6개월 이상 길게 잡아버리면, 흔히 플러스 프리미엄이라고 하는 전세가격이 매매가격을 웃도는 역전 현상이 일어나기도 했습니다. 이러한 현상은 투자자의 돈이 실제로 들어가지 않고, 전세금만으로 오히려 매매금액이 남는 상황이 됩니다. 독자님들께서는 이 글을 읽으시면 "에이, 그런 일이 어떻게 일어나?"라고 이야기하실지 모르겠지만 실제로 발생했던 일입니다.

아파트를 사지 말고 시장을 사라

필자가 전제 조건으로 '부동산 시장이 죽어 있는 도시'라는 이야기를 서두에 이야기했고, 바로 그러한 죽어 있는 부동산 시장이 그 당시 대전광역시였습니다. 부동산 시장은 침체되었고, 아무도 부동산을 매입하려고 하지 않고 전세로만 거주하려고 했습니다. 그러다 보니 실제 크로바 아파트를 매입하는 데 큰돈이 들지 않았습니다. 3,000만 원 심지어는 그 이하의 금액으로 34평형을 매입할 수 있었습니다. 다시 질문으로 돌아가 보면 "핵심지는 비싸서 못 사겠고, 적은 돈으로 차근차근 투자할 곳을 알려달라"라고 하셨는데요. 그 당시 2017년에 3,000만 원 또는 그 이하의 금액은 결코 많은 금액도 아니고, 투자하지 못할 정도의 막대한(?) 자금도 아니었습니다. 그런데 그 크로바 아파트가 몇 년 지나자 십수억 원 하는 가격이 되었습니다. 몇 년 사이에 10억 원 이상의 가격이 상승한 것입니다. 대전광역시는 가격이 오르기 전 2017년 전까지 아무도 사려고 하지 않는, 아무도 가지 않는 조용한 시장이었습니다. 조용한 시장에 가장 좋은 아파트를 시세대로, 매도인이 달라는 대로 줘도 비싸게 주고 사는 것이 아니라는 말입니다. 정리하면 비싸게 주지 않고 핵심지를 살 수 있다는 이야기가 됩니다. 바로 이러한 시장과 핵심지 물건을 찾아야 하는 것입니다. 이러한 시장을 찾아야 하는 것인데, 보통 사람들은 이러한 시장을 찾으려고 하지 않습니다. 이렇게 죽어 있는 핵심지를 찾으려 하지 않고, 그냥 핵심지가 비싸다고만 하는 것입니다. 그 이유는 사람들이 비싼 상황에 놓인 핵심지만 쳐다보고 있기 때문입니다. 이유는 단순합니다. 보통의 초보 투자자들은 조용하고 침체된 시장은 투자하기 겁이 나서 아예 접근조차 하지 않습니다. 어느 도시가 활황이 되어 가격이 오르면 각종 부동산 커뮤니티에서 "어디 도시가 뜬대!"라는 말을 듣고, 그 도시로 우르르 몰려가서 매입하는 게 초보 투자자들이 하는 일반적인 행동들입니다. "핵심지 좋은 것은 아는데 비싸요!"라고 하는 분들에게 필자가 할 수 있는 말은 "그러면 도대체 쌀 때는 뭐 하고 있었냐?"라는 거죠.

지금 책을 읽고 있는 여러분들도 "그것은 그때 상황이고 지금도 그런 곳이 있냐?"라고 반문하실 수 있습니다. 하지만 지금은 지난 몇 년간 전국적으로 부동산 가격이 업그레이드되어서 그 당시와 같이 광역시 핵심지가 매매가격과 전세가격이 붙어 있는 도시는 없습니다. 그렇다면 지금 할 수 있는 방법은 자신의 자금 여력에 맞는 도시 핵심지를 찾든지, 아니면 그러한 시기가 돌아올 때까지 기다려야 한다는 결론이 나옵니다. 질문자 님이 얼마의 투자금을 가지고 있어서 '적은 돈'이라고 하는지는 모르겠습니다만, 그 돈으로 투자가 가능한 시기가 올 때까지 기다려야 합니다. 본인이 지금 어느 정도의 자금을 가지고 있는 것인지, 본인이 투자하고 싶은 도시의 부동산 시장 상황이 어느 단계에 있는 것인지 이러한 중요한 요인들을 이해하지 못하고 파악하지 못하는 상황이라면 그 지식을 쌓는 것이 우선일 것입니다. 그러한 공부가 되지 않는다면 "어디가 뜬대!", "어디가 오른대!"라고 하면서 그곳만 쫓아다니는 사람이 될 수밖에 없습니다. 그리고 기초 지식 없이 적은 돈으로 투자할 곳을 찾다 보면 유튜브에서 '소액으로 큰돈을 벌 수 있다'라는 유혹에 홀라당 넘어가고 맙니다. 솔깃해서 그 영상 속으로 들어가 보면 기획부동산, 지식산업센터, 지역주택조합, 오피스텔, 생활형 숙박시설, 도시형 생활주택 등 이상한 물건을 소개해주죠. 대출을 90% 해준다는 식으로 유혹해서 계약시키고, 소액으로 투자했다고 좋아했던 사람들은 나중에 물건 자체가 팔리지 않아서 수익은커녕 과정 자체가 악몽으로 변하죠. 어떠한 길을 가느냐에 따라서 세월이 흐르면 많은 차이가 나게 됩니다. 침체되고 죽어 있는 시장의 핵심지를 사서 세월을 보내야 한다는 간단하지만 명확한 부동산 투자 방법을 알고 실행할 수만 있다면, 향후 2017년 대전광역시에 있는 크로바 아파트에 투자했던 사람들처럼 될 수 있는 가능성이 있을 것입니다. 하지만 부동산 시장의 흐름을 모르고 "어디가 뜬대!"라는 말을 쫓으며 몰려다닌다면 그 길은 고난의 길이 될 것입니다. 아파트를 사는 것이 아니라 시장을 살 줄 알아야 합니다.

안녕하세요. 교수님. 제가 사려고 하는 아파트를 몇 군데 봤습니다. 지하철역에서 가까운 곳에 준공된 지 조금 지난 아파트가 있었고요. 역에서 조금 걸어야 하지만 신축 아파트가 있었습니다. 제가 가진 여윳돈으로는 지하철역에 가까운 신축 아파트는 무리입니다. 몇 날 며칠 고민만 하고 있습니다. 조언 부탁드립니다.

질문은 간단하지만 사실 꽤 복잡한 내용입니다. 역세권, 신축, 구축, 입지 등을 종합적으로 따져봐야 합니다. 지하철역에 가까운 범위를 우리는 '역세권'이라고 말합니다. 질문의 요지는 역세권 구축을 선택할 것인가, 역세권을 벗어난 신축을 가야 하는 것인가 하는 것입니다. 하지만 여기서 생각을 좀 해봐야 하는 것이 역세권은 지하철이나 기차역을 중심으로 보통 500미터 반경 내외의 지역을 말하며, 도보로 5~10분 정도 소요되는 권역을 지칭합니다. 이러한 역세권은 인구의 집중으로 상권과 업무시설, 편의시설 등이 비교적 잘 형성되어 있는 곳이라 부동산 가격을 결정짓는 매우 중요한 요인으로 자리 잡고 있습니다. 하지만 단순히 지하철역이 있다는 사실만으로 투자를 결정해서는 곤란하며, 해당 지하철에 대한 노선과 지하철 역사 등에 대한 조사가 필요합니다. 해당 지하철의 노선과 지하철 역사를 포함한 주변 상권을 생각해본다면 무조건 지하철이 연결되어 있고, 역사가 지어져 있다고 해서 모든 사람이 선호하는 지하철역이 아니라는 뜻입니다. 필자를 포함한 독자님들이 아파트를 매입할 때 고려하는 요소 및 목적들이 많이 있지만, 그 무엇보다 어떤 위치에 어떤 아파트를 매입하면 조금이라도 더 시장 평균 수익률 이상의 초과 수익을 취할 수 있는지, 기회비용을 최소화할 수 있는지가 투자의 목적이 되고 기대치가 됩니다. 같은 돈을 투자한다면 최대의 이익을 볼 수 있는 아파트에 투자하는 것을 목적으로 합니다. 이러한 측면에서 봤을 때 지하철 역세권은 아파트 투자를 하는 사람 입장에서는 매우 중요하게 생각할 수밖에 없는 요인입니다.

하지만 지하철역이라고 해서 다 같은 지하철은 아닙니다. 지하철역이 가지고 있는 영향력은 노선별로 다르고, 같은 노선이라고 할지라도 해당 노선의 역마다 다를 것입니다. 일단 지하철은 해당 도시의 일자리가 집중되어 있는 업무지구를 관통하는 노선, 배차시간이 짧은 노선, 승하차 인원이 절대적으로 많은 역, 지하철 역사 주변이 고도로 상업시설이 발달한 역, 이러한 노선과 해당하는 역이 부동산 가격에 막대한 영향을 주는 지하철역이라고 할 것입니다. 비수도권 광역시의 경우 지하철 노선이 많이 없기도 하지만, 버스나 택시로 이동하더라도 1시간 이내에 목적지에 도달할 수 있는 도시 규모이기 때문에 지하철의 영향은 수도권에 비해 상대적으로 낮습니다. 그러나 수도권은 비수도권 광역시에 비해서 규모가 크고 면적이 넓으며, 버스나 택시로의 이동은 많은 시간이나 비용이 소모됩니다. 따라서 지하철은 다른 대중교통에 비해 의존도가 매우 높으며, 이러한 높은 의존도는 부동산 가격에 지대한 영향을 끼치게 됩니다. 그렇다면 이렇게 부동산 가격에 영향을 많이 주는 지하철 중에서 어떠한 노선이 사람들에게 선호도가 높은지 찾아볼 필요가 있습니다. 아마도 선호도가 높은 노선이 향후 부동산 상승기에는 평균보다 초과 수익을 누릴 수 있을 것이며, 하락기나 침체기에는 평균보다 적은 하락률을 기록할 것입니다. 이와 관련해 필자의 부동산 스터디 카톡방에서 설문 조사를 한 적이 있습니다.

신축은 구축되지만 입지는 영원하다

수도권 23개 노선 중에서 어떤 지하철 노선이 있는 역세권으로 내 집 마련을 하겠냐고 카톡방에서 설문 조사를 했습니다. 23개 노선은 서울을 기준으로 봤을 때 서울을 관통하지 않는 노선들이 사실 더 많습니다. 이러한 노선들은 역시나 설문 조사에서도 참여자들의 선택을 받지 못했습니다. 그러한 지역에서는 거주하고 싶지 않다는 것이 누구나의 생각입니다. 따라서 서울을 관통하지 않는 노선의 역세권은 역세권이 아니라는 의미가 됩니다. 질문자께서 말씀하신 지하철역이 이러한 노선이라면 해당 역에 가까운 구축이든, 역에서 먼 신축이든 어느 것을 선택하셔도 잘못된 선택이라는 결론이 나옵니다. 절대 해서는 안 될 선택입니다. 아무도 선호하지 않는 노선은 역세권으로서의 가치가 없습니다. 그렇다면 선호도 상위에 랭크된 지하철 노선은 어디일까요? 2호선, 3호선, 9호선, 신분당선, 7호선, 이 5개 노선입니다. 선호도 높은 5개 노선의 공통점은 모두 강남을 관통하는 노선이라는 점입니다. 강남구는 대기업과 중소기업의 본사들이 밀집해 있어서 업무지구로서도, 규모 면에서 압도적입니다. 대한민국 제일의 업무지구, 중심상업지구로서 출퇴근 인구와 유동 인구가 한국에서 가장 많은 지역입니다.

2호선은 서울 중심을 순환하는 노선입니다. 대기업 본사가 많고 수많은 상업시설이 있는 광화문 인근 지역과 을지로를 관통합니다. 가장 이용객이 많은 노선이기도 합니다. 그렇다면 다시 질문으로 돌아가서 지하철역을 기준으로 가까운 구축이냐, 먼 거리의 신축이냐를 따지기 이전에 그 지하철 노선이 어떠한 노선인지를 먼저 선택의 우선순위에 두어야 합니다. 강남을 관통하고 이용객이 많은 2호선, 3호선, 9호선, 신분당선, 7호선의 역세권에 내 집 마련을 한다면, 다른 어떠한 노선보다 좋은 선택이 될 수 있습니다. 처음부터 강남구로 들어갈 형편이 안 되는 경우가 많습니다. 그렇지만 강남구로 가는 노선에 있는 지하철역은 희망(?)이 될 가능성이 큽니다. 아울러 위에 언급한 5개 노선에서 가지로 달린 지선은 선택에서 후순위로 두어야 하며, 해당 노선에서 연장되는 노선도 눈여겨봐둘 필요가 있습니다. 시간이 걸리겠지만 개통이 된다면 수혜를 받기 때문입니다. 서울은 지속해서 지하철 노선을 연장하고 있는 추세입니다.

이런 노선들의 경우 내 집 마련 여유 자금이 부족하다면, 중심지에서 살짝 벗어난 역이라도 도전해볼 만합니다. 그리고 지하철 역세권이 좋다고 하지만, 지하철역과 너무 가까이 붙어 있는 아파트 단지는 피하는 것이 좋습니다. 지하철역에서 나오자마자 입구가 붙어 있는 아파트 단지는 보통 상업지역이라 주상복합 아파트인 경우가 많고, 유흥시설 같은 상업시설이 많아서 쾌적성이 떨어지는 단지들이 많습니다. 오히려 도보 5분 정도 거리에 한 블록 정도 떨어진 대단지 아파트가 좋습니다. 실제로 임장해보면 아파트 단지 앞에 있는 식당에서 고기 굽는 냄새가 올라온다거나 상업지역의 소음이 고스란히 전해지는 아파트 단지들도 많습니다. 이러한 단지들은 역에서 가깝다는 이유만으로 선택해서는 안 될 것입니다.

질문에 대한 답을 정리해보면 지하철역 가까운 구축과 먼 거리의 신축을 선택하기 전에 지하철역이라도 다 같은 지하철역이 아니니 수도권의 경우 사람들이 선호하는 2호선, 3호선, 9호선, 신분당선, 7호선 노선을 보세요. 자금이 많아서 서울 중심부라면 좋겠으나 여유가 부족하다면 살짝 외곽도 괜찮으니 해당 노선 역세권 한 블록 떨어진 아파트 단지를 살펴보세요. 물론 꼭 신축일 필요는 없습니다. 구축이라도 이러한 조건이면 내 집 마련으로 좋은 선택이라고 할 것입니다. 신축은 시간 지나면 구축되지만, 좋은 입지는 영원합니다.

자료 4-3. 수도권 지하철 선호도 조사 설명 유튜브 영상 (출처 : 필자 작성)

교수님 방송에서 질문에 대해 답하시는 것을 보면, 나 홀로 아파트보다는 세대수 많은 아파트 단지가 더 좋다고 말씀하십니다. 그렇다면 나 홀로 아파트는 사면 안 되는 것인가요?

나 홀로 아파트는 들어오는 사람보다 나가는 사람이 많습니다

필자가 방송이나 카톡방에서 질문을 받아서 답변을 드릴 때 나 홀로 아파트 이야기가 나오면 매번 어김없이 같은 답변을 합니다. "같은 지역이고, 같은 가격대의 아파트를 보고 있다면 기왕이면 세대수 많은 아파트를 선택하라"라고요. 아파트를 고를 때는 여러 평형이 있는 단지를 선택하는 것이 좋은데, 이러한 아파트 단지는 나 홀로 아파트보다 수요가 많기 때문입니다. 이렇게 이야기하면 독자님들은 "어차피 그 지역에 신규로 이사 들어오는 사람들은 정해져 있는데 무슨 소리 하느냐?"라고 반문하실 수 있습니다. 물론 그 말씀이 틀린 이야기는 아닙니다. 그러나 보통 사람들은 이직이나 특별한 사정이 있는 것이 아니라면, 웬만해서는 가족들이 살고 있던 동네에서 벗어나지 않으려 하고, 살고 있던 아파트 단지에서 벗어나지 않으려고 합니다. 이러한 현상은 익숙함에 편안하기 때문입니다. 또 혼자 살거나 결혼을 갓 했을 때는 작은 평형에서 거주하는 것도 전혀 문제가 되지 않습니다. 설명하기 위해 편의상 말씀드리면 혼자 살거나 신혼부부들은 24평형 이하의 면적에서 생활하는 것이 전혀 문제 되지 않습니다. 그러나 자녀가 하나, 둘 생기게 되고 성별을 달리하는 자녀가 태어나고 성장하게 되면, 주거공간이 좁다는 것을 느끼게 됩니다. 그러면 이사 가야겠다고 생각하게 되는데 앞에서 언급했다시피 특별한 사정이 없다면, 살고 있던 아파트 단지에서 조금 더 넓은 평형으로 이사 가려고 합니다. 이때는 34평형이라든지, 40평형대라든지 형편에 맞게 움직입니다.

이러한 케이스 외에도 가족들이 합치게 되었다거나 여유 자금을 잘 모았다면 대형 평형의 수요가 발생하게 됩니다. 살던 단지 내 50평형, 60평형 등 평형이 골고루 있다면, 각 가정의 상황에 따라서 해당 단지에서 내부적으로 갈아타기 수요가 있다는 뜻입니다. 이렇게 다양한 평형의 아파트들이 한 단지 안에 골고루 있다면 대부분 세대수는 1,000세대 이상의 대단지일 경우가 많습니다. 이와 대비되어 24평형 단일 평형을 이루는 단지 또는 34평형으로만 구성된 아파트 단지들이 있습니다. 이러한 단지들은 대부분 세대수가 적습니다. 또한 구축 중에서는 평형 구성이 몇 개 있다고 하더라도 한 동으로만 건축된 나 홀로 아파트도 있습니다. 이러한 단일 평형 구성 또는 세대수가 적은 아파트들에 거주하고 있는 가정은 자녀가 태어나거나 커서 주거공간이 부족하다 느낄 때나 여유 자금이 생겨서 좀 더 큰 평형으로 이사 가고 싶은 욕구를 물리적으로 채워 줄 수 없습니다. 이 때문에 이러한 가정들은 해당 단지에서 살고 싶어도 어쩔 수 없이 외부로 빠져나갈 수밖에 없는 상황이 됩니다.

또한 아파트는 건축 후에 수십 년이 흐르게 되면 재건축하는 사례가 많습니다. 그러나 세대수가 많은 아파트는 규모의 경제를 이루기 때문에 사업성도 상대적으로 좋아서 재건축에 필요한 비용 역시 상대적으로 적게 들어갑니다. 하지만 세대수가 적은 아파트들은 재건축 시기가 다가와도 재건축에 투입되는 비용이 상대적으로 많아서 쉽사리 진행되지 못하는 경우가 많습니다. 진행이 된다고 하더라도 추가 부담금이 많습니다. 이러한 이유로 재건축이 진행되는 경우 세대수가 많은 단지의 매매가격이 높게 형성이 됩니다. 이 부분은 재건축에만 해당하는 것이 아니라 리모델링 단지에도 똑같이 적용됩니다. 리모델링은 법적 용적률을 거의 채워서 재건축하는 경우, 일반 분양분이 별로 없는 난지에 적용합니다. 서울 동부이촌동 지역에는 많은 리모델링 추진 단지가 있습니다. 재건축하기에는 비용 대비 수익이 많지 않아서 리모델링을 추진하는 단지가 많이 있는데, 이러한 단지들도 희비가 엇갈리고 있습니다.

세대수가 많은 대단지의 경우에는 리모델링 추진이 그나마 진행이 되고 있지만, 한 동짜리 아파트는 리모델링 추진조차도 시작되지 못한 단지들도 많습니다. 이러한 여러 가지 이유로 같은 입지라면 나 홀로 아파트보다는 세대수가 많은 아파트 단지에 투자하는 것이 좋습니다. 아울러 질문 사항인 나 홀로 아파트는 무조건 투자해서는 안 되는 것인가에 대한 답변은 이렇습니다. 웬만하면 나 홀로 아파트는 투자로서는 적합하지 않습니다. 혹시나 독자님들 중에서 나 홀로 아파트를 보유하고 있다면, 세대수가 많은 단지로 갈아타기 하는 것을 권고 드립니다.

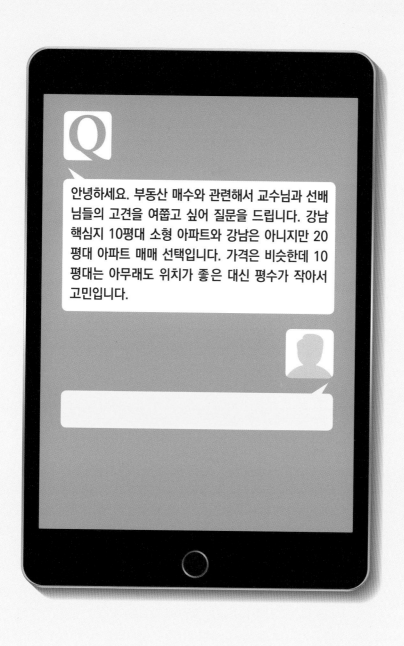

안녕하세요. 부동산 매수와 관련해서 교수님과 선배님들의 고견을 여쭙고 싶어 질문을 드립니다. 강남 핵심지 10평대 소형 아파트와 강남은 아니지만 20평대 아파트 매매 선택입니다. 가격은 비슷한데 10평대는 아무래도 위치가 좋은 대신 평수가 작아서 고민입니다.

면적보다는 입지가 100만 번 중요합니다

이런 질문을 하시는 분들이 꽤 있습니다. 10~13평형 정도의 소형 아파트를 투자하려니 아무래도 면적이 좀 좁아 보입니다. 그렇다고 한정된 여유 자금으로 핵심지를 조금 벗어난 지역을 가자니 입지가 마음에 들지 않아서 고민하시는 분들이 생각보다 많습니다. 이러한 문제는 투자자 입장에서 생각하지 말고, 수요자 입장에서 생각해보면 쉽게 답이 나올 수 있습니다. 10~13평형 소규모 아파트라면 3인 이상의 가족보다는 단출하게 혼자 계시는 분들이 생활하기에 적합하고, 이렇게 1인 가구는 미혼 직장인이나 가족들과 떨어져 있는 직장인들의 수요가 많을 것입니다. 직장인들은 직장과 근접한 거리에 생활 공간이 있기를 원합니다. 그래야만 출퇴근하기 편리하고 설령 좀 늦게 퇴근하거나 퇴근 후 여가 생활을 즐기고 집으로 돌아오기에 부담이 없기 때문입니다. 그렇다면 서울에 일자리가 많은 지역은 어디일까요? 소형 아파트를 매입한다면 우선 후보 지역이 되겠습니다.

CBD(CENTRAL BUSINESS DISTRICT)로 일컫는 도심권역으로 서울의 대표 도심이며 광화문, 시청, 종로, 을지로 인근 지역입니다. 서울의 전통적 업무지구로 지금은 정부청사도 지방 이전했고 대통령 집무실도 용산으로 갔지만, 여전히 대사관, 시청, 외교부 등 많은 정부기관들이 있으며, 대기업 본사나 외국계 기업, 주요 은행, 언론사의 본사가 밀집해 있습니다. YBD(YEOUIDO BUSINESS DISTRICT)는 행정구역은 여의도동으로 국회의사당을 비롯해 수출입은행, 산업은행 등 시중은행과 증권사 등 금융업계 기업들이 집중되어 있습니다. 여의도 증권맨이라는 용어가 탄생한 지역이기도 하고, 방송 업계 쪽은 KBS만 남아 있어 명맥만 유지하고 있습니다. 서울시는 여의도 금융개발지구 추진에 지속적인 예산을 투입한다고 합니다. GBD(GANGNAM BUSINESS DISTRICT)는 강남권역으로 행정동 기준보다는 테헤란로를 기준으로 보는 것이 좋습니다. 테헤란로는 10차선의 대형도로로 강남구의 중앙을 동서로 횡단합니다. 테헤란로 도로변에는 대기업, 금융 관련 기업, IT기업, 대형 회계법인, 법무법인 등 업무지구가 형성되어 있으며, 대치동, 삼성동, 역삼동, 논현동 일대에 1인 가구 직장인들이 밀집해 있습니다. 테헤란로 북쪽으로는 강남역, 가로수길, 코엑스, 압구정 로데오 등으로 대표되는 대형 상업지들이 있습니다. 업체 규모와 직종이 다양해서 타 업무지구와는 규모 면이나 직장인들 수가 압도적으로 많습니다. 입지적으로 봤을 때 단연코 대한민국 제일의 입지이고, 인구 집중도 역시 가장 높습니다.

2022년 기준 1인 가구수는 750만 가구를 넘어가고 있고, 전체 가구수 중에 34.5%의 비율을 차지하고 있습니다. 매우 큰 수치인데요. 매해 큰 폭으로 늘어나는 추세입니다. 향후 소형 아파트라고 할지라도 입지가 뛰어난 곳이면 수요가 계속해서 높아질 것으로 예상됩니다. 따라서 10~13평형 소형 아파트는 수요적인 측면에서 볼 때 어중간한 외곽보다는 핵심지역에 투자하는 것이 좋습니다. 특히나 지방의 소형 아파트는 절대 접근해서는 안 될 것입니다. 정리하면 서울의 도심권역인 광화문, 시청, 종로, 을지로와 여의도권인 여의도, 그리고 강남권역인 테헤란로 근처가 좋다고 보여지는데요. 그중에서 직장인들의 인구밀도가 높은 강남권역의 10~13평형 아파트에 접근하는 게 좋을 것 같습니다. 단순히 좁다는 이유로 입지를 무시하고, 외곽으로 나가는 것은 바람직하지 않습니다.

발전하는 동네에 관심도 높은 분양 예정인 아파트가 있는데, 그 옆에 세대수 적은 주상복합 아파트도 주변이 오르면 같이 오를까요?

> **주상복합 아파트란 주거와 상업시설이
> 동일 공간에 복합적으로 건축된 아파트입니다**

　필자가 투자용으로 부동산을 바라볼 때의 기준은 항상 그 종목의 시장에 플레이어들이 많은지, 적은지를 봅니다. 절대 기준은 아니지만 지대한 영향을 끼치는 요소입니다. 주식은 삼성전자, LG에너지솔루션, 현대차, 포스코 등 회사를 종목으로 취급하지만, 부동산의 경우에는 주택, 토지, 상가 등으로 나눕니다. 세부적으로는 아파트, 오피스텔이나 아파텔, 생활형 숙박시설, 다세대주택(빌라), 도시형 생활주택, 분양형 호텔, 지식산업센터 등 많은 투자 종목으로 나눌 수 있습니다. 이러한 종목 구분이라는 측면에서 보면 주상복합 아파트도 아파트 범위에 포함은 되지만, 일반적인 아파트와는 살짝 결을 달리합니다. 우선 주상복합 아파트의 개념을 살펴봐야 하는데요. 주거와 상업시설이 동일 공간에 복합적으로 건축된 아파트입니다. 원래 상업지역에는 아파트 형태의 주거공간만 들어갈 수 없고, 일정 부분 상가나 업무시설을 배치해야 하는데요. 국토의 계획 및 이용에 관한 법률에 따른 용도지역상 상업지역의 특징을 살려야 하기 때문입니다. 상업지역에 주거시설이 들어가는 것은 기반 시설의 수용 용량 문제가 발생하기도 하고, 안면방해 등 쾌적한 주거공간을 만들기에는 상업지역과 배치가 되는 부분이 많습니다. 또한 상업지역은 토지가격이 비싸서 대규모 개발에 엄두를 내지 못하고, 상대적으로 작은 면적에 용적률만 높이 올라가는 형태입니다.

　그런데 대체로 상업지역이라고 하더라도 몇몇 뛰어난 상권을 제외하고는 상업지역 고유의 특징인 집객력이 부족해 무늬만 상업지역인 경우도 많이 있습니다. 오래전 상권이 활성화되었으나 현재는 상권이 바뀌어 쇠퇴했다거나 일제 강점기 시대 상업이 활성화된 곳이 1962년 도시계획법이 제정되면서 용도지역이 만들어지고, 그러한 곳이 그대로 상업지역으로 남아 있는 곳도 많이 있습니다. 물론 1934년부터 용도지역이라는 제도가 있었지만, 원산 등 군수기지를 만들기 위해서 국지적으로 사용한 제도라서 현행의 용도지역은 이때부터라고 봐야 합니다. 그 예전에 상업지역이었던 용도지역은 상권이 바뀌어 지금은 쇠퇴했지만, 그대로 이어지는 현상은 토지주들의 반발 때문입니다. 지금 상권이 쇠락했다고 해서 개발밀도를 낮게 허용하는 용도지역, 즉 주거지역 등으로 낮추면 이것을 전문용어로 '종하향'이라고 합니다. 종하향을 토지주인들은 절대로 받아들이지 않지요. 그래서 일제 강점기에 상업지역으로 지정된 지역이었는데, 지금은 상권이 쇠락해서 상업지역으로 활기를 잃은 곳을 주상복합 아파트로 개발하는 사례들이 많이 나타나고 있습니다. 이러한 지역은 개발시행사가 직접 토지를 사들여서 개발하는 경우도 있고, 도시 및 주거환경정비법상 정비구역을 지정하고 해당 주민들이 재개발해서 주상복합 아파트를 건설합니다.

따라서 주상복합 아파트는 현재 상권이 매우 발달하고 활성화된 지역에 자리한 경우도 있고, 그 옛날에 상권이 발달했지만 지금은 쇠락된 지역에 노후화된 건축물을 철거하고 새롭게 건축된 주상복합 아파트도 있습니다. 따라서 주상복합 아파트라고 해서 같은 시각으로 바라봐서는 안 됩니다. 단순히 주상복합 아파트라서 좋다, 나쁘다로 정리할 수 있는 사항은 아니고 장단점을 잘 따져서 투자 가치가 있다고 판단되면 투자를 하는 것이고, 반대의 경우에는 과감하게 배제하는 현명함이 필요합니다. 그렇다면 우선 주상복합 아파트 장점과 단점을 파악해봐야 하는 것이 공부의 우선순위가 될 것입니다. 그렇다면 지금부터 하나씩 파악해보도록 하겠습니다.

주상복합 아파트 장점

장점부터 먼저 살펴보도록 하겠습니다. 주상복합 아파트는 기본적으로 도심의 상업지역에 위치하는 경우가 많습니다. 따라서 상권이 발달한 교통의 결절점에 위치하는 사례가 많습니다. 설령 외곽이라고 하더라도 도심에 가까운 곳에 있고, 대중교통의 요충지에 건축하기 때문에 교통이 편리합니다. 그리고 조망권입니다. 도심에 초고층으로 지어지고 동 개수가 적기 때문에 영구조망 주상복합 아파트 상층부의 경우 시티 조망이 멋지게 보이고, 해안가의 경우 낮에는 바다가 보이고 야간에는 황홀한 야경을 선물합니다. 아파트 아랫부분에 상업시설이 들어서 있어서 생활에 필요한 식음료, 생필품, 식당 등 편의시설이 갖추어져 있어 편리함이 있습니다. 요즈음은 단순한 상가 조합을 넘어서 쇼핑몰 수준의 상권이 형성되는 경우도 있습니다. 그리고 해당 주상복합 아파트가 고급을 지향하는 경우에는 호텔식 대형 로비, 넓은 엘리베이터 홀 등 개인적 취향에 따라 다르겠지만, 일반 아파트에서는 느낄 수 없는 우월감이 존재합니다. 또한 내부 층고가 보통 2.5미터로 높고, 철골 기둥식 구조여서 층간 소음 문제가 일반 아파트에 비해 적다는 것도 장점입니다.

주상복합 아파트 단점

이에 비해서 단점으로 볼 수 있는 부분은 주상복합 아파트는 태생적으로 상업지역에 위치하다 보니 주거지역으로서의 가장 중요한 요인인 쾌적함이 결여되어 있습니다. 상권이 활발한 지역일수록 주변의 소음과 인공조명에 의한 빛 공해에 노출될 수밖에 없습니다. 이러한 환경은 사람뿐만 아니라 동물과 식물 모두에게 편안한 휴식을 방해하고, 바이오리듬을 깨뜨리는 요인이 됩니다. 주거공간은 가족들에게 쌓인 피로를 해소하는 공간이며, 내일의 활기찬 활동을 위한 에너지 충전 공간인데, 휴식을 방해하는 소음과 빛 공해가 있다면 주거공간으로서 불리한 요인이 됩니다. 아울러 저층에 상가들이 입점해 있어 아파트 주민뿐만 아니라 외부인들도 항시 건물 출입이 자유롭습니다. 요즘 지어지는 주상복합 아파트는 이러한 보안 문제에 신경을 써서 출입구를 달리한다든지, 엘리베이터를 별도로 두어서 안전 문제에 대응하고 있지만, 지하주차장의 공동출입 등 원천적으로 완벽히 배제하기에는 한계가 존재합니다. 또한 상업지역에 들어서는 특성상 좁은 면적에 많은 세대수가 들어가고, 이 때문에 용적률이 높다 보니 대지지분이 적은 것은 당연합니다. 규모의 경제를 이루지 못하니 미래에 재건축이나 리모델링의 가치는 뛰어난 입지가 아니면 사실 쉽지 않습니다. 극단적으로는 감가상각만 일어나는 건축물이 될 수 있다는 것입니다. 부동산이란 항상 미래가치를 내다보고 투자하는 물건임을 상기해볼 때 실물자산으로서의 자산가치 보전이 안되고, 감가상각만 된다면 투자 상품으로서의 매력은 반감될 수밖에 없을 것입니다.

그리고 상업지역 토지가격이 비싸다 보니 보통 좁은 면적에 적은 동 개수가 대부분입니다. 용적률이 높다 보니 바닥에 깔고 있는 면적에 비해서 세대수가 많기는 하지만, 기본적으로 대지면적이 작은 경우가 많습니다. 이로 인해 건축되는 동의 개수가 적을 수밖에 없고요. 동의 개수가 적고 대지면적이 작다는 것은 조경에 필요한 식재면적 자체가 작을 수밖에 없습니다. 나무를 심을 식재면적이 작다는 것은 조경의 퀄리티가 좋을 수 없고, 산책을 할 수 있는 보행로 역시 부족하게 됩니다. 아이들 놀이터부터 마땅하지 않은 경우가 많습니다. 나아가 상업지역이다 보니 주변에 학교가 없는 경우가 많습니다. 자녀들이 초등학교 학령기라면 참 매운 곤란한 상황이 될 수 있습니다. 아무래도 가까운 거리에 초등학교가 없으면 통학에 어려움이 발생하고, 부모가 차량으로 등하교를 해줘야 하는 부담이 생기게 됩니다. 엎친 데 덮친 격으로 해당 주상복합 아파트 주변에 상업지역 특성상 유흥과 관련된 시설들이 집중되어 먹고 마시는 환경으로 소란스러움이 있다면, 자녀들 교육에도 좋지 않은 영향을 받게 될 것입니다. 주변이 조용해야 공부도 되는 것이니까요.

주상복합 아파트 장점과 일반 아파트 장점을 모두 갖춘 단지가 있다

주상복합 아파트의 장단점을 알아봤습니다. 투자적인 측면에서 바라볼 때 일반 아파트에 비해서 장점이 많다면 투자해도 될 것이고, 그 반대가 된다면 아무래도 투자하기에는 망설일 수밖에 없습니다. 그러면 주상복합 아파트가 가진 장점과 일반 아파트가 가진 장점이 모두 있는 주상복합 아파트는 없을까 궁금하지 않으신가요? 필자가 전국을 임장 다니면서 주상복합 아파트 중에서 입지나 개별 상품성이 참 좋다고 느껴진 단지가 있는데, 바로 대구광역시 범어네거리에 있는 수성 범어 두산위브더제니스 아파트(이하 제니스)입니다. 9개 동 1,494세대, 최고 54층, 2009년 12월에 준공을 한 단지입니다. 대구에서 대장급으로 인정받고 있는 단지이며, 주상복합 아파트의 장점과 일반 아파트의 장점을 골고루 가지고 있는 단지입니다.

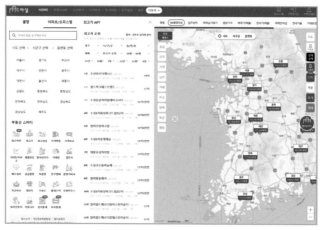

자료 4-4. 대구광역시 50평형대 최고가 순위(2021년 10월 ~ 2023년 12월) (출처 : 아실)

네이버나 카카오맵의 지적 편집도를 보면 상업지역에 있는 것을 보실 수 있습니다. 따라서 주상복합 아파트입니다. 먼저 주상복합 아파트로서의 장점부터 보도록 하겠습니다. 대구광역시에서 메인 지하철 노선인 2호선 범어역과 단지가 지하로 연결되어 있을 정도로 역세권에 위치해서 교통이 매우 편리합니다. 북측으로는 업무시설이 동대구역까지 쭉 자리하고 있어서 각종 관련 업계 종사자들이 직주 근접이 가능해서 출퇴근 거리가 매우 가깝습니다. 아울러 상업지역 특성상 상권이 집중되어 생활에 편리합니다. 필자가 대구광역시 임장을 한창 다닐 때 당일에 같이 다닐 사람과 아침에 미팅하곤 했는데, 항상 만나서 출발하는 장소가 제니스 1층에 있는 스타벅스였습니다. 그 스타벅스가 꽤 면적이 넓었는데, 아침 시간이 되면 자녀들을 유치원이나 학교에 보내고 엄마들이 삼삼오오 모여서 이야기꽃을 피우고 있는 것을 목격합니다. 아침부터 스타벅스가 왁자지껄한 동네라는 것인데, 제니스는 제일 작은 평형이 50평형이며, 가장 큰 평형이 99평형으로 소득이 어느 정도 있는 사람들이 거주하고 있습니다. 주변의 고임금 직장과 가처분소득이 많은 사람이 살고 있다고 봐서 그런지는 모르겠지만, 필자의 생각에는 참 활기차면서도 여유로운 단지라는 느낌을 방문할 때마다 받았습니다.

그리고 주상복합 아파트의 단점이 상업지역에 위치하다 보니 초등학교가 없는 경우가 많은데, 제니스의 경우에는 단지 동측 편으로 범어초등학교가 있으며, 단지와 범어초등학교 사이와 단지 동북측 편으로는 야시골 공원 있어서 주상복합 아파트의 단점인 쾌적성을 확보하고 있습니다. 또한 1,494세대의 규모는 주상복합 아파트의 단점 중 하나인 세대수가 적어서 관리에 필요한 경비가 많이 지출되는 점을 커버할 수 있습니다. 일반 아파트에서도 1,000세대가 안 되는 단지들이 많은데, 주상복합 아파트이면서 1,494세대는 상당히 많은 세대수입니다. 대지면적이 작아서 쾌적성이 떨어지는 단지와는 비교가 되는 넓은 대지면적을 보유해서 단지 내 다른 주상복합 아파트에서는 보기 힘든 놀이터도 있고, 중앙정원도 조성되어 있어서 타 주상복합 아파트와는 비교할 수 없을 정도의 쾌적성을 가지고 있습니다. 아울러 대구광역시는 타 광역시에 비해 학군으로 유명합니다. '범사만삼(범어 4동과 만촌 3동을 뜻하는 말)'으로 불리는 학군과 학원가는 유명하죠. 이렇게 유명한 학원가 역시 제니스에 가깝게 붙어 있습니다. 이렇게 내부환경과 주변환경이 복합적으로 절묘하게 맞아떨어지는 아파트가 잘 없습니다.

주상복합 아파트는 아무리 좋다고 해도 무엇인가 하나 빠지는 것이 보통인데, 제니스는 주상복합 아파트의 장점과 일반 아파트의 장점을 모두 가지고 있습니다. 그러면서도 해당 도시의 메인 입지에 자리하고 있으며, 고소득층이 입주민으로 있다는 것, 심지어 학원가까지 받쳐 주는 입지는 국내에서 극히 찾아보기 힘듭니다. 만약에 여러분이 주상복합 아파트를 꼭 투자하고 싶다면, 대구광역시 범어네거리에 있는 수성 범어 두산위브더제니스 아파트를 꼭 공부하시고, 입지나 개별 상품성이 이와 버금가는 주상복합 아파트에 투자하시는 것이 실패가 없습니다. 물론 1~2가지 요인이 부족할 수 있겠지만, 모든 선택은 기준이 있습니다. 주상복합 아파트의 기준을 알고 싶다면 제니스를 공부하시는 것이 가장 정확합니다.

자동차 모델을 풀 체인지 하는 것처럼 아파트도 건축 시기별로 나누어진다고 하던데 어떤 식으로 구분하는지 잘 모르겠어요. 아파트가 지어진 시기별로 투자 방식이 다를 것 같은데요. 사람들이 좋아하는 형태의 아파트가 따로 있나요?

아파트를 건축 시기별로 구분하는 것은 주거공간으로서의 효용가치를 따져보는 측면과 투자적인 측면에서 가치를 따져보는 시각이 존재합니다. 현재 주거공간으로서 압도적인 선호를 받는 아파트는 한국의 산업화 및 도시화의 상징으로 출발했다고 볼 수 있습니다. 농촌에서 도시로 인구 밀집이 되면서 주택 부족 문제가 발생하자 이를 해결하기 위해서 지어진 것이 아파트였습니다. 건축법상 5층 이상의 공동주택을 아파트라 칭하는데, 건축법으로 볼 때 최초의 아파트는 1937년 서울 충정로에 세워진 충정 아파트입니다. 해방 이후 처음으로 지어진 아파트는 1959년에 건축된 종암 아파트입니다. 충정 아파트는 일본인이 건축한 아파트이지만, 종암 아파트는 한국인의 손으로 지은 아파트입니다. 이후 마포 아파트(1961년), 동대문 아파트(1965년), 정동 아파트(1965년), 주상복합 아파트의 시초인 세운상가(1967년), 낙원상가(1968년), 힐탑 아파트(1967년), 부실 공사로 붕괴사고가 있었던 와우 아파트(1970년), 이촌동 한강맨션(1971년 준공, 저층)을 거쳐 여의도 시범 아파트(1971년)의 등장으로 본격적인 민간 고층 아파트 개발의 시기가 도래하게 됩니다. 이후 반포 주공 아파트, 압구정 현대 아파트 등 현재 재건축 이슈로 항상 화두가 되는 아파트들이 계속 개발이 됩니다. 아파트 개발의 역사는 간략하게 이 정도로 보고, 현재까지 건축 시기별로 아파트의 특징을 살펴보겠습니다. 이러한 구분을 자동차 풀 체인지 개념으로 접근해서 편의상 세대별로 나눌 수 있습니다. 1세대 아파트로 출발해서 2세대, 3세대, 현재 4세대 아파트까지 출현했다고 관련 전문가들은 평가하고 있습니다. 이러한 세대별 구분은 단순히 물리적인 구조 특성만으로 구분 짓지 않고, 주거문화와 첨단기술의 적용까지 포함한 개념으로 이해하면 좋습니다.

자료 4-5. 서울 서대문구 충정아파트(1937년 준공) (출처 : 네이버)

1세대 아파트

건축 연도는 1970년대에서 1990년대 초반까지 지어진 아파트입니다. 당시 우리나라는 급격한 산업화와 농촌에서 도시로 몰려드는 인구로 인해 심각한 주택 부족에 직면했습니다. 이러한 상황을 타개하고자 대한주택공사가 주도해서 주공 아파트가 대량으로 건설되었습니다. 1세대 아파트들은 질보다 양에 초점을 맞추었기 때문에 수요자보다는 공급자 위주로 공급이 되었고, 체계적인 도시계획이 없이 아파트만 뜬금없이 지어지는 경우도 비일비재했습니다. 강변 백사장에 있는 아파트인 동부이촌동과 논밭에 지어진 압구정 현대 아파트가 대표적입니다. 단독주택이 대부분의 주거공간인 시절에 대단지 아파트의 개념과 중앙난방의 도입이 되었던 시절이었고, 획일적인 디자인과 구조의 성냥갑 아파트의 시초입니다.

1세대 아파트들의 특징을 보면 대부분 저층이기 때문에 엘리베이터가 없고, 자동차의 대중화가 이루어지기 전이라 주차 공간 수요가 많지 않아서 지하 주차장이 없습니다. 아울러 주거문화가 아직 미흡한 시기로 평면 구조의 배치가 미흡해 요즘 회자되고 있는 Bay(전면 발코니를 기준으로 내벽과 내벽 사이의 구획 공간)의 개념이 부족해서 공간 배치가 효율적이지 못합니다. 이러한 1세대 아파트들은 현대적인 소비자들의 주거문화 니즈 사항을 충족시키지 못하고, 에너지 효율도 낮은 물리적 특성이 있습니다. 하지만 입지가 좋은 1세대 아파트들은 저층으로 용적률이 낮아서 재건축의 사업성이 뛰어남에 따라 투자 가치가 높은 아파트로 평가되어 실제 주거에 활용되는 측면에서 평가되는 사용 가치보다는 향후 미래에 발생할 재건축 수익을 현재의 가치로 환산한 교환 가치가 매우 높습니다. 따라서 노후화되어 주거생활이 어려운 아파트임에도 불구하고, 주변 같은 평형의 신축 아파트보다 비싼 경우도 많이 있습니다. 독자님들께서도 능력(?)이 된다면 입지가 뛰어난 1세대 아파트는 투자로 접근해서도 좋다고 봅니다. 반면에 입지가 좋지 못한 지방이나 도시 외곽에 지어진 1세대 아파트는 지금도 재건축이 되지 못하고 있는 아파트가 많이 있습니다. 이러한 곳은 절대로 접근하지 않는 것이 좋습니다.

2세대 아파트

1990년대 중반에서 2000년대까지 지어진 아파트입니다. 1세대 아파트는 저층인 데 비해 2세대 아파트는 10층에서 20층의 높이로 건축되었습니다. 또한 엘리베이터의 보편화로 수직이동이 자연스럽게 자리 잡았고, 자동차의 증가로 주차장 수요가 폭발해서 아파트 지하에 주차 공간을 넣게 되었습니다. 그러나 인식의 부족과 기술적 한계로 지하 주차 공간에서 개별 주거공간까지 엘리베이터 연결이 되지 못했습니다. 따라서 엘리베이터 1층에서 내려서 주차 공간까지 별도로 이동해야 하는 불편함이 있는 아파트입니다. 아울러 2세대 아파트는 그야말로 주거 공간과 주차 공간만 존재하고, 커뮤니티 시설은 어린이집, 모래 바닥 놀이터, 경로당 같은 단순 커뮤니티가 정도가 대부분입니다. 요즘 같이 도서관, 피트니스 센터, 어린이 놀이터, 주민 휴게 공간과 같은 시설은 전무한 아파트들입니다. 2세대 아파트의 특징은 엘리베이터가 보편화되었고, 지하 주차장이 연결되지 않은 아파트들이 많다는 점입니다. 통상적으로 분당, 일산, 평촌, 산본, 중동 등 1기 신도시의 아파트가 2세대 아파트입니다. 폭발적인 분양 수요와 맞물려서 민간 건설사들이 선의의 경쟁을 벌이다 보니 인기가 많은 도시 중심지에 대규모로 건설되어 2세대 아파트를 중심으로 상권과 학군 그리고 교통이 발달하게 되는 사례도 많습니다. 하지만 지역별로 산재된 형태의 개발도 상당수에 이릅니다.

아파트들의 이름은 회사 상호가 들어가는 수준이었습니다. 이러한 2세대 아파트들은 상대적으로 높은 수요와 도시로 몰려드는 인구의 수용에 진땀을 흘리던 정부의 적극적인 지원을 통해서 좁은 면적에 많은 세대수를 짓는 형태가 되었습니다. 이는 필연적으로 높은 용적률의 결과를 가져왔고, 이로 인해 입지가 매우 뛰어나지 않는 한 재건축 연한이 지난 단지라고 할지라도 재건축은 쉽지 않은 현실이 되었습니다. 따라서 재건축에 대한 투자성은 아파트별로 차이가 크다고 할 것입니다. 따라서 사업성이 부족한 아파트들은 리모델링을 추진하려고 하는 단지들이 많으나 실제 리모델링을 제대로 추진하는 단지는 입지가 좋은 아파트에 제한되고 있는 것이 현실입니다. 아울러 절대 가격이 높은 아파트와 저렴한 아파트들이 많이 분포되어 있어서 매매가격과 전세가격의 차이를 이용한 갭 투자에 가장 많이 활용하는 아파트입니다. 자금이 여유롭지 못한 실수요자나 투자자 입장에서 접근이 가능해서 항상 화두에 오르내리는 아파트들입니다. 다른 챕터에서 말씀을 드렸지만 갭 투자는 항상 부동산 시장의 상승기, 하락기, 침체기의 흐름을 이해하고, 충분한 침체기를 거쳐 몇 년간 꾸준한 전세가율 상승이 이루어진 후 부동산 시장의 상승기를 바라보고 있는 순간에 접근해야 합니다. 이것만 지킨다면 갭 투자는 참 수익률이 너무나도 좋은 훌륭한 투자 방법이지만, 지키지 못하면 긴 세월 동안 경제적으로나 심리적으로 고생할 수 있는 투자 방법이니 조심해야 합니다.

주상복합 아파트

주거공간과 상업 공간이 복합적으로 같은 물리적 공간에 구성된 건축물을 말하고, 이를 주상복합 아파트라고 칭합니다. 이러한 주상복합 아파트는 지금 논하고 있는 1세대에서 4세대까지의 세대별 아파트 구분에 포함하기에는 조금 결을 달리합니다. 따라서 세대별 아파트 구분에서는 제외하는 것이 마땅합니다. 통상적으로 아파트는 주택법의 규제를 받는 데 비해서 주상복합 아파트는 건축법의 규제를 받습니다. 앞에서 언급했지만 최초의 주상복합 아파트는 세운상가입니다. 타워팰리스와 목동 현대하이페리온이 선두주자 격인데, 건축법의 적용을 받다 보니 발코니가 없고, 서비스면적이 작은 경우가 많습니다. 공간 설계의 한계로 창문이 없는 방이 있다거나, 삼각 형태의 방이 있는 경우, 40평형대 대형 평수가 방이 2개 밖에 없다거나, 쓸모없는 죽은 공간이 있다거나, 일반적인 판상형 아파트에서는 볼 수 없는 구조도 있습니다. 반면 넓은 지하 주차장, 각종 커뮤니티 시설, 상권 접근성, 호텔식 로비 및 서비스, 여유로운 엘리베이터 등의 장점도 있습니다.

상업지역에 건축하는 건축물이다 보니 주변 생활환경이 생활 편의성은 좋지만 쾌적성은 떨어지는 경우가 있고, 고급 주상복합 아파트 시장과 보급형 주상복합 아파트 시장이 혼재되어 있어서 단지별 선호도의 차이가 큽니다. 따라서 주거지역에 지어지는 일반 아파트와 달리 상업지역에 지어지는 주상복합 아파트의 특성상 투자 가치로서는 단지별로 양극화를 나타내고 있습니다. 주상복합 아파트 투자에 관련된 이야기는 다른 챕터에서 좀 더 상세히 다루었으니 여기서는 챕터 내용에 맞게 일반 아파트와 구분만 하는 선에서 마무리하겠습니다.

3세대 아파트

2000년대 중후반부터 2010년대에 지어진 아파트입니다. 삭막했던 단지 공간에 도서관, 피트니스 센터, 어린이 놀이터, 주민 휴게 공간 등 커뮤니티 공간 및 지상의 공원화가 만들어지기 시작한 아파트들입니다. 또한 본격적으로 시공사의 회사 이름이 아닌 고유의 브랜드가 만들어지기 시작했습니다. 아파트 이름으로 GS, 삼성, 현대가 아닌 자이, 래미안, 힐스테이트 등의 이름들이 아파트 벽면에 붙기 시작했고 펫네임(Pet Name)도 따라갑니다. 메트로, 리버, 에듀, 포레, 오션뷰, 센트럴, 퍼스트 등이 바로 그것입니다. 3세대 아파트들의 특징은 각 건설사의 설계 경쟁으로 차별화된 주거공간을 마련하기 위해서 브랜드마다 특허를 받아서 설계하는 방식으로, 2세대 아파트까지 천편일률적으로 붕어

빵 찍어내듯 만들어내는 방식에서 탈피합니다. 많은 장점에도 불구하고 성냥갑 아파트라는 비아냥을 들은 판상형에서 타워형으로 변화하고, 4Bay 구조도 3세대 아파트에서 많이 나타나기 시작하며 평형과 동 배치가 다양하게 됩니다.

설계 경쟁에 따른 평면 구조의 변화도 다양해졌는데, 그중에서 중요한 것 중 하나는 소형 평형, 예를 들면 24평형에 화장실이 1개인 아파트가 있기도 하고, 2개의 화장실이 있는 아파트도 있습니다. 이는 일반적으로 생각하는 가족들의 주거생활에 지대한 영향을 주었는데요. 같은 입지라면 화장실이 2개 있는 아파트가 선호됩니다. 따라서 실거주든, 투자자든 2개의 화장실이 있는 아파트를 선택하는 것이 좋은 결정이 됩니다. 1세대 및 2세대 아파트는 발코니 확장이 개별적인 공사로 진행이 되었는데, 3세대 아파트부터는 분양 당시부터 발코니 확장을 권장하는 것이 보편화되었습니다. 또한 다양한 커뮤니티 시설이 도입되고, 지하 주차장과 개별 호실로 연결되는 엘리베이터가 설치됩니다. 그리고 2세대까지의 아파트는 주차 공간이 지상 또는 지상과 지하 동시에 설치되었지만, 3세대부터는 주차장은 100% 지하에 설치하고 지상에는 공원과 보행로를 만드는 설계로 자리 잡습니다. 주차 공간의 문제는 도시화에 따른 주요 이슈로, 세대당 주차 공간 비율이 좋은 아파트의 지표가 되어 주차 면적의 대폭적인 확보가 아파트 브랜드의 간접적인 지표가 됩니다. 따라서 주차 공간 확보를 위해 지하 깊숙이 파고 들어가 건설비의 증가를 가져오기도 했습니다.

투자 측면에서 3세대 아파트는 입지와 함께 개별 상품성도 중요한 요인으로 자리했습니다. 기존에는 아파트 이름은 시공회사의 회사명이라 이에 따른 가격 차이가 없었으나 브랜드 프리미엄이 창출되면서 브랜드에 따른 가격 차이가 나타나게 되었습니다. 아울러 신축 수요가 많았고, 기존의 아파트가 많지 않았던 시기에 건축된 2세대 아파트가 도심에서 상대적으로 좋은 입지를 차지한 반면, 3세대 아파트는 도심과 외곽, 지방의 소도시까지 폭넓게 자리하고 있습니다. 이러한 이유 때문에 단지별로 입지와 브랜드 차이가 매우 크게 존재합니다. 투자 측면에서 보면 실수요든, 투자자든 누구나 선호하는 입지를 선택하는 것이 최우선이 되어야 합니다.

3세대 아파트가 향후 몇십 년 후 노후화되어 재건축이든 리모델링을 해야 하는 상황이 온다면, 비용 투입 대비 그 이상의 시세가 유지되지 못하는 아파트들은 감가상각이 급속도로 이루어질 것입니다. 경제적 여건이 좋은 사람들이 해당 단지를 버리면서 떠나고, 소득이 적은 사람들이 입주하게 되는 하향 필터링 현상이 나타나게 됩니다. 이 때문에 입지가 좋은 아파트는 실거주하는 사람들에게 거주 만족도를 주고, 투자자에게 보유에 대한 수익이 발생할 가능성이 큽니다. 해당 아파트가 노후화되더라도 다시 한번 재건축이든, 리모델링이든 기대할 수 있습니다. 이러한 기대는 교환가치를 높게 해서 인플레이션 이상의 시세 상승률을 유지하게 됩니다. 이에 반해 입지가 좋지 못한 3세대 아파트들은 인플레이션율도 따라가지 못하는 시세와 저소득층 유입 및 아파트 유지 보수 관리의 미흡으로 정돈되지 못한 주거환경으로 이어질 가능성이 큽니다. 3세대 아파트 투자 시에는 해당 지역의 대장 아파트와 이에 버금가는 수준의 아파트만 투자하는 것이 상대적으로 유리한 투자 방법입니다.

4세대 아파트

2020년대에 지어진 아파트로 단순한 물리적 주거공간을 넘어서 감성과 향유의 공간으로 발전한 최신 주거공간을 칭합니다. 살기 좋은 집은 기본으로 하고, 삶의 질까지 고려한 다양한 문화적 요소와 첨단기술을 결합한 주거공간입니다. 영화관, 사우나, 스카이라운지, 인피니티 풀, 공원과 같은 조경, 심지어 오페라하우스까지 제공해서 거주자가 외부로 이동하지 않아도 다양한 여가 활동을 할 수 있습니다. 4세대 아파트의 특징으로는 고급화된 커뮤니티 시설, 조식과 중식 서비스 및 카페테리아, 스카이라운지 등의 서비스 제공, 가전제품과 조명 및 난방 원격 제어, 광폭주차장, 강화된 기준의 차음재, 음식물쓰레기 처리 시스템(씽크뱅)과 같은 친환경 기술을 접목해서 주거환경의 질을 높여 주었습니다. 이와 함께 커튼 월룩 외관, 높은 층고, 주차대수 비율 1.8 이상 등 주차나 엘리베이터의 스트레스가 없는 것이 장점입니다.

3세대 아파트는 외곽, 신도시를 가리지 않고 공급되는 반면, 4세대 아파트는 1세대 또는 2세대 아파트 재건축을 통해 서울 도심의 최고 요지에 들어서고 있습니다. 3세대 아파트에서 출발한 브랜드 프리미엄이 한층 강화되어 써밋, 디에이치, 아크로, 르엘 등 현재까지는 브랜드의 끝판왕으로 불리는 하이엔드 브랜드가 4세대 아파트 곳곳에 네이밍 되고 있습니다. 주거공간으로서의 4세대 아파트는 모든 사람이 선호하며, 경제적 여유만 된다면 입주하고 싶어 할 것입니다. 투자 측면에서 볼 때 4세대 아파트는 서울 도심의 입지가 좋은 곳에 신축되는 추세이지만, 서울은 사실 신규로 아파트를 지을 땅이 거의 없는 현실이기 때문에 재건축이나 재개발 이외에는 신규로 공급할 방법이 없습니다. 따라서 4세대 아파트가 들어올 만한 입지의 재건축·재개발 추진 구역의 조합원이 될 수 있는 물건을 매입해서 재건축·재개발 과정을 거친 후 입주하는 방법이 가장 현실적이고, 안전마진을 확보하는 방법이라고 하겠습니다.

PART

5

당신을 부자로
만들어주는 것은
지식보다는 지혜다

안녕하세요. 군대 제대한 지 얼마 되지 않은 사회초
년생입니다. 질문을 드릴 것은 집값이 오르는 이유
를 모르겠습니다. 제가 일하는 이유는 내 집 마련 때
문입니다. 그것을 목표로 잡고, 열심히 일하면서 살
아가고 있습니다. 돈 벌고 싶다고 마음대로 되는 것
도 아니고, 월급 받고 퇴직까지 일하는 기간을 어
림잡아 보니까 도저히 집을 살 수가 없겠더라고요.
집값은 2배가 되었는데 내 월급은 왜 2배가 안 되나
요? 글 쓰고 있는 지금도 현타가 옵니다. 부자 되고
싶습니다. 방법을 알려주세요.

군 제대한 지 시간이 많이 흐르지 않았다고 하시니 필자의 첫째 아들과 비슷한 연령대이실 것 같습니다. 실제 필자의 아들이 한 번씩 물어보는 질문이라 반갑기도 하면서 요즈음 젊은 친구들이 가장 힘들어하고 고민하는 질문이라 필자 역시 마음이 그렇게 편하지만은 않습니다. 질문하신 내용에는 사실 여러 가지 질문들이 섞여 있습니다. 나누어보면 왜 월급에 비해서 집값이 상승률이 높은지, 돈은 벌고 싶은데 속도가 붙지 않는지, 부자가 되고 싶은 방법 등 몇 가지가 섞여 있습니다. 우선 돈을 많이 벌어서 부자가 되고 싶다면 돈을 알아야 합니다. 돈이 도대체 무엇이며 어떻게 생겨나는지, 어디에서 오고 어디로 가는지 돈의 흐름도 알아야 합니다. 우선 돈과 친해져야 합니다. 그런데 한국 사회에서는 어릴 때 어른들이 돈을 밝히면 안 된다고, 돈이 모든 것을 해결해줄 수 없다고, 돈보다 더욱 중요한 가치가 있다고 하면서 돈에 대해서는 초연해야 한다고 말합니다. 유교적 사상이 아직도 남아 있어서인지 돈 이야기를 하면 가벼이 보고, 배금주의에 물든 소인 취급을 합니다. 그러나 세상의 질서는 돈이 재편해왔고, 그 어떠한 가치도 돈으로 환산합니다. 심지어 세상에서 가장 귀중하다고 하는 사람의 목숨까지도 보상금이라는 명목으로 돈으로 환산합니다. 그러한 돈의 막강한 힘을 알기 때문에 우리는 돈을 벌기 위해 온갖 노력을 기울입니다. 그런데 그렇게 돈을 사랑하고 벌기 위해서 애를 쓰지만, 실제 돈이 무엇인지에 대해서는 알고 있는 사람이 별로 없습니다.

우리의 지갑 속에 있는 신사임당이 그려져 있는 5만 원짜리 지폐는 사실 돈이 아닙니다. 지폐(紙幣)는 한자어로 종이 지, 화폐 폐, 즉 종이화폐입니다. 돈이 아니라 화폐라고 합니다. 그런데 나무위키 사전을 봐도 지폐는 돈이라고 설명합니다. '지폐(紙幣)는 종이로 만든 돈을 가리키는 한자어다'라고 말합니다. 나무위키는 누구나 자유롭게 작성과 수정이 가능한 점을 미루어볼 때 편집이 되지 않고 있는 것을 보면, 대부분 사람이 지폐라는 화폐는 돈이라고 생각하는 것 같습니다. 그런데 화폐는 돈과는 큰 차이가 있습니다. 필자가 오프라인 강의 때 지갑에서 신사임당 5만 원짜리를 꺼내 보여주면서 수강생들에게 "신사임당은 돈이 아닙니다"라고 이야기하면 다들 의아해합니다. 돈을 들고 이게 돈이 아니라고 하니 수강생분들은 속으로는 미친놈이라고 하셨을 법합니다. 앞서 말씀드렸다시피 우리가 지불 수단으로 사용하고 있는 신사임당 5만 원짜리는 지폐이고, 이러한 지폐와 동전(주화), 수표 등을 총칭해서 '통화'라고 합니다. 이러한 통화는 실물로 우리가 볼 수 있는 신사임당을 포함해서 독자님들의 은행 계좌에 들어 있는 잔고(사실은 '숫자')도 통화로 봅니다.

그런데 사실 멀쩡한 국가에서 발행해서 유통되고 있는 화폐는 우리가 흔히 말하는 돈의 속성도 포함하고 있습니다. 우리가 거래의 지불 수단으로 사용하는 화폐는 교환을 가능하게 하는 매개체(지폐나 동전으로 주고받는 것으로 거래가 가능)이고, 계산이 가능한 단위(1원, 10원, 100원, 1,000원, 10,000원, 50,000원 등)이며, 휴대성(들고 다니기 편함)이 있고, 내구성(오래 사용)이 있습니다. 또한, 분할성(500원짜리 물건을 사고 1,000원을 주고, 100원짜리 동전 5개를 거슬러 준다든지)도 있으며, 대체성(독자님들의 지갑 속에 있는 신사임당이나 필자의 지갑 속에 있는 신사임당을 바꾸어도 아무런 사용상의 문제가 없음) 등의 속성들을 가지고 있습니다. 그런데 돈은 화폐가 가지고 있는 속성 중에서 한 가지 중요한 속성을 더 가지고 있습니다. 돈은 화폐 속성에 추가해서 오랜 시간이 흘러도 가치를 유지해야 합니다. 돈과 화폐의 가장 결정적인 차이입니다.

정부는 우리가 사용하는 화폐를 계속 찍어 내서 희석을 시키기 때문에 화폐의 양, 즉 통화량이 계속 늘어나고, 늘어나는 통화량의 비율만큼 화폐가치가 떨어집니다. 이에 반해 대표적인 돈으로 통용되는 금(Gold)은 화폐의 속성도 가지고 있으면서 가치저장 수단으로도 뛰어납니다. 특히나 금은 전 세계 어디를 가더라도 비슷한 구매력을 가지고 있습니다. 이러한 구매력이 유지되는 이유는 금의 한정된 양 때문입니다. 어느 한 국가(정부)에서 마음대로 금을 찍어 낼 수가 없기 때문입니다. 수천 년간 오로지 금과 은(Silver)만 그 구매력을 유지했습니다. 그동안 세계 여러 나라에서는 수천 가지의 화폐가 만들어졌지만, 그것들의 가치(구매력)는 모두 0(Zero)이 되었습니다. 화폐는 정부의 명령과 지시로 만들어집니다. 화폐를 찍어 내는 기계로 해당 정부의 경제 상황에 따라서 혹은 통치권자의 의지(?)에 따라서 찍어 냅니다. 사실 따지고 보면 화폐(지폐)는 가치 없는 종이에 불과하지만, 한 국가로서 멸망하지 않는 이상 해당 정부의 보증으로 화폐로서 기능을 합니다. 종이가 갑자기 정부의 보증으로 화폐가 되는 것이며 이 종이로 물건을 살 수도 있고, 심지어 금도 구매할 수 있습니다. 화폐로 금을 구매할 수 있기 때문에 대부분 사람은 화폐가 돈이라고 생각합니다.

그런데 이러한 화폐에 대한 구매력은 해당 국가 정부의 보증으로 생기는 것입니다. 그런데 정부의 신뢰가 사라지게 되면 해당 국가 화폐의 구매력은 0이 됩니다. 간단한 예를 들어 보겠습니다. 극단적인 사례이기는 하지만, 계산상 편의와 맥락을 이해하기 위해서 거래 비용이나 화폐를 찍어 내는 과정이나 소요 시간은 없는 것으로 하겠습니다. 필자가 이 원고를 집필하는 현재, 인터넷으로 한국금거래소 홈페이지를 들어가 보니 24K 순금 한 돈(3.75g)을 366,000원에 살 수 있습니다. 그렇다면 오늘 필자와 독자님들의 수중에 똑같이 화폐인 신사임당을 비롯해서 세종대왕, 율곡 이이, 퇴계 이황 등 합쳐서 366,000원이 있다고 가정을 해보도록 하겠습니다. 그런데 오늘 필자는 바로 금은방으로 가서 금을 한 돈 구매했고, 독자님들은 366,000원을 은행에 예금을 했습니다. 이제 필자는 금 한 돈을 보유하고 있고, 독자님들은 366,000원 은행 예금이 있습니다. 그런데 정부에서 갑자기 국민들에게 재난지원금을 주기 위해서 신사임당을 찍어 내기로 합니다. 찍어 내기로 한 신사임당의 양은 오늘 시중에 있는 통화량의 2배를 찍어 내기로 합니다. 그래서 조폐공사에서는 밤새 열심히 찍어서 다음 날 새벽에 정부에 납품하고, 정부는 납품받은 신사임당을 시중에 재난지원금으로 뿌립니다. 이렇게 되자 뿌려진 신사임당 때문에 시중에 신사임당, 즉 통화량은 2배가 됩니다. 시중에 통화량이 2배가 되면 어떠한 일이 발생하게 되는지 알아보겠습니다.

시중에 통화량이 2배가 되었다면 공급이 2배가 되었다는 뜻이고, 신사임당의 구매력이 절반으로 희석이 되었다는 뜻이기도 합니다. 구매력이 절반으로 희석이 되었다는 뜻은 구매력이 절반으로 줄었다는 뜻입니다. 이렇게 신사임당의 구매력이 절반으로 줄어들게 되었을 때 독자님들이 보유하고 계신 은행 예금 366,000원을 신사임당으로 인출해서 금은방에 가서 금을 구매하려고 하면, 금은방에서는 한 돈이 아니라 반 돈(1.875g)밖에 주지 않습니다. 2배로 뿌려진 통화량으로 인해 신사임당의 구매력이 절반으로 줄어들었기 때문이죠. 그렇다면 이러한 상황에서 필자는 어떻게 되었을까요? 필자는 구매해놓았던 금 한 돈을 보유하고 있습니다. 필자가 보유하고 있는 금 한 돈의 가치는 얼마일까요? 독자님들이 보유하고 있던 366,000원으로 금 반 돈밖에 구매할 수 없으니 필자의 금 한 돈을 신사임당으로 환산하면 732,000원이 됩니다. 필자와 독자님들은 분명히 화폐인 신사임당 366,000원을 똑같이 가지고 있었습니다. 그런데 필자는 금 한 돈으로 바꾸었고, 독자님들은 은행에 예금을 한 죄(?)밖에 없었습니다. 그런데 정부에서 2배로 통화량을 늘린 결과, 필자는 732,000원의 구매력(가치)을 보유하게 되고, 독자님들은 183,000원의 구매력을 보유하게 되었습니다. 필자와 독자님들은 졸지에 4배의 구매력이 차이가 나게 되었습니다. 이러한 차이가 바로 화폐(신사임당)와 돈(Gold)의 차이입니다.

돈은 화폐와 달리 구매력이 유지되지만, 화폐는 구매력이 유지가 되지 않고 시중에 흘러 다니는 통화량에 따라 변화합니다. 필자는 여기서 돈을 금으로 비유했습니다. 금은 대표적인 실물자산입니다. 실물자산에는 금 이외에도 석유 등 광물, 심지어는 곡물도 실물자산에 속하며, 가장 우리와 가깝게 존재하는 것이 바로 부동산입니다. 하지만 이런 화폐와 돈의 차이를 대부분 사람은 모릅니다. 정말 대부분 사람이 모르고 있습니다. 그러다 보니 내 월급(화폐)은 2배가 오르지 않는데, 집값(돈)은 왜 2배로 오르냐고 합니다. 월급이 2배로 오르지 않는데, 집값이 2배로 오르지 않는 이유는 질문하신 당신의 잘못이 아닙니다. 물론 집주인 잘못도 아닙니다. 시중에 통화량을 늘린 정부의 잘못입니다. 그러니 집주인들을 욕하지 마십시오. 집주인들은 경험적으로 화폐와 돈의 차이를 알고, 감각적으로 행동하는 사람들입니다.

치킨 1마리 값이 1년 만에 300배가 올랐다

이렇게 수강생들에게 설명하면 필자가 설명한 가정에 대해서 질문이 쏟아집니다. "정부가 보증하는데 하루아침에 화폐가치가 떨어질 수 있느냐?", "통화량(화폐량)을 순식간에 늘리는 정부가 어디에 있느냐?", "물리적으로 돈을 찍어 내는 데도 시간이 걸리지 않느냐?", "어떻게 그렇게 빨리 불어날 수 있냐?", "정부가 그래도 재정적으로 튼튼하게 관리하면 되지 않느냐?" 등등 필자의 말을 믿지 못하겠다는 반응이 많이 나옵니다. 엄밀하게 말하면 필자의 주장이 맞는 것은 같은데, 도저히 수용을 못 하겠다는 의미가 더욱 적절한 상황 표현이라고 생각합니다. 그럴 것이 하루아침에 필자와 독자님들의 보유 자산의 구매력이 4배로 차이가 나게 되었으니 논리적으로는 이해가 가도 이 상황을 가슴으로 받아들이기에는 쉽지 않습니다. 질문자가 질문을 쓰면서도 현타가 온다는 의미는 이러한 정서의 맥락을 같이 합니다.

그렇다면 전 세계적으로 일어났던 사례들을 찾아보기로 하겠습니다. 세계사를 들추지 않아도 지난 5,000년간의 세계사는 국가 간의 땅따먹기 이야기라고 할 수 있습니다. 수많은 전쟁으로 국가가 멸망하고 확장되고 다시 건국되는 등 국가 간의 먹고 먹히는 이야기입니다. 그렇게 생기고 사라지는 국가들마다 당시에는 국가별로 통용되는 화폐가 있었습니다. 하지만 국가가 사라짐과 동시에 그 국가의 화폐도 사라졌으며, 그 화폐의 구매력은 0이 되었습니다. 망한 국가의 화폐 구매력이 존재하는 사례는 단 한 사례도 없으며 전혀 예외가 없습니다. 어쨌든 망한 국가라고 하더라도 살아남은 사람들은 전쟁에서 승리한 국가의 국민으로 편입이 되었고, 망한 국가의 국민으로서 사용했던 화폐는 사라지고 새로운 화폐를 사용하게 되었습니다. 이러한 과정은 지난 5,000년간 이어져 왔습니다. 하지만 단 한 차례 예외 없이 사라진 화폐와는 달리 돈(Gold)은 5,000년의 세월 속에서도 구매력이 유지되어왔습니다. 하루아침에 화폐가치가 떨어질 수 있느냐고 생각할 수 있겠지만, 국가가 망하면 하루아침에 화폐는 종이 본연의 성질로 되돌아가는 것입니다. 전쟁으로 인해 국가가 망하지 않더라도 국가가 경제적으로 망하게 되는 경우에도 이와 다를 바 없습니다.

현재 존재하는 국가 중에서 화폐가치 하락의 대명사로 불리는 짐바브웨는 화폐가치의 하락이 얼마나 급속도로 이루어졌는지 세계 최초로 화폐에 6개월 유효기간까지 두었습니다. 하지만 유효기간이 만료되기도 전에 물가 폭등으로 해당 화폐의 가치가 0에 수렴한 사례가 있습니다. 또한 세계 원유매장량 1위 국가로 세계석유수출국기구(OPEC) 창립 멤버였던 베네수엘라는 사회주의를 내세운 우고 차베스(Hugo Chavez) 정권이 포퓰리즘(본래의 목적을 외면하고 일반 대중의 인기에만 영합해 정권 유지를 하려는 정치형태) 정책을 펼친 결과, 상상을 초월하는 화폐가치 하락을 2024년 현재도 겪고 있습니다. 2018년 기준 베네수엘라의 인플레이션은 무려 30,000%를 넘어갔다는 발표가 나왔습니다. 이는 물가가 300배 상승했다는 의미로, 쉽게 말해 2017년 1만 원짜리 치킨이 2018년에 300만 원이 되었다는 의미입니다. 화폐의 구매력이 1년 만에 300분의 1로 줄어들었다는 뜻입니다. 계산상으로 진정한 돈인 금은 1년 만에 가격이 300배 오르고, 집값도 300배 올랐다는 이야기인데 월급은 얼마나 올랐을까요? 아마 월급은 고사하고 월급을 받을 직장 자체가 사라집니다.

아르헨티나는 대공황 이전까지 서유럽 국가들을 능가하는 부국이었으며, 20세기 초에는 캐나다와 호주보다도 1인당 GDP가 높았을 정도로 선진국의 대명사로 통했던 국가였습니다. 대공황과 1930년부터 시작된 쿠데타로 전성기가 꺾이고 하락세를 탄 이후에도 1966년까지 일본보다 1인당 GDP가 높았고, 1988년까지 우리나라보다 1인당 GDP가 높았던 부유한 국가였습니다. 포퓰리즘 정책으로 몰락의 길을 걸어왔고, 최근에는 코로나19 바이러스 사태를 해결한다고 공공요금동결, 무이자 할부 정책, 재난지원금 지급 등의 정책을 펼쳐서 아르헨티나 화폐의 구매력은 아예 땅으로 떨어졌습니다. 일례로 2022년 8월 22일에 아르헨티나와 국경에 있는 파라과이의 한 마을 상점에 강도가 들었던 적이 있습니다. 아르헨티나 페소의 가치가 낮은 것을 이유로 직원이 파라과이 화폐가 아닌 아르헨티나 화폐를 강도에게 주었는데, 강도가 가져가길 거부했다고 합니다. 수치상으로 몇 퍼센트의 구매력이 떨어졌다고 하는 것보다 이 이야기가 더욱 실감이 날 것입니다. 이렇듯 현재지구상에 존재(아직 멸망하지 않은)하는 국가에서도 화폐의 구매력이 실시간으로 폭락하는 국가들이 있습니다.

삼성, 현대를 보유하고 있는 우리나라는 다르다?

강의하면서 이렇게 설명하면, 수강생들은 절대로 물러설 생각이 없습니다. 짐바브웨, 베네수엘라, 아르헨티나 등 이러한 나라들은 경제 정책을 잘못 써서 경제가 망가진 국가인데, 세계 최고의 기술력과 자원을 가지고 있는 미국이나 삼성, 현대를 보유하고 있는 우리나라는 다르지 않냐고 반론을 제기합니다. 그렇다면 미국이나 우리나라는 화폐가치 하락이 없었을까요? 자료 5-1 그래프는 미국의 통화량(M2 : 현금, 요구불예금, 정기적금, 수익성 금융자산까지 포함) 추이를 보여주고 있습니다. 왼쪽에 보이는 단위는 Billion(10억)입니다. 그래프를 보시면 2008년 미국 글로벌 금융 위기 때 약 7.4조 달러에서 2022년 4월 정점을 찍을 때는 약 22조 달러로 3배 상승했습니다. 조금 더 자세히 보면 2008년 금융 위기 이후 2020년까지 미국 통화량은 2배 증가해서 달러의 구매력(가치)이 2분의 1이 되었습니다. 2020년 코로나19 바이러스 위기 이후 2022년 4월까지 단 2년 만에 달러의 통화량이 30% 더 증가했습니다. 단순 계산으로 2008년 대비 2022년 4월의 달러 구매력은 3분의 1로 떨어졌다는 의미입니다.

2020년 코로나19 바이러스가 발생한 이후 뉴스에서 '양적완화'라는 단어를 많이 접하셨을 것입니다. 양적완화의 뜻은 'Quantitative easing'으로 'QE'로 불리며, 미국 중앙은행이 국채, 채권 등을 매입하고 달러를 풀어서 시중에 통화량을 적극적으로 늘리는 통화 정책입니다. 시장에 유동성을 공급해서 막히는 돈의 흐름(신용경색)을 원활히 하고, 경기를 부양시키기 위한 목적입니다. 동시에 금리 인하 정책도 사용합니다. 기준금리를 내려 간접적으로 유동성을 조절하는 방식과는 다르게 달러를 직접적으로 시장에 투입해서 통화량을 늘리는 것입니다. 양적완화의 반대 개념은 양적긴축으로 'Quantitative Tightening'이라 하며, 'QT'라고 불립니다. 코로나19 바이러스 발생 때 국채나 채권을 매입해서 시중에 통화량을 늘리는 것과 반대로 매입해두었던 국채나 채권을 팔고, 시중의 통화를 중앙은행으로 흡수하는 것입니다. 시중의 유동성을 축소하는 것입니다. 그래프 오른쪽을 보시면 2022년 4월부터 통화량 곡선이 꺾여서 하락하고 있는 모습이 보입니다.

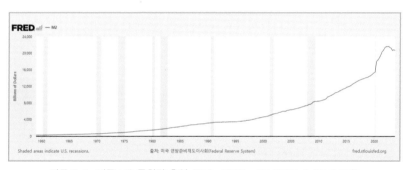

자료 5-1. 미국 M2 통화량 추이 (출처 : FRED, 미국연방준비제도이사회)

우리나라도 예외는 아닙니다. 2008년쯤 1,000조 원이던 M2 통화량이 2022년에는 3,722조 원으로 약 4배 정도의 통화량이 늘어났습니다. 단순 계산으로 우리나라의 원화 구매력(가치)은 4분의 1로 떨어졌다는 이야기가 되고, 이러한 구매력의 하락은 실물자산 가격의 상승으로 이어집니다.

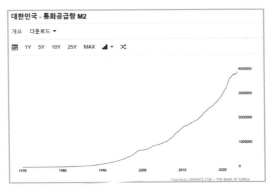

자료 5-2. 우리나라 M2 통화공급량 추이 (출처 : TRADING ECONOMICS)

그러나 미국과 달리 2022년 이후에도 우리나라의 경우에는 통화량이 줄어들지 않고 있습니다. 수익성 금융자산까지 모두 나타내는 M2와 달리 현금과 수시입출금 예금만 나타내는 M1의 경우에는 2021년 약 1,400조 원에서 1년여 만에 1,200조 원으로 급격하게 축소되고 있음을 알 수 있습니다. 단순 계산으로 시중에 현금과 수시로 입출금이 가능한 통장의 예금이 약 15% 줄어들었다는 의미입니다. 여기에 정부 정책으로 대출까지 규제하니 실물자산을 구매할 화폐가 없습니다. 따라서 실물자산의 가격은 내려갈 수밖에 없습니다.

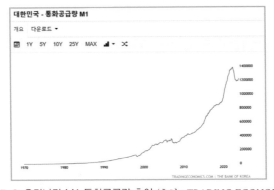

자료 5-3. 우리나라 M1 통화공급량 추이 (출처 : TRADING ECONOMICS)

보시는 바와 같이 한 국가의 통화량 증가는 해당 국가 정치인의 포퓰리즘 때문에도 늘어나지만, 글로벌 금융 위기라던지 코로나19 바이러스의 발생 등 예기치 못한 변수로 경제 위기를 맞이하게 되면 경기를 부양하기 위해 불가피하게 사용합니다. 그러나 시작이 있으면 끝이 있는 법이며, 경제 위기를 극복하기 위해 사용했던 유동성 공급(통화량 팽창)은 그 시기가 지나면 유동성 축소(통화량 축소) 정책을 사용하게 됩니다. 이러한 통화량의 팽창과 축소에 따라 실물자산 가격이 오르내리기 때문에 부동산 투자자라면 반드시 통화량 추이에 관심을 가져야 할 것입니다. 나의 월급으로 집값이 오르는 것이 아니고, 정부의 통화량 공급 정책 때문에 집값이 오르기 때문입니다.

수백 년 전부터 노동소득보다 자본소득이 높았다

독자님들이나 필자나 자본주의 경제 속에서 살아가고 있습니다. 자본주의(Capitalism)는 물건들의 사적 소유권을 법률적으로 보호해서 개인의 사유재산권을 기본권으로 인정하는 사회구성체 또는 이윤추구를 목적으로 해서 자본을 굴려서 이윤을 추구하는 경제체제를 의미합니다. 프랑스 경제학자 토마 피케티(Thomas Piketty)는 2013년에 출간한 책《21세기 자본》에서 '부자인 사람은 앞으로 더 부자가 되고 격차가 심해진다'라는 내용을 데이터를 통해서 증명했습니다. 21세기에 출간된 학술 서적 가운데 가장 화제가 되었던 만큼 경제학자들 사이에 논란이 있기는 하지만, 동조하는 학자들도 많습니다. 필자가 보기에 핵심적인 내용은 산업혁명과 함께 발달한 자본주의 체제하에서 '자본수익률은 항상 경제 성장률보다 높았다는 것'입니다. 자료 5-4 그래프에서 보시다시피 과거로 갈수록 자본소득이 노동소득보다 압도적으로 높았고, 1700년대 이후에 산업혁명으로 인해서 경제 성장률이 높아지면서 노동소득이 그나마 자본소득을 추격하기 시작했습니다. 1, 2차 세계대전으로 인해서 자본가들의 사업체, 주식 시장, 부동산 등이 부서지고 폐허가 되는 바람에 인류 역사상 처음으로 노동소득이 자본소득을 일시적으로 추월한 기간이 있었지만, 1950년 이후 전쟁이 종식되면서 다시 자본소득이 노동소득을 넘어서면서 그 차이는 점점 벌어지고 있습니다. 한마디로 전쟁이 일어나서 자본을 모두 파괴하시 않는 이상 부자들은 자본소득이 계속 늘어나게 되고, 노동자들은 더욱 가난해진다는 이야기가 됩니다.

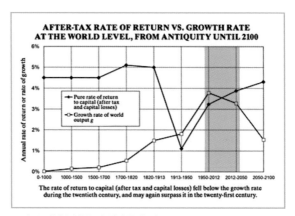

자료 5-4. 순수자본수익률 및 성장률 추이 (출처 : piketty.pse.ens.fr/capital21c)

우리나라 역시 한국 전쟁 당시에는 자본가들의 사업체인 건물이 파괴되어 자본소득이 감소했으나 이후 국토개발과 기업들의 성장은 자본소득이 노동소득을 넘어서는 계기가 되었습니다. 대규모 장치 산업들의 개발은 대량의 부동산이 있어야 하고, 더욱더 많은 자본이 필요했습니다. 기업은 자본 확충을 위한 자금조달 창구로 주식이나 은행의 대출을 활용했고, 이에 따라 금융시스템도 발전하게 되어 자본이 투입되면 될수록 주식, 채권, 부동산의 수익률은 높아져만 갔습니다. 노동소득은 자본소득을 따라갈 수 없게 되는 구조가 고착화되고, 앞으로도 그럴 것입니다. 물론 그 사람의 직업이나 능력에 따라 개인 노동소득이 자본소득을 넘어서는 경우도 많이 나타나고 있습니다만, 전체 숫자에서 그 직종은 편중되고 비율은 미미한 수준입니다. 노동소득에서도 고소득 직군에 전체 소득금액이 몰려 있다는 이야기입니다. 노동소득과 자본소득의 차이도 있지만, 노동소득 자체에서도 편중이 된다는 것입니다. 그렇다면 나의 월급을 집값보다 높이기 위해서는 노동소득이 많은 직업을 선택하든지, 자본소득을 올릴 수 있도록 자본 투자를 해야 한다는 결론이 나옵니다.

나의 삽질 속도와 포크레인 바가지 속도

그런데 과연 보통 사람들의 노동소득이 자본소득을 따라가지 못하는 이유가 한국 전쟁 이후 산업자본의 확충과 국토개발 때문만이었을까요? 미국이나 유럽 등 영미권 국가들은 주식이나 채권과 같은 금융자본이 차지하는 비중이 많은 데 반해서 우리나라의 경우 주택 등 부동산이 주요 자본입니다. 그래서 국내 기업들의 낮은 배당 성향이나 금융자본의 수익률이 현저히 낮은 편이라 우리나라에서는 앞서 언급한 《21세기 자본》 책 내용과는 같지 않다고 주장하는 학자도 있습니다. 이 주장을 받아들인다면 지난 60여 년간 자본의 수익률이 노동소득에 비해서 현저히 높은 것은 어디에서 온 것인지 궁금해집니다. 필자는 화폐량(통화량) 팽창에서 그 답을 찾을 수 있다고 생각합니다. 화폐량 팽창이 어떻게 이루어지는지를 이해하려면 화폐가 무엇인지, 어디에서 생기는 것인지를 우선 알아야 합니다. 그리고 왜 물가(물건의 가격)는 계속 오르기만 하는지 이유를 알아야 합니다. 물건의 가격은 공급과 수요에 의해서 결정이 된다고들 알고 있습니다만, 5억 원짜리 아파트가 1년 만에 10억 원이 되는 것은 공급이 모자라거나 수요가 갑자기 생겨서는 아닙니다. 이유는 앞서 예를 들었습니다만, 화폐량이 많아져서 2배가 되면 화폐의 구매력이 2분의 1로 떨어져서 아파트 가격이 2배로 오른다고 말씀드렸습니다.

그렇다면 조폐공사에서 마구마구 화폐를 찍어 내서 그런 것일까요? 물리석으로 화폐를 그렇게 빨리 찍어 낼 수는 없습니다. 물론 조폐공사에서 화폐를 찍어 내기는 하지만, 시중에 돌아다니는 화폐인 현금은 일부분에 불과합니다. 그러면 그 외의 화폐(통화)는 무엇일까요? 한국의 중앙은행인 한국은행이 조폐공사에 일정량의 화폐를 찍어서 시중에 풀었습니다. 보통의 사람들은 월급을 받아서 은행에 예금을 합니다. 개인 은행 계좌로 화폐(신사임당)가 입금되는 것이 요즘의 형태입니다. 우리는 은행에 예금되어 있는 신사임당을 우리가 필요할 때 언제든 꺼내 쓸 수 있게 보관하고 있다고 생각하지만, 사실은 보관하는 것이 아니라 은행에 빌려준 것입니다. 그런데 은행은 우리의 허락 없이 다른 사람에게 나의 신사임당을 빌려줄 수 있습니다. 심지어는 은행에서 우리의 허락도 없이 채권에 투자도 할 수 있고, 주식 투자도 할 수 있습니다. 다른 사람에게 빌려줄 때는 10%의 지급준비금(급히 돈을 찾으려고 하는 사람에게 지급하기 위해 남겨두는 신사임당, 비율은 국가마다 다름)만 남겨둔 채로 다른 사람에게 빌려줄 수 있습니다. 우리 월급 500만 원이 은행에 입금되었다면 10%를 제외한 450만 원을 다른 사람에게 빌려주고 있습니다. 나의 은행 계좌에는 아직 500만 원의 잔고가 있음에도 다른 사람에게 450만 원을 빌려주었기 때문에 다른 사람의 계좌에도 450만 원의 잔고가 있습니다. 합해보면 950만 원의 잔고가 있게 됩니다. 은행은 그저 숫자만 입력해놓은 것입니다. 이렇게 은행 계좌의 잔고인 숫자는 실제 시중에 돌아다니는 현금과는 매우 차이가 납니다. 하지만 은행 계좌의 숫자는 여전히 현금과 마찬가지로 화폐이며, 500만 원의 현금이 시중에는 950만 원의 화폐로 존재하게 되는 것입니다.

우리는 신사임당으로 집을 사거나 자동차 또는 생활에 필요한 생필품을 사게 됩니다. 따라서 450만 원을 빌려 갔던 그 사람은 그 신사임당을 인출해 집을 사든지, 자동차를 샀다고 가정해보겠습니다. 그 사람은 대출받은 450만 원으로 무엇을 샀든지 아무튼 사고 나서 판매자에게 대금으로 450만 원을 지불합니다. 그러면 판매자는 판매대금으로 받은 450만 원을 은행 계좌에 입금하게 되고, 은행은 450만 원의 10% 지급준비금을 제외한 405만 원을 또 다른 사람에게 빌려줍니다. 이렇게 되면 내가 입금한 500만 원 + 450만 원 + 405만 원 = 1,355만 원의 신사임당이 시중에 돌아다니게 됩니다. 이게 무한 반복하면서 애초에 500만 원이라는 돈이 기하급수적으로 늘어나게 됩니다. 이렇게 화폐가 늘어나는 과정을 '신용창조'라고 하며, '신용화폐시스템'이라고 합니다. 신용화폐시스템은 꼭 조폐공사에서 신사임당을 찍지 않더라도 시중의 통화량을 팽창시키는 주요 원인이 됩니다. 우리가 생각하는 속도보다 시중의 화폐량이 늘어나는 속도는 자료 5-5 사진에서 보시듯이 훨씬 빠릅니다.

자료 5-5. 신용화폐시스템으로 인한 화폐 팽창을 보여주는 스틸 컷 (출처 : www.youtube.com/@Goldsilver)

이렇게 화폐 공급 시스템은 우리가 상상하는 이상의 신용창조(이것을 '신용사기'라고 하는 학자들도 있습니다)를 통해서 마법처럼 시중의 통화량이 늘어나게 됩니다. 한국은행이든, 시중은행이든 은행 컴퓨터에 숫자로 입력되면서 화폐가 공급됩니다. 엄밀하게 따지면 숫자놀음에 불과합니다. 그런데 보통 사람들은 이 화폐 공급의 일부를 위해서 일합니다. 보통 사람의 자원은 모두에게 똑같이 주어진 시간입니다. 그러나 보통 사람들은 그 시간을 화폐로 바꾸기 위해서 매시간, 매일, 매년 일합니다. 알고 보면 고작 종이에 찍힌 신사임당이나 컴퓨터에 입력된 숫자들을 위해서 열심히 일하고 있습니다. 이 숫자들은 보통 사람들의 피, 땀, 눈물, 노동, 아이디어, 재능을 나타냅니다. 이러한 보통 사람들은 자신이 가진 능력을 화폐로 바꾸는 시간을 가지는데, 사람들마다 엄청난 차이가 있습니다. 2023년 한국의 직장인 평균연봉은 20대가 세후 실수령액이 3,054만 원, 30대가 4,325만 원, 40대가 5,089만 원이라고 고용노동부에서 발표했습니다. 사업을 하거나 대기업 높은 직위가 아니면 보통 사람들은 이 범주에서 크게 벗어나지 않을 것입니다.

앞서 한국은 2008년쯤 1,000조 원이던 M2 통화량이 2022년 3,722조 원으로 약 4배 정도의 통화량이 늘어났다고 말씀드렸습니다. 이에 비해 보통 사람들의 월급은 2008년 약 2,600만 원에서 2022년 평균연봉은 약 4,400만 원으로 상승해 2배가 오르지 못했습니다. 시중에 화폐량이 늘어나면 인플레이션이 발생하고, 물건 가격의 상승은 인플레이션의 결과이고 증상입니다. 통화량이 4배 늘어나면 물건 가격이 4배 상승하지만, 이러한 통화량 증가를 보통 사람의 삽질로 벌어들이는 소득은 따라가지 못합니다. 누적 격차는 시간이 흐를수록 벌어지게 됩니다. 물론 뛰어난 능력을 발휘해서 높은 연봉을 받은 사람들도 있고, 직업에 따라서 또는 사업을 해서 통화량의 증가를 뛰어넘는 노동소득을 발행시키는 사람들도 있습니다. 그런 고소득이 되지 못하면 '내 월급은 2배가 오르지 않는데 집값은 왜 2배가 되는지?'에 대한 해답을 찾아낼 수 없습니다.

자료 5-6. 보통 사람의 삽질은 포크레인 화폐 공급량을 따라가지 못한다 (출처 : www.youtube.com/@Goldsilver)

부자가 되고 싶으면 지식보다는 지혜가 필요하다

지금까지 '집값은 2배 오르는데 내 월급은 2배 오르지 않는 이유'에 대해서 말씀드렸습니다. 그 이유는 지난 수백 년간 1, 2차 세계대전으로 자본가의 사업체, 주식 시장, 부동산이 파괴된 시기를 제외하고는 자본소득이 경제 성장률을 앞질러 왔고, 그 때문에 경제 성장률에 기반하는 노동소득은 아무리 발버둥을 쳐도 자본소득을 넘어설 수 없다는 것을 알게 되었습니다. 그 이면에는 경제 성장이 꾸준히 이루어져 경제 규모가 커진 이유도 있지만, 신용통화시스템이라는 신용사기(?)가 통화량 팽창을 이끌어 왔습니다. 이러한 통화량 팽창은 1960년대 외자 도입과 베트남 특수, 1970년대 중동 특수, 1980년대 3저에 따른 수출 호황 등 수출 증가와 함께 경제 발전을 이루어 국내의 통화량이 팽창한 경우도 있습니다. 또한, 1998년 IMF 외환 위기, 2008년 미국발 금융 위기, 2020년 코로나19 바이러스 창궐 등 당시 급격한 경제 위축을 막고, 최소한의 유지 및 회복을 위해서 시중에 통화를 공급해 신사임당이 넘쳐 났습니다. 이러한 유동성 공급으로 인해 자연적인 인플레이션이 일어 나고, 그 과정에서 실물자산인 부동산 가격이 올라 시쳇말로 '부자가 더 부자가 되는 시기'가 있었습니다. 하지만 통화량이 감소하면 실물자산 의 가격도 하락합니다. 그러나 역사적으로 볼 때 통화량 축소 시기는 지 나고 보면 잠시일 뿐 계속해서 통화량은 팽창합니다. 이미 앞서 제시한 미국과 우리나라의 통화량 증가 그래프가 그 증거입니다.

그리고 이러한 통화량의 증가 원인은 각국 정치인들의 특성과도 연 관이 있습니다. 세계 어느 나라 어느 정치인이라도 국민들의 표를 가장 무서워합니다. 표를 받기 위해서 목적과는 상관없이 포퓰리즘 정책을 펼칩니다. 대표적인 포퓰리즘 정책이 국가에서 적자재정으로 국민들에 게 퍼 주기를 하는 것입니다. 베네수엘라, 아르헨티나가 그랬고, 미국과 우리나라도 정도의 차이만 있을 뿐 다를 바 없습니다. 따라서 정치인의 성향도 공부해야 합니다. 어느 당이 어떠한 철학이 있는지, 부동산 정 책, 통화 정책, 금리 정책 등을 살펴야 합니다. 이것은 그 정당이 기존에 펼쳐왔던 정책을 보면 어렵지 않게 알 수 있습니다. 필자가 부동산 커뮤 니티에서 정치 이야기하지 말라는 사람들은 분명히 다른 의도가 있다 고 말하는 이유도 이것 때문입니다. 정책을 알면 향후 방향을 알 수 있 고, 정책을 알기 위해서는 그러한 정책을 만드는 정치인을 공부해야 합 니다. 그런데 우리나라는 파란 당이든, 빨간 당이든 퍼주지 못해서 안달 입니다. 5개 줄까, 10개 줄까의 차이일 뿐 퍼주기는 지속될 것입니다. 따라서 통화량은 그때그때 속도의 차이만 있을 뿐 계속해서 늘어날 것 입니다.

우리나라 전체 예산은 줄어든 해가 한 번도 없습니다. 결론적으로 통 화량 증가는 계속되고, 인플레이션도 계속될 것이며, 내 월급 증가 속도 보다 이런저런 이유로 늘어나는 통화량 상승 속도가 빠르기 때문에 노 동소득으로는 자본소득을 따라갈 수가 없다는 결론에 이르게 됩니다.

따라서 부자가 되고 싶다면 삽의 크기를 키워서 화폐(신사임당)를 통화량 팽창 속도보다 빨리 모으고, 그 모은 돈으로 자본적 투자를 해야 한다는 결론이 나옵니다. 그렇다면 어떻게 화폐(신사임당)를 빨리 모을 수 있을까요? 이것은 각자의 능력에 따라 다르겠습니다. 세상 탓하면서 아무 짓도 하지 않으면 시간이 흘러도 그 자리일 것이고, 자기 능력을 발휘하고 노력한다면 서민 갑부가 되지 말라는 법도 없습니다. 공부를 잘해서 배타적인 직종의 전문자격사가 되는 것도 좋지만, 꼭 학교 공부를 잘하지 못하더라도 사업수완을 발휘해서 화폐(신사임당)를 모으는 사람이 많습니다. 자신이 현재 가지고 있는 능력과 지식이 무엇인지를 찾고, 그 능력과 지식을 화폐(신사임당)로 바꾸는 능력이 바로 지혜입니다. 그래서 부자가 되고 싶으면 지식보다 지혜가 더 중요합니다.

교수님, 참으로 무식하시네요. 만약 먹을 것이 쌀밖에 없는데 쌀이 투기의 대상이 되면, 약자나 투자 재능이 없는 사람은 굶어 죽겠죠? 모든 값나가는 토지와 부동산이 먼저 태어난 사람 것이라서 나중에 태어난 청년은 100년을 일해도 서울에 집 한 칸 가질 수 없다면 그게 정의로운 자본주의인가요? 자본주의 시장 경쟁은 최대한 같은 기회를 주고, 공정하게 비슷한 출발선에서 경쟁을 시작해야 하는 것이 아닌가요?

공정과 공평은 달리 사용되어야 합니다

아마도 이러한 댓글을 달아주신 분은 젊은 친구일 것으로 추정이 됩니다. 필자의 두 아들도 20대인지라 아들 같아서 애잔한 마음이 들어서 답변해봅니다. 필자 보고 무식하다고 하시니 화가 나야 정상인데, 화가 나기보다는 이 친구에게 뭔가 필자가 좀 도와줘야겠다는 생각이 먼저 들었습니다. 저러한 댓글과 같은 생각을 가지고 있는 젊은 친구들을 보면 필자의 마음이 아픕니다. 필자가 마음이 아프고 불편한 이유는 30년 전 필자의 생각과 모습이 오버랩 되기 때문입니다. 30년 전의 20대 필자를 보고 있는 느낌이라서 너무 마음이 아픕니다. 필자도 한때는 저런 생각을 했고, 세상의 불공평(?)에 대한 원망이 가득했던 시절이 있었습니다. 한마디로 희망이 없었던 시절이었고, 세상에 대한, 다른 이와 다른 필자의 출발점에 대한 불만으로 어려운 시기 또한 필자에게도 있었고, 그러한 이유로 매우 힘들어했던 청년기가 있었습니다. 그러면서 세상을 헤쳐 나오다 보니 이렇게 조언해줄 나이까지 먹은 것 같습니다.

댓글 내용을 보면 '정의'라는 단어를 사용하셨는데, 이 '정의'의 개념 파악이 매우 중요합니다. 사전적 의미로서의 정의는 '개인 간의 올바른 도리. 또는 사회를 구성하고 유지하는 공정한 도리', 즉 사회를 구성하고 유지하는 데 서로 간에 지켜야 할 기본적인 마음가짐 정도로 해석할 수 있습니다. 아울러 질문자 님의 말씀처럼 이러한 서로 간의 마음가짐이 공정하고 공평해야 정의롭다고 하는 사람들이 많습니다. 공정한 것이 정의롭고, 공평한 것이 정의롭다는 이야기죠. 그러나 공정과 공평은 구분되어야 하고, 달리 사용되어야 합니다. 공정한 것이 정의롭다고 하니 드리는 말씀인데요. 공정은 이런 것입니다. 예를 들어 사업을 하시는 분이 고객에게 서비스나 물품을 제공한 경우, 반대급부로 합당하게 대가를 받는 것을 공정하다고 할 수 있습니다. 서비스나 물품을 제공한 사업자가 어떠한 이유로 대가를 적게 받거나 많이 받는다면 그것은 공정하다고 할 수 없습니다. 대가를 지급하는 기준이 사람에 따라 달리 적용이 된다면, 그것이 바로 공정하지 못한 처사입니다.

질문자 님은 시장 경쟁에서 같은 기회를 줘야 공정하다고 하셨는데, 이러한 경우의 공정은 예를 들어 어떤 테스트 기회를 줄 때 테스트받고자 하는 사람을 구별해서 기회를 주어서는 안 된다는 뜻이며, 해당 테스트의 결과에 따라 정확하게 해당 수험자의 능력을 인정해주는 것이 공정입니다. 그런데 공정과 공평을 구분하지 못하면 그 테스트의 결과까지도 공평해져야 그 테스트가 공정하다고 생각하게 됩니다. 자본주의란 이런 것입니다. 우리가 잘 먹고 잘살기 위한 조건인 돈을 벌기 위해서는 남에게 서비스를 제공하든, 물품을 제공하든 나를 팔기 위해서, 나의 물품을 팔기 위해서 소비자에게 아양도 떨고, 머리도 숙이고, 읍소도 하면서 자신의 아니꼬운 감정까지도 숨기면서 소비자의 비위를 맞추기 위해 노력합니다. 그게 바로 자본주의 사회에서 잘 먹고 잘살기 위한 누구나 겪고 있는 고난입니다. 돈이 그냥 자동으로 내 주머니에 들어오지 않습니다. 이에 반해 사회주의에서는 결과가 공평해야 하니 일해도 나자신을 위해서가 아니라 남을 위해서 일해야 합니다. 내가 벌어서 남과 나누어야 하는 시스템이죠. 그렇다면 남을 위해서 내가 희생해야 한다면, 아무도 아쉬운 소리를 하면서 소비자에게 서비스를 제공하고, 물품을 제공하지 않을 것입니다. 하다못해 공장이나 농장에서 일하더라도 제대로 하지 않을 것입니다. 아무도 소를 키우지 않을 것입니다. 따라서 결과까지 공평한 사회에서는 아무도 잘 먹고 잘살기 위해서 노력하지 않을 것입니다. 이것은 질문자 님께서 말씀하시는 정의로운 자본주의 시스템이 아닙니다.

  그리고 질문자 님은 100년 전에 태어난 사람과 현재 태어난 사람 중에서 100년 전에 태어난 사람은 서울에 일찍 집을 살 수 있었고, 현재 태어난 사람은 그 집을 가질 수 없어서 공정하지 못한 사회라고 하셨습니다. 먼저, 이것 한번 질문자 님에게 물어보겠습니다. 지금 우리나라가 100년 전에 비해서 경제적으로 잘살고 있나요? 못살고 있나요? 100년 전에 비해서 비교할 수 없을 정도로 윤택하게 잘살고 있습니다. 아마도 100년 전 대부분 사람은 아주 비참하게 생활했을 것입니다. 집은 고사하고 먹을 것을 걱정하면서 살아가는 사람들의 비율이 압도적으로 높았습니다. 교육도 제대로 받지 못함은 물론, 미래에 대한 희망도 지금보다 없었을 것입니다. 그런데 우리나라는 지난 100년간 엄청난 발전을 이루었습니다. 한국 전쟁 이후 압축적인 경제 성장을 통해서 전 세계적으로도 유례없을 정도로 잘 먹고 잘살게 되었습니다.

  그런데 한 가지 아셔야 할 내용이 있습니다. 이 100년의 발전 과정에서 국민들 사이에서 엄청난 부의 이동이 있었습니다. 100년 전 그 당시 잘살았던 부자가 지금도 부자인 경우보다 100년 전에 부자가 아니었던 사람들이 지금 부자가 된 사람들이 압도적으로 많습니다. 즉, 전체 인구 대비 비율로 보면 100년 전에 잘 먹고 잘살았던 비율보다 현재 잘 먹고 잘사는 비율이 압도적으로 높아졌습니다. 이러한 부의 이동이나 확대는 자본주의 사회에서 자기 능력을 발휘해서 소비자에게 서비스와 물품을 팔아서 부자가 된 사람이 많아졌다는 이야기입니다. 이러한 부의 이동이라는 것은 자신을 위해서 노력하고 돈을 벌어서 잘 먹고 잘살게 되는 과정인데, 자본주의 국가에서만 일어날 수 있는 현상입니다. 사회주의 국가에서는 없는 현상입니다. 사회주의 국가에서는 공평해야 하니까 부의 이동이 생길 수가 없습니다. 사회주의 국가의 부는 지도자나 그 자식 또는 그 지도자를 따르는 일부에게만 세습되고 주어지는 전유물입니다. 따라서 질문자 님이 가고자 하시는 공평한 시스템의 사회는 오히려 부의 이동을 제한하는 사회이기 때문에 100년 후에 태어난 청년이라도 지금과 다를 바 없는 상태일 것입니다. 그래서 질문자 님이 희망하는 공평한 사회는 본인에게도 도움이 되지 않습니다.

왜 세상에 신용카드라는 것을 만들어서 나를 이렇게 힘들게 하나?

앞서 언급했지만, 필자 역시 20대 시절 질문자 님처럼 우리나라가 공평한 사회가 되지 않음을 탓하면서 살았던 적이 있습니다. 필자의 개인사를 이야기하기 싫지만, 사실 이미 후랭이 TV에서도 이야기한 적이 있고, 제 개인 방송에서도 제 어릴 적 이야기를 가끔 했습니다. 정말 100분의 1도 하지 않았는데 그럼에도 많은 분이 진짜 그랬냐고 하시면서 물어보는 분들도 계셨습니다. 필자는 이때까지 주말이라서, 공휴일이라서 쉬어 본 적이 없습니다. 계속해서 일했습니다. 정말 하루도 쉬지 않고 일을 계속했던 사람입니다. 필자의 아버지께서 원체 가정을 돌보지 않으셨던 분이라 필자의 유년기 시절은 참으로 힘들었고, 암울했습니다. 한 가지 예를 들면 필자가 초등학교 4학년 때 세 들어 살던 주인집 아들이 필자와 같은 초등학교 같은 반이었는데, 매일 아버지께서 약주를 드시고 방에서 고성을 내시고 집 안 물건을 부수고 해서 학교에 가면 그 주인집 아들 얼굴을 보기가 너무나도 민망했습니다. 그래서 필자는 빨리 어른이 되어 가출해서 돈을 벌어야겠다는 생각, 하루빨리 집을 벗어나야겠다는 생각을 매일 했습니다.

조금 더 나이를 먹어서 정말 가출했고, 전국의 공장과 노가다 판을 돌아다니면서 20대 초반의 나이까지 자급자족(?)하면서 살았습니다. 그러다 어느 날 신용카드를 만들어 써보니 이거야말로 도깨비방망이가 따로 없었습니다. 몇 개월 정도 신용카드 몇 장으로 돌려쓰다 보니 결국에는 빚 독촉에 시달리는 신세가 되었습니다. 카드회사에서 전화 와서 빚 독촉을 계속 받게 되고, 결국 신용불량자가 되어 도망다녔습니다. 그러다 보니 어릴 때 마음이었지만 '왜 세상에 신용카드라는 것을 만들어서 나를 이렇게 힘들게 하는가? 있는 돈 가지고만 쓸 수 있는 체크카드만 만들지. 왜 신용카드를 만들어서 나를 이렇게 빚쟁이로 만드는 거야?'라는 생각을 수도 없이 했습니다. 심지어는 전쟁이 나서 은행이 폭파되었으면 좋겠고, 필자에게 빚 독촉하는 채권추심업체 같이 전화를 걸어서 빚 독촉하는 사람들도 싹 없어졌으면 좋겠다는 생각을 정말 많이 했습니다. 요즘 인터넷 언론 기사 댓글을 보면, "전쟁이 나서 부자들이 망하고, 모든 사람이 제로베이스에서 다시 출발했으면 좋겠다"라고 말하는 사람이 정말 많습니다. 이 글을 보고 계시는 독자님들 중에는 그러한 생각을 해보신 적은 없으신가요? 필자는 진짜 그 당시에 그러한 생각을 많이 했습니다.

그리고 필자는 노가다는 물론, 길거리에서 옷 파는 장사도 했는데요. 지금도 한 번씩 현장 답사를 가면 마주치는 장소가 있는데, 그 장소에는 트라우마가 있습니다. 애잔함도 있고, 그 시절의 어려움이 회상되면서 현재를 돌아보는 시간을 가집니다. 구미에 있는 선산 시장인데, 그곳에서 옷을 팔았던 날이 있었습니다. 한번은 영하 14도 날씨에 고작 면 티셔츠 5,000원짜리를 팔았는데, 점심을 먹기가 뭐해서 컵라면 하나로 때우고 저녁에 집에 돌아왔는데 감기가 들었습니다. 그다음 날 몸이 너무 좋지 않아서 병원을 갔는데 병원비와 약값이 17,000원 들었습니다. 그날 참 많은 생각을 했습니다. 영하 14도에서 면 티셔츠 한 장 5,000원에 팔아서 남아봐야 얼마나 남았겠습니까? 하지만 병원비와 약값이 17,000원 나오니 필자가 아무리 열심히 해도 안 되는 것은 안 되는구나 싶고, 필자가 가진 재주가 없고 배우지 못해서 이러한 상황에서 벗어날 수 없겠다는 생각도 머릿속에서 떠나지 않았습니다. 정말 돈이라는 것은 중요하고, 돈이 없으면 죽을 수도 있겠다는 생각이 들더라고요. 뭐 이야기하려면 끝도 없습니다만….

새벽 4시, 고무벨트에 손가락이 말려 들어가다

필자의 오른쪽 엄지손가락은 큰 흉터가 있습니다. 손톱이 정상적으로 자라지 않고 비뚤게 자라는데, 이 흉터는 공장에서 새벽 4시에 고무벨트에 말려서 엄지손가락이 잘릴 뻔했을 때 생겼습니다. 다행히 고무벨트 속에 비켜서 쓸려 들어가는 중에 급하게 빼서 잘리는 것은 면했는데, 손톱과 피부가 뒤집힌 상태가 되었습니다. 그 당시에는 핸드폰도 없었고, 따라서 119를 부르지도 못하고 공장에서 나와 도로 옆에서 지나가는 차를 잡으려 했는데 아무도 서주지 않았습니다. 다행히 지나는 택시를 잡아타고 병원에 가서 봉합 수술을 해서 다행히 글도 쓰고 생활하는 데 불편은 없습니다. 흉터는 깊게 남았지만요.

예전에 필자가 어릴 때 공장 근로자 생활은 지금과는 매우 달랐습니다. 한 달에 한두 번 휴무가 고작이었고, 그 역시 공장이 바쁘면 쉬지 못하는 경우도 많았습니다. 물론 휴일에 일하면 수당은 주었지만, 수당을 포기하고 "저는 오늘 쉬겠습니다"라고 이야기할 수 있는 분위기가 아니었습니다. 일을 하라면 해야 했던 시절이었습니다. 낮 근무는 11시간 일했고, 밤 근무는 13시간 맞교대로 근무했습니다. 어떡하겠습니까? 살아남기 위해서 돈을 벌기 위해서는 일해야만 했습니다. 하지만 요즘은 어떻습니까? 일하지 않는 사회가 되었습니다. 고용보험료를 받으려고 몇 개월 일하다가 그만두고 쉽니다. 자기 발전을 위해서 일하는 젊은이는 별로 없습니다. 일하면 주위에서 바보 취급받고, 어떻게 하면 지원금을 받을까 하는 이야기만 주고받습니다. 이러면서 부자를 욕하고, 자신이 가난한 이유는 부모 때문이고, 이 사회가 나를 이렇게 만들었다고 원망합니다.

필자는 어렵게 공장을 다니고, 장사하고, 노가다 판을 돌아다니면서 젊은 시절을 보냈습니다. 그러다 결혼하고 아이가 둘이 생기면서 그때부터는 미래에 대한 고민으로 밤잠을 자지 못했습니다. 집에 돌아가면 낮에는 일했기 때문에 피곤해서 쓰러졌지만, 새벽 한두 시가 되면 깨어나서 그때부터는 잠이 오지 않았습니다. '도대체 어떻게 해야 처자식을 먹여 살릴 수 있을까? 애들 공부는 어떻게 시킬까? 필자의 미래는 어떻게 될까?' 하는 생각에 잠을 이룰 수가 없었습니다. '이런 식으로 매일 똑같은 삶을 산다면 평생을 단 한 번이라도 사람다운 삶을 살 수가 없겠구나. 사람 같이 살아 보지도 못하고 죽을 수도 있겠구나'라는 생각을 매일매일 했습니다. 그래서 고민 끝에 뭔가 시작해야겠다 생각하고, '늦었지만 공부해야겠다'라고 결심하게 됩니다. 그 후 나이 먹어서 15년 세월을 공부했습니다. 그때 시작한 공부가 부동산 관련 공부이고, 그 공부한 세월이 흘러서 지금의 필자가 되었습니다. 앞서 언급한 부의 이동이 필자에게도 왔습니다. 현재의 필자는 그 예전 밤잠을 자지 못하면서 고민했던 가족들이 먹고사는 문제에 대한 걱정은 더 이상 하지 않게 되었습니다. 이제 필자에게 걱정거리는 '앞으로 어떻게 하면 남은 인생을 나를 위해서 재미있고 즐겁게 살 수 있을까?'라는 것이지, 어떻게 먹고 살까 걱정은 하지 않은 지 오래되었습니다. 필자의 과거 이야기는 정말이지 눈물 없이는 이야기할 수 없고, 지금도 마음이 참 아픕니다.

세상이 불공평해서 내가 부자가 될 수 있다

"교수님 참으로 무식하시네요" 하시면서 질문을 주신 질문자 님에게 필자가 당부 드리고 싶은 이야기는 이렇습니다.

"세상은 원래부터 불평등한 것입니다. 세상은 그런 것입니다. 그런데 세상이 불평등하다는 것을 깨달아야 합니다. 그리고 이렇게 불평등한 세상을 어떻게 살아가야 할지 고민해야 합니다. 아울러 남과 비교하지 마십시오. 부자들과 자신을 비교하지 마십시오. 비교하려면 오늘 나의 모습과 1년 전 나의 모습, 5년 전 나의 모습, 10년 전 나의 모습과 비교하십시오. 오늘 나의 모습과 어제 나의 모습을 매일 비교하셔야 합니다. 그렇게 비교하시면서 나를 채찍질하시고, 앞으로 나아가셔야 합니다. 그래야지만 나에게 변화가 있을 것입니다.

세상 욕하고 남과 비교해봐야 본인에게 도움이 되는 것도 없고, 변화도 없습니다. 조언도 아니고 충고도 아닙니다. 필자가 살아 보니까 세상은 이렇다는 것입니다. 어려움을 겪어 보셨습니까? 죽도록 살고 싶어서 노력해보셨습니까? 진정으로 어려움을 겪고 고생을 해보신 분들은 필자에게 무식하다고 이야기할 수 없을 것입니다. 다시 한번 말씀드리지만, 세상은 불공평합니다. 그것을 인식하고 받아들이는 순간, 질문자 님께서는 달라질 준비가 된 것입니다. 오늘과 어제의 나, 오늘과 10년 전의 나, 오늘과 20년 전의 나를 비교하면서 살아가시면, 반드시 질문자 님에게도 부가 이동이 될 것입니다. 세상이 불공평해서 내가 부자가 될 수 있는 것입니다."

돈 버는 데도 철학이 필요하다

수많은 질문 중에서 필자의 기억 속에 남아 있는 질문이 있습니다. "투자와 투기는 무엇이 다른가요?"라는 질문이었습니다. 앞서 Part 5에서 소개되었던 "교수님 참으로 무식하시네요"로 시작하는 질문도 따지고 보면 같은 맥락의 질문이라고 볼 수 있습니다. 돈 버는 것이 돈 버는 것이지, 돈 버는 데 무슨 투자가 있고 투기가 있냐고 할 수도 있겠지만, 필자는 돈 버는 방법에도 자신만의 철학이 있어야 한다고 생각합니다. 사람이 철학이 없으면 그것은 정말로 개돼지나 다름없는 동물에 지나지 않습니다. 사람이 동물과 생물학적으로는 같지만, 동물과 다른 점은 바로 사람은 사회적 동물이고, 사유할 수 있다는 것입니다. 바로 이러한 철학이 밑받침되어야 동물과 다른 사람으로서 서로에게 존중받는 것이지요. 투자와 투기를 협소하게 재테크 관점에서만 보지 말고, 전 사회적인 관점에서 보면 사람에게도 투자합니다. 나를 제외한 모든 지인이나 종교적 신념, 정치도 마찬가지입니다. 누구를 지지하고, 도와주는 것은 나의 에너지와 시간을 소비함으로써 투자를 하는 것입니다. 내가 인생의 선배로서 후배 또는 자식을 올바르게 키워서 이 세상을 이롭게 한다면 그것은 투자가 될 것이고, 반대로 타인에게 악행을 일삼는 동물로 키운다면 그것은 투기가 될 것입니다.

다시 우리 부동산 이야기로 돌아와서 보면, 우리가 자본과 시간 노력을 던져서 타인에게 결과적으로 도움이 되었다면 그것은 투자라고 주장할 수 있고, 타인에게 손해를 끼쳤다면 결과적으로 투기라고 해도 무방할 것입니다. 정부에서 미분양 아파트가 넘쳐날 때는 그 미분양 아파트를 사주는 다주택자를 '애국자'라고 했다가 언젠가부터는 '투기꾼'이라고 합니다. 다주택자가 자신이 사는 집 이외에 전월세로 임대를 공급한다면, 그것은 국가가 하지 못하는 임대 공급을 하기 때문에 투자가 될 수 있습니다. 그러나 다주택자가 대출을 왕창 해서 전세 시세를 조종해 사회초년생이나 신혼부부에게 눈탱이 때려서 경매에 다 넘겨버리면 그것은 투기가 될 것입니다. 이러한 행위는 사회적으로 지탄받아 마땅합니다. 하지만 상급지로 갈아타기 위해서 정상적 절차에 의해서 구역이 정해지고 진행되는 재개발·재건축구역에 미래를 위해 입주권을 사두고 세월이 지난 다음에 본인이 쾌적한 주거공간에 입주한다면 이러한 행위는 투자가 될 것입니다. 그러나 애초부터 되지도 않을 곳에다가 구역이 지정된다고 임의로 구역을 경계선을 그려 놓아 선진입하고, 부동산 커뮤니티에서 펌프질하면서 무지한 초보 투자자들에게 떠넘기고 도망 간다면 이것은 분명 투기입니다. 나의 어떠한 행위가 타인에게 손해를 끼치지 않은 결과를 주면서 인플레이션을 헷징했다면 투자가 될 것이고, 반대로 남에게 손해를 끼쳤다면 내가 아무리 돈을 많이 벌었다고 해도 그것은 명백한 투기입니다.

필자는 나름의 철학으로 투기하지 않으려 노력하고 있습니다. 이제까지 투기를 해본 적도 없습니다. 필자의 강의를 듣거나 카톡방에 계시는 수강생분들이 상급지로 갈아타고, 무주택자는 입지 좋은 곳에 내 집마련을 할 수 있도록 도와드리려 합니다. 이 책《10년 10만 번의 단톡방 질문을 통해 알게 된 누구나 알고 싶어 하는 아파트 투자 방법》이 독자님들에게 도움이 되시길 기원합니다.

참여해주신 모든 분께 감사드립니다.

이 책은 필자의 생각을 적은 공간이지만, 지난 10년 넘게 수많은 구독자님과 수강생님들의 질문이 없었다면 세상에 나올 수 없었을 것입니다. 다시 한번 지면을 빌려 감사하다는 말씀을 드립니다. 아울러 필자가 활동함에 어려움이 없도록 오랜 시간 배려해준 아내와 자료 정리와 편집에 참여해준 장남 구하진(010-4790-7619, Instagram : arawave, EDM DJ입니다. DJ 행사가 필요하신 분은 구하진 전화로 연락을 주십시오)과 막내아들 구재훈(010-4102-8412, 대출상담을 하고 있습니다. 필요하신 분은 연락하시면 됩니다)에게 감사함을 전합니다. 아울러 10년이 넘는 오랜 시간 카톡방 운영을 원활하게 이끌어준 조선희 대표님(010-6802-0089, 필자와 관련된 비즈니스나 구만수 부동산 스터디 카톡방의 문의는 조선희 대표님께 해주시면 됩니다)에게도 감사의 말씀을 드립니다.

2024년 1월 사무실에서

참고자료

참고도서 및 참고논문

구만수, 《3시간 공부하고 30년 써먹는 부동산 시장 분석 기법》, 한국경제신문i, 2017.

구만수, 《토지 투자, 모르면 하지 마!》, 한국경제신문i, 2020.

국정브리핑 특별기획팀, 《대한민국 부동산 40년》, 한스미디어, 2007.

장지웅, 《주택 시장 30년 파노라마》, 책나무, 2010.

정성화 외, 《박정희 시대와 중동건설》, 선인, 2016.

토마 피케티, 《21세기 자본》, 글항아리, 2014.

서순탁, <토지정책의 역사와 발자취>, 서울시립대학교, 2022.

서울연구원, <지표로 본 서울 변천 2003>, 서울연구데이터서비스, 2003.

서울특별시, <지역주택조합 피해사례집>, 2023.

손경환 외, <스테그플레이션과 주택 시장>, 국토연구원, 국토정책 Brief, 2008.

손경환 외, <부동산정책의 효과분석체계 구축 연구>, 국토연구원, 2006.

참고기사

내 집 마련은 언제쯤, 집 없는 설움, 인구의 25%, 도시에는 반 이상, <동아일보>, 1966. 4. 8.

집값 폭등에 서민들의 의욕 상실, <동아일보>, 1989. 4. 19.

치솟는 집값⋯내 집 꿈은 분노로, <한겨레>, 1989. 5. 16.

정치 불안, 경제 실패가 물가 폭등의 주범, <연합뉴스>, 1990. 2. 20.

집값 폭등 물려받은 천형의 세대, <한겨레>, 1993. 10. 19.

집값 내려도 내 집 마련 쉽지 않다, <연합뉴스>, 1998. 7. 14.

저소득층 25%, 내 집 마련 아예 접고 산다, <연합뉴스>, 2001. 8. 7.

집값 상승 멀어지는 내 집 마련 꿈, <매일경제신문>, 2005. 6. 8.

서민 내 집 마련 부담 더 커졌다, <뉴시스>, 2008. 10. 1.

무주택자 30% 내 집 마련 포기했다, <프레시안>, 2012. 2. 17.

살인까지 부를 뻔한 하우스푸어 문제, <매일경제>, 2012. 12. 26.

끊어진 주택 사다리…멀어진 내 집 마련의 꿈, <SBS 뉴스>, 2015. 1. 10.

서울서 내 집 마련 더 어려워져…작년 소득 대비 아파트값 역대 최고, <뉴시스>,
    2017. 1. 6.

나의 미래에 내 집은 없다 절망하는 2030, <조선비즈>, 2018. 9. 7.

미혼 남녀 44% 내 집 마련은 필요하지만, 현실적으로 불가능, <중앙일보>, 2019. 5. 7.

서울살이 꺼린 퇴계…아들에 '인서울' 강조한 다산, <서울&>, 2019. 5. 30.

분양형 호텔 투자자 피해 속출…노후 날렸다, <KBS 뉴스>, 2020. 10. 23.

조선 선비 유만주의 집값 일기, <월간 ANDA>, 2020년 11월호.

조선 양반들도 부동산 '영끌'했다…시시콜콜 조선부동산실록, <아시아경제>, 2023.
    11. 10.

참고 홈페이지 및 영상

https://asil.kr/asil/index.jsp

https://fred.stlouisfed.org/series/M2SL

https://ko.tradingeconomics.com/south-korea/money-supply-m2

https://kr.investing.com

https://naver.me/xMEaA4z6

https://naver.me/xVATnL6E

https://www.youtube.com/live/HdDR-YwVbAg?si=-rro4vFIaNzZ0cfW

https://youtu.be/uNGsgg1a-08

https://youtu.be/L7A6yyGsXGY

https://youtube.com/live/hmpBSCjqssU?feature=share

https://youtube.com/live/pEG0jTMbwuc?feature=share

https://youtu.be/1_0li7LByTM?si=2ndVwMcdsE46Jq7g

지난 10년 동안 많은 수강생분께서 손 편지를 보내주셨습니다. 모든 편지를 소개하면 좋겠지만, 지면 부족으로 모두 소개를 드리지 못해 송구합니다. 보내주신 편지 중에서 몇 개를 추려서 부록으로 첨부합니다. 손 편지를 보내주신 모든 분께 감사드립니다.

Dear. 구안수교수님께 ~

안녕하세요 교수님 ~. 스터디방 회원 ▨▨▨ 입니다.

언제나 강사한 마음만 있었는데 이렇게 용기내어 글로 나마 인사드려 봅니다.

저는 교수님께서 늘 말씀하시는 투기회에 버블 손실을 겪으며 아까운 시간을 보냈습니다.

아이가 생기고 내 집 마련에 대한 필요성을 느끼며 부동산에 관심을 가지게 되었고

어느날 TV 경제프로그램에 부동산전문가 전화상담을 해주는 걸 보고 신청을 남겨

상담으로 연결되었습니다. 상담후 부동산 강의도 한다기에 강의도 가서 들으면서

스스로는 부동산 공부를 하고 있다고 생각하였습니다. 그렇게 몇 차례 강의를 들어보니

강의 끝에 투자상담도 해준다고 하였고 겁도 없이 신축빌라 5채를 매수하게 되었습니다.

전세가에 보태서 소액으로 서울의 집을 살수 있고, 서울의 빌라는 서울 땅 값의 상승으로

오를 수 밖에 없다는 강의내용에 그렇구나!! 하며 매수하였습니다. 강의 후에는 늘

친절하게 상담도 해주고 매도도 회사에서도 쉽게 할 수 있다는 말에 더 쉽게 결정

했었던 것 같습니다. 그러나 매도할 시기가 되자 `매도는 다 스스로 하신다`라고

말을 바꾸었고, 빌라를 주변 부동산에서는 너무 비싸게 분양받았다.. 주변에 신축

빌라들이 계속 생기고 있다, 라는 말을 듣고서야 현실파악을 하게 되었습니다.

지금이야 빌라도 상승장이라지만 제가 매도 할 시기에는 몇 년의 시간동안 처분도

되지 않았습니다. 다세대 주택이 가진 땅의 가치는 한 호실을 소유한다고 해서

단순히 "서울 땅값 상승" 이라는 말처럼 반영되는 것이 아니더군요...

그 후 스스로 자괴감이 들어서 부동산을 보지 않으려 하면서 지냈습니다.

시간이 흐르면서 저의 무지를 탓하게 되고 그래도 알아야 앞으로는 이런 선택을

하지 않을 것 같아서 찾아 보던 중 "토지 투자 하지마!!" 라는

교수님의 영상을 보았습니다.

모르면 하지 말라는 말이 너무나 와 닿았습니다.

그렇게 교수님의 다른 영상들을 찾아 보았지만

정작 스터디방 가입은 망설이다 뒤늦게 가입하였습니다.

Dear.

사실 스터디에 가입해서 그 뒤에 제가 또 어떤 방향으로 흘러가지 않을까
점이 났었습니다. 그런데 스터디의 내용들을 보고는 왜 이제야 이런 스터디를
알았을까 하는 생각이 들었습니다.
'이건 이래서 오를 수 밖에 없다' 라는 강의를 듣다가
'화폐에 대한 근본적인 이해'를 이야기하고,
'투자와 투기의 차이에 대한 고민을 하고 …'
처음 듣는 내용들에 많은 생각을 하게 되었습니다. '내가 정말 아무것도 공부한 적이
없었구나…' 라는 생각을 했습니다. 그 생각 끝에 교수님께서 추천해 주신
책들도 읽고, 교수님의 330 강의도 들었습니다. 부동산 강의인데 쉽게 경제에
대한 이해를 알려주는 강의 같았습니다.
그렇게 책을 읽고 강의를 들으며 처음 '부동산, 경제, 투자에 대한 공부'를
해 보았습니다.
무지하면서 목소리만 많은 건 "죄" 라고 하신 말씀이 저를 향하는 듯 하여서
반성 많이 했습니다.
"한 마디 조언이 인생을 확 바꾼다" 라는 교수님 영상의 내용처럼…
누군가는 아직도 쓴 소리 해주고 바른 말 해준다는 걸 알게 되어서
참 위안이 되고 많이 든든합니다.
항상 건강하시고 늦은 지각생이지만 앞으로도 많은 가르침 부탁드립니다.

2021. 10 ▨▨▨ 올림.

교수님 감사합니다.
추석이라 작은 선물 올립니다. 소고기가 제때 도착할지 걱정 없습니다.

2019년 당시 수혜가 톡이 좀 있었습니다.
여김없이 달려드는 기획부동산, 자극적 사기꾼들의 유혹이 대단 했습니다.
교수님을 뵙지 못했다면, 지금쯤 오피스텔 서너개, 당진그린벨트 토지, 지산등
애물단지 들만 다수 보유하고 있을 것입니다.
추석연휴를 즐기는 커녕 이러지도, 저러지도 못하고 울고만 있을겁니다.
몇번을 타상해도 아찔하고, 감사합니다.

교수님을 뵙고 자본주의를 배웠습니다.
그전엔 방향과 목표도 모른채, 무조건 열심히만 달렸습니다.
부동산을 매수해도 불안했고, 매도하면 더 불안했습니다.
자본주의 메커니즘을 몰랐기 때문입니다.

교수님께 어깨넘으로 배운 이후 저는 많이 달라졌습니다.
버려야 할때와, 버려야 할때를 아는것을 가늠할 수 있게 되었습니다.
이것을 알게되니 마음이 편해 졌습니다.
쏟아지는 하락기이도, 몸의 링들긴 했지만, 조금도 불안하거나 조급하지 않습니다.
지금도 평정심을 가지고, 시마가 올때까지 잘 버티고 있습니다.
교수님께 배운대로 임지과 시장전체를 보면서 차분하게 지금시장에 대응 하겠습니다.

제가 ▨▨로 큰 위기에 빠졌을때, 교수님이 내일처럼 걱정해주시고,
실질적인 도움을 주었습니다. 정말 감사합니다.
제가 법인일이나 제가 해결해야 하지만, 너무 큰일이고, 처음 겪는 일이라서
저 혼자 감당할수 없었습니다. 고통스럽고, 고독한 과정에서, 모두가 등돌렸을때
교수님이 도움을 주시고, 지도해 주셨습니다. 다행히 ▨▨ 합리적으로 합의을
했습니다. 교수님의 도움이 없었다면, 지금쯤 힘들고 긴 싸움을 하고 있었을
것입니다. 교수님의 배려를 평생 잊지 않겠습니다.

교수님께서 늘 건강하셔서, 저같은 사람들에게 선한 영향력을
지속하시기를 바랍니다.
교수님 가시는 길에 저도 늘 동행할수있는 기회와 행운이 있기를 희망합니다.
어선문 저는 항상 따르라기 대려 주셔서 감사합니다.

2023. 9. 11 ▨▨▨ 올림.

Your smile completes my day!

구만수 교수님께..

교수님. 안녕하세요.
투방 리원 ███████ 입니다.
제가 이렇게 교수님께 손편지를 쓰게되어 너무 기쁩니다.
얼굴 뵙고 감사 인사를 드려야 하지만 편지로 감사의
인사를 대신해 봅니다.

교수님을 알게 되고 강의를 듣게 된 것이 벌써 3년이
되었습니다.
36세 나이에 갑상선암 진단을 받고 세상을 한탄했습니다.
왜 나만 이렇게 힘들어야 하는지 절망에 눈물도 끝없이
흘렸습니다.
그러나 여기서 내가 무너지면 우리가족 특히 내 아이들에게
너무나 큰 사랑과 엄마 없는 고통을 주지 않기 위해
이 악물고 버텼습니다.
제가 이 세상에 없더라도 우리 아이들이 큰 어려움 없이
살수 있는게 무엇일까? 고민을 하다가. 그래 적어도
따뜻한 내집 한 칸은 있어야 되겠다는 생각이 들었습니다

Your smile completes my day!

갑상선암 진단담으로 받은 8000만원을 가지고 현재 살고
있는 집주변 아파트들을 알아 보았으나 이게 비싼건지
싼건지 도무지 알수가 없었습니다.
제 목숨의 일부분을 버리고 받은 돈인데 허루루 쓸수
없었습니다. 이 참에 부동산에 대해서 공부를 해서
내집 마련을 하자고 각집했습니다.
부동산 공부를 위해서 부동산 관현 강의, 도서 등...
찾아 다니다가 구만수부동산스터디 밴드를 알게 되고
교수님 강의를 처음 들었던 때가 2017년 7월인거
같습니다.
갑상선암 수술후 3개월 휴식을 취하고 미친듯이 부동산
공부를 위해 뛰어 다녔습니다.
교수님께서 추천하시는 강의는 전부 다 들었던 거 같습니다.
8.2대책 터지기 전 강의장에서 교수님께서 무주택은 범죄
라는 말씀에 가슴을 후벼 팠으며, 가용 가능 금액으로
하루 빨리 내집 마련을 하시라는 메세지를 믿고
2017년 11월 부산 전구 아파트 분양권에 도전했는데
운 좋게 당첨되어 12월 말일에 첫 내집에 입주를 합니다.

Your smile completes my day!

그리고 2년 전 330강의 주간 사례연을 통해 얻은
팁으로 인플레이션 헷지를 위해 ████████ 투자하게
되어 소액이지만 이익을 보고 있습니다.
종잣돈이 넉넉치 않은 저로서는 여러채 매수는
언감생심이었고 차라리 일식적 1가구 2주택 비과세
전략으로 가자! 라고 생각해서 실행했는데 첫 투자물건
이라 아쉬운 부분도 있지만 투자능 대비 수익율에
만족합니다.
또한 첫 내집 마련의 기쁨이 이런 것이구나 !!
깨달았습니다.
가족들과 새 보금자리에서 행복하니 저 또한 기쁩니다.

교수님께서 강의때 알려주신 메세지들이 정말 많지만
아무도 알려주지 않았던 신용화폐 시스템을 이제야
알게 되어 정말 다행 입니다.

저 또한 흑수저였으며 마흔을 앞두고 있고
종소기업에 다니는 워킹맘 입니다
12년 전 신혼집을 6층 맨션 전세로 사작해서

Your smile completes my day!

멋 모르고 분양권 되팔이 하러 다녔던 시절도 있었습니다
이때 좋은 시절 다 보내고 부동산 운은 다했다고 자책했지만
기회는 또 여 오더라구요.
버스는 또 온다... 교수님 말씀.. 제가 경험자 입니다.
지금까지 많은 어려움이 있었지만 교수님을 만나
우리 가족 행복 지수가 너무 좋아졌습니다.
한 가족을 이렇게 살려주셔서 다시 한번 감사의
인사를 드립니다.

적고 보니 너무 구구절절하게 적었습니다 ...ㅠㅠ

다시 한번 진심으로 감사하다는 인사 드립니다.
존경하는 교수님... 연말연시 잘 보내시고 항상 건강 하세요.

2020년 12월 3일
███████ 올림.

◆◆◆◆ HOW ABOUT A CUP OF COFFEE? A CUP OF COFFEE WILL RECREATE YOU. ◆◆◆◆

구만수 교수님께.

안녕하십니까 교수님.

지난해 11월 20일 교수님께 개인상담 신청하였던 ▓▓▓▓▓ ▓▓▓▓ 본부입니다. 그간 안녕히 잘 지내셨습니까?

저희는 교수님과의 만남 이후에 즐거운 일을 많이 만들고자 노력합니다. 교수님을 보고 난 뒤로 저희 쌍둥이들도 굉장히 많이 자랐고, 육아에 지치는 일상에 겨우 저와 아내만 교수님 시장동향 및 입지강의와 2부방송을 늦게라도 꼭 보고 있습니다. 언젠가 저희 아이도 교수님의 방송을 다 같이 보는 날이 오지 않을까 기대합니다. 마음은 온 가족이 같이 여행하면서 실시간으로 같이 채팅도 하면서 함께 참여하고 싶지만 여전히 아직 시간이 더 필요하지 않을까 싶습니다.

2022년 11월 20일 일요일은 저희 부부에게 정말 의미 있는 시간이지 않았을까 합니다. 그날 12시부터 시작된 만남에서부터 집으로 돌아오니 밤 10시 30분이 넘었었고 아이들을 재우고 짐을 정리하니 새벽 1시 반이 넘어서 겨우 하루 일과가 끝났던 것 같습니다. 그 이후에 저와 아내도 며칠간 여독이 있었지만, 그래도 그 이후에 일상으로 돌아온 그 따뜻함도 즐거움처럼 느껴지는 순간 있었습니다.

결혼 이후 부동산 시장에 참가한 2017년도 이래 떡인 줄 모르던 부동산 가격들에 많이 실망하여 푸념을 늘어놓던 인상에서, 아내는 쌍둥이 출산한 2020년 적후 채 회복되지 않은 몸으로 부동산 강사들을 찾았습니다. 아이들 탓에 밤에 잠도 잘 못 자면서, 여러 강사들의 강의를 듣고 있던 기억이 납니다. 아이가 둘이나 생기고 나서 ▓▓▓▓ ▓▓ 집에 대한 갈망이 더 컸던 듯 싶습니다. 그러던 중 교수님을 알게 되었고 틈만 나면 아내가 교수님 강의내용 전달해 주었습니다.

-1-

처음에는 바쁜 직장에 남의 이야기로만 들렸는데, 육아후 몸이 더 안 좋아진 아내를 대신해 독박을 넘겨받은 뒤로 왜 아내가 교수님을 계속 언급했는지 알겠더라구요. 교수님 덕분에 세상을 바라보는 상점이 더 넓어지고, 현명한 선택이 어떤 것인가에 대해 깊이 고민할 수 있었습니다.

교수님와 상담을 마치고 돌아오는 길에 크게 감동하고 놀랐던 점이 있는데요. 진심으로 저희가 원하는 것이 무엇인지 공감하고 그 문제를 해결 할 때까지 붙들고 저희를 안 보내주셨던 것 혹시 기억하실 지요? 저희가 나름대로 최대한 준비를 하고 갔음에도 교수님의 솔루션와 아내의 생각이 일치하지 않는 부분이 있었습니다. 그 때 아내가 영롱하心 걱정와 고민을 하는 걸 눈치 채신 교수님께서 상담 시간이 많이 지났음에도 진정 아내가 원하는 것, 즉 아이의 양육 환경와 투자의 딜레마에서 아내의 마음도 간파해 내시고 현명한 솔루션도 만들어 주신 것에 무릎을 칠 수밖에 없었습니다. 교수님께 마지막으로 인사드리고 나오는 문 앞에서 환하게 웃으며 돌아가던 아내의 얼굴이 기억납니다.

많지는 않지만 과거에 전문가라고 하는 분들을 몇 몇 만나서 상담을 받아본 적이 있지만 교수님처럼 이렇게 진심으로 문제를 해결케 주시는 분은 처음이었습니다. 방송과 독방으로만 접하던 교수님은 현명하고 카리스마 있는 강한 사나이의 이미지였는데 아내의 고민되는 문제와 진정으로 예리하게 파악하시고 의연하지 않고 같이 고민해 주시는 섬세한 분이라는 생각을 새로 하게 되었습니다.

HOW ABOUT A CUP OF COFFEE?
A CUP OF COFFEE WILL RECREATE YOU.

동시에 왜 교수님께서 진정한 전문가이신지 고개가 절로 끄덕여 졌습니다. 12시간 가까이 들이는 곳에 몸은 고되었지만 마음은 그 어떤 때보다 가벼웠습니다.

교수님께 다시 한 번 진심으로 감사의 말씀 드립니다.

그동안 교수님께 감사한 마음을 꼭 표하고 싶었는데 육아와 직장과 일상에 치여 이제야 드리게 되었습니다. 방송이나 특방을 보면 교수님께서 이미 선물은 많이 받고 계신 것 같아 어떤 선물을 드려야 의미가 있을까 고민이 많이 되었습니다. 그러다 문득 교수님을 뵈었던 상담실에 간이 안마기 (근력 스트레칭 온열 마사지기)를 놓아드리면 어떨까 하는 생각이 들었습니다. 저희 쌍둥이들이 바나나 먹고 과자 먹고 그래도 안 되서 보로로 영상으로 버티다 버티다 뒤쳐내었던 그 서재 공간에서 사용하시면 딱 좋겠다 싶었습니다. 많은 일들에 고단하실 때 잠깐 누워서 쉬시면 좋을 듯 해서 준비하였습니다. 편지와 선물을 같이 동봉해서 드리면 좋은데 안마기는 인터넷 주문으로 바로 교수님 댁으로 배송해 드리고자 합니다. 편지랑 선물이 각각 다른 날 다른 시각에 도착할 듯 싶습니다.

-3-

HOW ABOUT A CUP OF COFFEE?
A CUP OF COFFEE WILL RECREATE YOU.

아이들이 좀 더 크고 부산에 가게 되면
어김없이 교수님 생각이 날 듯 합니다.
바쁘신 지 안 지만 가리가 되면 직접 찾아뵙고
꼭 인사드리고 싶습니다.

교수님 건강하시고 댁 내 평안하시고
좋은 일 가득하시길 기원합니다.

2023년 5월 9일

은결.

www.fancylobby.co.kr

- 4 -

10년 10만 번의 단톡방 질문을 통해 알게 된
누구나 알고 싶어 하는
아파트 투자 방법

제1판 1쇄 2024년 2월 5일
제1판 3쇄 2024년 2월 22일

지은이 구만수
펴낸이 한성주
펴낸곳 ㈜두드림미디어
책임편집 배성분
디자인 김진나(nah1052@naver.com)

㈜두드림미디어
등 록 2015년 3월 25일(제2022-000009호)
주 소 서울시 강서구 공항대로 219, 620호, 621호
전 화 02)333-3577
팩 스 02)6455-3477
이메일 dodreamedia@naver.com(원고 투고 및 출판 관련 문의)
카 페 https://cafe.naver.com/dodreamedia

ISBN 979-11-93210-48-2 (03320)